부동산 경매·공매로 시작하는 직장인 N잡 첫걸음

부동산 경매·공매로 시작하는

직장인
N잡 첫걸음

에릭(윤보운) 지음

한국문화사

추천사

　지금도 유튜브를 비롯한 온라인에서는 부동산 경매 강의 홍보가 쏟아지고 있다. 누구나 쉽게 경매·공매로 돈을 벌 수 있다고 광고하고 있다. 하지만 막상 강의를 듣고 직접 입찰을 '실행'하는 수강생은 과연 얼마나 될까? 아마도 '실행'하지 못하고 망설이다 경매시장에 입문도 못한 채 포기한 사람이 대부분일 것이다. 에릭 선생님 강의의 강점은 소수 정예로 모집하여, 수강생이 직접 법원에 방문하거나 PC 온비드에 접속해 입찰할 때부터 낙찰받고 명도, 인테리어까지 함께하며 챙겨주는 배려심에 있다. 나는 우연한 기회에 에릭 선생님 1기 강의를 수강했으며, 6개월 만에 경매 2건, 공매 1건 낙찰을 받았다. 지금도 추가 입찰을 준비 중이며 에릭 선생님의 조언을 듣고 투자 범위를 넓혀가고 있다고 자부한다. 이 책에는 에릭 선생님이 강의에서 강조하는 중요한 포인트가 대부분 담겨 있다. 초보 경매 입문자가 궁금했던 경매 절차, 입찰 노하우, 인테리어 스킬 등 부동산 경매를 실행하기 위해 꼭 장착해야 하는 '필수 아이템'을 친절히 설명하고 있다. 평범한 직장인이 부동산 경매로 실패 없는 투자를 '실행'하여 월급 이외 수익을 창출하고자 한다면 이 책을 꼭 소장하시라 권하고 싶다.

- 1기 수강생 & 카페 매니저(Jang)

경매 투자를 하면서 가장 먼저 자문을 구하게 되는 에릭 선생님의 책 발간 소식을 듣고 흥분을 감출 수 없었습니다. 선생님의 16년 투자 경험이 책 한 권에 고스란히 담겨 있다니 앞으로 저의 첫 번째 투자 지침서가 될 것 같네요. 경매 투자에 관심을 가지고 계신 분이라면 직장인, 주부, 학생 누구에게나 도움이 될 수 있는 책이라 확신합니다. 에릭님의 진솔한 이야기가 담긴 한 권의 책으로 모두 성공하는 투자자가 되어보세요.

- 카페회원(클랩튼)

경매를 하면서 가장 힘들었던 점은 같이 얘기하고 고민할 동료나 친구를 만나기가 쉽지 않다는 점이다. 이런 연유로 경매 스터디 모임에 관심을 가지게 되었다. 대부분 '수강생 모집'에 포커스가 맞춰진 느낌이었던 반면, 에릭님의 모임은 동료를 만들고 커뮤니티를 구축해가는 확연히 다른 바이브가 있었다. 역시나 수업이 종료된 후에도 여러 가지 사례들을 끊임없이 공유해 주시고, 모임이 꾸준히 유지되고 건설적인 만남이 되도록 구심점 역할을 단단히 해주시는 에릭님을 보면서 내 선택이 틀리지 않았다고 자부한다. 에릭님의 책에서도 처음 결정을 내릴 때의 감정이 그대로 전해진다. 매주 교재를 준비하던 성의와 아낌없이 나누려는 진심을 가득 담은 이 책은 경매에 관심이 있는 직장인이라면 누구나 공감하고 빠져들 수밖에 없을 것이라 확신한다.

- 3기 수강생 I.H

나는 부동산 블로그를 여러 개 구독하고 있는데 그중 평소 보여주기식 블로그가 아닌 경매 고수의 블로그를 유심히 보고 있었는데 에릭님의 블로그를 알게 되었고, 카페에 가입하고, 그분의 수업까지 듣게 되었다. 책을 낸다고 추천사를 부탁하셨고, 원고를 꼼꼼히 읽어 보았다. 역시, 나의 예상대로 책은 그분의 노하우를 모두 담고 있었다. 더욱이 아직 직장과 경매를 병행하고 있다니 놀라울 따름이다. 자신이 그랬던 것처럼 어린 사회 새내기들에게 경매를 통해 부를 축적하는 방법을 전수하고자 하는 마음이 온전히 느껴지는 책이다.

- 3기 수강생 J

15년 동안 다니던 직장을 퇴사하고 무료하게 보내고 있을 때, 먼저 퇴직하신 분과 우연히 만나게 되었는데 요즘 경매 공부에 푹 빠져서 임장으로 바쁜 나날을 보내고 계시다고 해서 깜짝 놀

랐다. 서점에 갔을 때 많은 책이 있었지만 나처럼 정말 경매가 두려운 사람에게는 너무나 어려웠다. 그러던 중 에릭님 경매 카페를 알게 되었고, 카페를 통해 책의 일부를 보게 되었다. 전체가 아닌 일부의 내용을 봤지만 너무나 반가운 책이 될 거라 확신한다. 쉬울뿐더러 재미까지 있었다. 경매에 관한 책은 여러 권 샀지만 제일 기대가 되는 책이다. 빨리 이 책을 정독하고 나도 이제 친구들과 같이 임장을 다녀볼까 한다.

- 카페 회원 S

삶이 버거울 때가 있습니다. 저는 그 해결책으로 경매를 선택했고 어려움 중에 에릭님의 오프라인 강의를 수강하게 되었고 경매와 공매로 극복하고 있는 중입니다. 무주택이었던 저는 아파트 2건, 빌라 1건의 소유자가 되어 있습니다. 불과 1년도 안된 시점에서 말이죠. 현실이 힘들다고 고민만 하고 아무것도 하지 않으면 아무것도 아닌 인생이 됩니다. 60을 바라보는 저도 이제 시작하여 진행 중입니다. 저처럼 삶의 변화와 경제적 자유를 꿈꾸는 분이시라면 주저하지 마시고 도전해 보세요. 이 책은 우리의 경험들이 에릭님의 지식과 노하우로 쓰인 경험서임에 강력 추천 드립니다.

- 1기 수강생 이영O

코로나와 저금리 시대를 지나면서 이제는 월급만으로 부자가 될 수 없다는 사실을 모두가 알게 되었다. 그래서 요즘 많은 직장인들이 자산을 통한 '경제적 자유'를 꿈꾼다. 그중 경매는 직장인에게 필요한 최고의 기술 아닐까? 이 책은 직장 생활을 하며 경매 투자를 할 수 있는 에릭 선생님의 모든 기술과 노하우가 담겨 있다. 나 역시 에릭 선생님의 수업을 듣고 투자자의 길로 가고 있으며, 많은 수강생들의 낙찰 사례를 지켜봐 왔다. 직장인에서 경매 투자자로 가고자 한다면 이 책을 추천한다. 에릭 선생님의 노하우가 당신의 인생에 큰 도움이 될 것이다.

- 2기 수강생 이의O

흙수저, 금수저는 태어날 때부터 정해진 것 같다. 흙수저를 탓하지 않고 인생을 바꾸고자 한다면, 에릭님과 함께라면 가능할 것이고 이 책은 투자 인생 전환점의 가이드가 될 것이라 확신한다. 일반 월급쟁이에서 한 채, 두 채.... 다수 건의 투자 사례를 스스로 만들며 그 과정과 비결(Simple is the Best!)을 충분히 전달받을 수 있는 책이라고 생각한다. 또한 여러 권의 책을 읽고, 기타 강의를 수강하여도 실전 실행조차 못한 예비 투자자라면 반드시 필독서임을 알리고 싶다.

- 카페회원 '책읽남'

부동산에 관심이 생기고 공부를 해야겠다고 마음먹은 순간부터 1년이 안된 지금, 경매를 통해 낙찰받고 1세트를 완료 후 2번째 도전을 하려는 평범한 50대이지만 이렇게 힘들지 않고 편하게 이끌어주신 에릭님 덕분이라고 생각합니다. 경공매의 허들을 완전 무장해제 해주시고 이웃집 사촌의 편안함으로 경공매의 매력에 빠져들 수 있었습니다. 선낙찰 후임장에 이어 선수강 후독서를 하게 되었네요. 감사합니다.

- 1기 수강생 임지O

현재 40대 가장으로서 언제까지 회사를 다녀야 할까? 아니 회사를 다닐 수 있을까? 늘 고민하고 있다. 노후를 위해 준비하고 있지만 월급만으로 늘 부족함을 느꼈다. 오프라인 강의, 온라인 카페, 블로그들을 본다면 수강생들의 낙찰 사례부터 인테리어 및 매도까지 팁을 알 수 있을 것이다. 이 책은 이런 걱정을 한줄기 희망으로 바꿔줄 수 있는 책이라 생각한다. 경공매를 통해 부업 재테크를 하고자 한다면 이 책을 당장 읽어보시라! 이 책을 다 읽었다면 수강생들이 함께하는 에릭 타운에 당장 참여하고 싶을 것이다.

- 카페회원 '명도 잘하는 착한형'

이제는 선택이 아닌 필수가 된 경·공매 투자법! 상승기는 물론 지금 같은 부동산 하락기에도 수익실현이 가능한 투자를 배우고 싶으신가요? 이책을 읽고 에릭님과 함께라면 가능합니다. 에릭님의 책과 네이버카페, 강의를 통해, 경제적 자유를 위한 부의 추월차선을 타시길 바랍니다.

- 1기 수강생 윤정O

집이 없으면 벼락거지(?)가 되는 줄 알던 부린이시절, 뭣도 모르고 갭투자를 했었다. 하지만 좀더 알아보니 부동산 경매나 공매로도 충분히 좋은 물건을 합리적인 가격에 살 수 있다는 것을 알았다. 세상에 정말 잘나가는 경매, 공매강사들은 많다. 하지만 에릭님처럼 한 명, 한 명 진심을 다해 코칭해주는 사람이 있었을까.... 덕분에 수강생인 나도 조금은 부린이에서 벗어난 것 같다는 생각도 든다. 수강생을 진심으로 대하는 마음으로 이 책을 썼으리라 믿어 의심치 않기에, 경매나 공매를 시작하는 부린이라면 꼭 읽어보기를 추천한다.

-4기 수강생 고서O

프롤로그

직장생활 N년차, 당신의 부동산은 안녕하십니까?

의식주. 옷과 음식 그리고 집을 의미하는 말입니다. 사람이 생활하면서 가장 필수적이고 기본이 되는 3가지 요소입니다. 그만큼 집이란 것은 모든 사람에게 필요한 것이고, 또한 특별한 것입니다. 당신에게 집은 어떤 의미가 있습니까? 부모님과 함께 살 때 집은 당연히 주어지는 것이었고, 대학에 와서 기숙사 생활을 할때 집은 잠깐 빌려쓰는 공공의 대상이었고, 기숙사에서 퇴거하여 나 홀로 집을 구할 때는 간절함의 대상이었습니다. 그 간절한 마음으로 집을 처음 소유하게 되었고, 직장생활을 병행하며 부동산 경매와 공매를 통해서 내 소유의 부동산을 늘릴 수 있게 되었습니다. 이제 저에게 집은 저와 제 가족을 든든히 지켜주는 울타리이자 미래입니다.

이 책은 부동산 경매를 통해 조금이라도 집을 싸게 사고자 했던 저의 경험과 내 집 마련, 투자, 노후준비 등 각기 다른 목적으로 부동산 경매를 통해 본인들의 꿈을 이루고자 하셨던 분들의 실제 사례를 모아 만들었습니다. 저와 함께 부동산 경매와 공매를 공부하고, 입찰하고 낙찰받아 목표를 달성한 에릭의 직장인 실전 부동산 경매·공매 카페 회원 및 낙찰반 수강생분들의 실제 사례와 이야기입니다. 부동산 경매와 관련하여 이론적인 내용들은 최대한 배제하고, 실제 현장에서 바로 써먹을 수 있는 지식과 정보, 경험을 충분히 담고자 노력하였으니 많은 도움이 되리라 확신합니다.

현재 저는 15년째 직장을 다니면서 투잡으로 부동산 경매에 투자하고 있는 직장인 투자자입니다. 직장을 다니면서도 충분히 병행할 수 있는 것이 바로 부동산 경매의 매력이 아닐까 싶습니다. 신입사원부터 대리님, 과장님, 차장님, 그리고 은퇴를 앞둔 부장님과 임원에 이르기까지 직장인이라면 그 누가 부동산으로부터 자유로울 수 있을까요? 내 집 마련, 투자수단, 은퇴 후 노후준비 등 모든 것을 가장 효율적으로 준비할 수 있는 것이 바로 부동산 경매입니다. 부동산 투자에는 사실 큰 돈이 필요한 것도 아닙니다. 경매를 통해 잔금대출을 활용한다면 소액(1,000만 원)으로도 투자할 물건들이 아직 많이 있습니다.

이책의 구성은 제가 어떻게 부동산 경매투자를 하게 되었고, 처음에 어떤 방식으로 접근해 보는 것이 좋은지 27살 사회 초년생이었던 제가 서울에 있는 신축 오피스텔을 어떻게 낙찰받았는지에 대해 설명하였고, 15년 전이나 지금이나 신입사원도 충분히 도전할 수 있는 사실을 증명하고자, 최근에 수강생분이 낙찰받은 현재 사례까지 자세히 설명하였습니다.

두번째로는 내 집 마련을 위한 아파트 경매를 어떻게 접근해봐야 하는지 설명하였습니다. 나에게 맞는 투자금으로 실거주를 위한 아파트를 어떻게 낙찰받아야 하는지 저의 경험과 현재 진행되는 물건 위주로 설명하였습니다.

세번째로는 투자의 대상으로 빌라 투자에 대한 저의 경험과 왜 빌라 투자가 좋은지에 대해 설명하였습니다. 실제 빌라 투자를 하기 위한 실전 노하우를 물건 검색하는 법부터 유료 경매사이트 보는 법, 권리분석, 임장 노하우, 시세조사 등 제가 직접 실행하고 있는 모든 내용을 자세히 설명하여 이책만 보고도 충분히 혼자 실행할 수 있게 구성하였습니다.

다음으로는 남들이 꺼리지만 무조건 수익이 나는 물건을 찾는 방법으로 특수물건(위반건축물, 반지하 등)에 대한 접근 방법과 낙찰 사례에 대해 설명하였고, 실제 낙찰 이후의 과정들에 대해 시간의 흐름과 절차대로 설명하였습니다. 마지막으로 직장인들에게 가장 적합한 공매 투자 방법과 낙찰 사례에 대해 소개하였습니다.

함께하면 힘이 됩니다.

저의 미천한 경험이지만 공부하는 수강생 분들과 나누고, 함께하니 저에게도 많은 힘과 도움이 되고, 그분들에게도 큰 도움이 되는 것을 직접 경험하고 있습니다. 자본주의 사회에서 투자는 이제 필수입니다. 투자라는 것이 정말 어렵고 외롭습니다. 특히 혼자서 하려고 할 때 어디서부터 뭘 해야 할지 허둥지둥대다가 시간만 보내거나 조급한 마음에 실수하기 마련입니다. 함께 같은 목표를 가지고, 같은 관심사로 함께할 수 있는 사람을 만들어 보시기를 추천드립니다. 가장 가까운 가족도 좋고, 서로 뜻이 맞는 동료도 좋습니다. 함께 서로의 경험을 나누고 조언을 주고받고, 이야기할 상대가 생기면 큰힘이 되고 오래 지속할 수 있는 동기가 생깁니다.

저와 함께해주시는 카페 회원 및 낙찰반 수강생분들에게 진심으로 감사의 말씀을 전하고 싶습니다. 이분들이 없었으면 아마 이 책도 나오지 못했을 것입니다. 또한 앞으로 이책을 읽을 독자여러분에게도 감사의 말씀을 전합니다. 직장인이든 아니든 부동산 경매를 통해 이루고자 하시는 꿈을 꼭 이루시길 응원합니다. 초보저자의 미숙한 원고를 멋진 한 권의 책으로 기꺼이 출판을 해주신 한국문화사 출판 관계자 여러분에게도 깊은 감사의 말씀을 전합니다. 마지막으로 직장 다니랴, 투자하러 다니랴, 강의하러 다니랴 가족과 시간을 많이 보내지 못했지만 늘

묵묵히 뒤에서 응원해주고 격려해주는 사랑하는 아내와 세상에서 가장 멋진 두 아들(민혁, 민재)에게도 사랑과 감사의 마음을 전합니다.

대한민국 직장인 모두의 부동산이 안녕하시길 바랍니다.

차례

추천사   4
프롤로그   11

1장 20대 신입사원도 할 수 있는 부동산 경매   20

무일푼 충청도 촌놈 인천에서 나 홀로 대학 생활   22
꿈에 그리던 첫 직장은 서울에서!   29
본격적으로 경매투자에 도전하다   33
27살! 드디어 첫 낙찰 (서울 구로구 오류동 이좋은집 오피스텔)   37

> 👆 에릭의 노하우
> 1. 종자돈을 모아서 투자할까?!
> 2. 주식과 코인 그리고 부동산
> 3. 왕 초보 부동산 경매 어떻게 시작하는 게 좋을까?
> 4. 투자금 2,000만 원! 20대 수강생 주거용 오피스텔 낙찰 사례(인천 부평구 부평동)

2장 30대 직장인 경매로 내 집 한 채는 아파트로 마련하자!   58

실거주 내 집 한 채는 필수   60
자본주의 사회에서 절대로 레버리지 당하지 말자   63
경매로 집을 마련해야 하는 이유   67
투자금 5,000만 원! 인천 24평 아파트 경매로 내 집 마련 사례   71

에릭의 노하우

5. 소액(3,000~5,000만 원)으로 내 집 마련 아파트 경매로 하기!
6. 공격적인 부동산 투자 법!

3장 30~40대 이제는 빌라 투자로 자산을 늘려보자!   88

빌라 투자 왜 하시나요?   91
빌라 투자의 좋은 점은 무엇인가요?   98
빌라는 30~40대 직장인에게 가장 적합한 투자방식   104
아파트 투자 / 오피스텔 투자와 비교   112

에릭의 노하우

7. 빌라의 환금성
8. 투자가치가 있는 오피스텔
9. 투자금 3,000만 웬 인천 주안동 빌라 낙찰 사례

4장 실전 빌라 투자 노하우   124

물건 검색하는 법   126
유료 경매 사이트 사용법   128
초 간단 권리분석   142
빌라 온라인 시세 조사하는 법   149
실전 임장 노하우   156
부동산 시세 조사   172

입찰가 산정 및 입찰　　　　　　　　　　　　　　　　174

　에릭의 노하우
10. 완벽한 빌라의 조건
11. 빌라 투자 실전 노하우

5장 남들이 꺼리는 무조건 수익 나는 물건 찾는 방법　　182

여러 개 동시 진행되는 물건을 노려라　　　　　　　　　　185
주택도시보증공사의 특별매각 조건의 물건을 노려라　　　187
하자가 있어 보이지만 문제가 되지 않는 물건에 입찰하라　191
지상층 부럽지 않은 반지하 물건　　　　　　　　　　　　　204

　에릭의 노하우
12. 주택도시보증공사 특별매각 조건 물건 낙찰 사례(서울 강서구 화곡동)
13. 위반건축물 낙찰 사례(인천 서구 검암동)
14. 반지하 빌라 낙찰 사례(인천 계양구 작전동)

6장 입찰 그리고 드디어 낙찰! 이제부터가 시작　　226

입찰　　　　　　　　　　　　　　　　　　　　　　　　　228
낙찰 이후 과정　　　　　　　　　　　　　　　　　　　　238
대출받기　　　　　　　　　　　　　　　　　　　　　　　243
명도하기　　　　　　　　　　　　　　　　　　　　　　　252

강제집행	**260**
인테리어 및 입주청소	**267**
수익화 하기	**277**

 에릭의 노하우

15. 입찰 노하우

16. 인테리어 노하우

17. 화곡동 빌라 가격에 마포구 신축 빌라를 산다?

18. 테라스 신축 빌라 낙찰 사례(인천 계양구 병방동)

19. 소형 아파트 낙찰 사례(충남 천안 서북구 서정동)

7장 직장인에게 가장 적합한 공매로 부동산 투자하기 **308**

공매란 무엇인가?	**311**
공매의 장점과 단점	**321**
온비드 소개 및 화면구성	**325**
공매 핵심 권리분석	**331**
신탁공매 필수 확인 사항	**334**

 에릭의 노하우

20. 공매로 신축 아파트 내 집 마련의 꿈을 이루다(경북 경산 신축 아파트 낙찰 사례)

21. 신탁 공매로 안성 공도읍 빌라 5개입찰! 5개 모두 낙찰! 낙찰율 100%

맺음말	**352**

1

20대 신입사원도 할 수 있는 부동산 경매

 **1장**

20대 신입사원도 할 수 있는 부동산 경매

무일푼 충청도 촌놈 인천에서
나 홀로 대학 생활

청소년기 시절 지방에서 자라면서 서울 생활에 대한 막연한 동경을 품었다. 가끔 부모님과 함께 놀러 간 서울의 모습은 지방과는 너무나 다른 곳이었다. 서울을 올 때마다 여기서 한 번쯤 살아봤으면 하는 생각이 들었지만, 그 기회는 오지 않았다. 고등학교를 진학하면서 어쩌면 서울에서 살 수도 있겠다는 생각이 문득 들었다. 열심히 공부해서 서울로 대학을 진학하면 자연스럽게 가능한 일이 아닌가. 서울에 살고자 하는 꿈을 안고 대학교 진학을 위해 공부를 열심히 했다. 결국 수도권 대학에 입학이 가능한 수능 점수를 받게 되었다. 부모님께서는 지방에 있는 국립대에 입학했으면 하는 바램이셨다. 하지만 전적으로 나의 결정을 존중해 주셨고, 나는 인천에 있는 대학으로 진학할 수 있었다. 그렇게 20살에 쉽게 서울을 오갈 수 있는 인천에서 살게 되었다. 부모님과 함께하는 생활이 아니었지만, 그동안 내가 그토록 원하는 서울 생활을 시작하게 된 것이다. 처음 경험하는 서울의 생활은 내가 지금까지 겪은 지방의 생활과는 너무나도 다른 점이 많았다. 나 홀로 적응하는게 처음에는 조금 벅차고 힘들기도 하였지만 나는 서서히 서울 생활에 스며들며 자연스럽게 적응을 해나갔다. 대학생활은 학비부터 생활비까지 부모님의 지원을 받으며 별다른 어려움 없이 생활할 수 있었다. 나의 대학 생활은 순조로웠다. 주거지 또한 학교의 기숙사를 통해 해결할 수 있었다. 지방 출신이면 기숙사에 들어가기도 어려운 일이 아니었다. 하나씩 자리를 잡아 가는 듯 보였다. 그렇게 나의 첫 번째 서울 생활은 모든 것이 문제없이 잘 흘러가는 것만 같았다. 하지만 이렇게 모든 것이 순조로웠던 운 좋았던 대학 생활은 한 번에 산산조각이 나고 말았다.

  대학교 마지막 졸업을 앞둔 4학년 때의 일이었다. 비슷한 하루가 시작되는 평범한 어느 날 바로 기숙사 퇴실이라는 청천벽력같은 소식을 전달받았다. 기숙사 공간은 한정되어 있고, 들어오고 싶어 하는 학생이 점점 많아졌다. 학교에서는 신입생을 우선으로 배정하였고, 고학년은 가장 먼저 퇴실 우선 대상이 되었다. 기숙사 입실과 퇴실을 결정하는 기준은 바로 학교 성적이었다. 행복은 성적순이 아니라고 해도, 현실은 성적순이었다. 4학년의 경우 취업을 위하여 좋은 성적 관리가 필수였던 일반적인 평범한 대학생들과는 달리 나는 ROTC 장교 후보생으로 대학 졸업 직후 장교로 임관하여 군 복무를 수행해야 했다. 그래서 좋은 성적에 대한 동기부여가 나에겐 없었고, 성적관리를 제대로 안 한 결과 더 이상 기숙사를 사용할 수 없다는 통지문을 받은 것이다. 서울과 인천에는 의지할 만한 친인척이 아무도 없어 누구의 도움도 받을 수 없었다. 학교에서 공지한 퇴거 날짜는 그렇게 하루하루 다가왔다. 하루아침에 당장 사는 공간인 주거지에 대해 걱정을 해야 하는 처지에 놓인 것이다. 그동안 전혀 생각지 못했던 내가 살 집을 해결해야 하는 큰 문제를 직접 현실로 마주하게 되었다.

기숙사 퇴거 당일

기숙사 퇴거를 통지 받고 정확히 보름 뒤, 얼마 안되는 옷가지와 이사짐을 주섬주섬 챙겨 박스에 포장한 후 작은 손수레 하나에 싣고 나왔다. 이사 갈 집이 정해지지 않아서 이삿짐을 옮겨줄 용달차를 부를 수도 없었다. 아무런 대책이 없었고, 그제야 학교 부근의 부동산을 기웃거리며 이사갈 만한 집을 찾아보게 되었다. 부동산 사장님과 집을 보던 와중에 옷가지가 든 박스를 잃어버리는 일까지 생기고 말았다. 그때는 정말 집 보랴, 짐 챙기랴 정신이 없었고, 그 와중에 이런 일까지 생겨 버렸으니 참 많이 황망했다.

그동안 학교의 안락한 기숙사라는 울타리에서 집에 대한 걱정을 전혀 하지 않고 편안하게 살았기에 이런 과정들은 나에게 너무나 큰 시련으로 다가왔다. 서울과 인천의 수많은 집들 중, 내 몸 하나 쉴 수 있는 작은 집 하나 없다는 현실에 마주했다. 정말 이 세상에 나 홀로 남겨진 그런 기분이었다. 아무도 나를 도와줄 사람이 없었고, 내가 기댈 수 있는 곳도 없었다.

지금이라도 그냥 지방에 부모님이 계신 곳으로 내려가서 편하게 집 걱정 없이 살까 하는 생각도 해보았다. 하지만 다시 내려가면 더 이상 서울에서 생활하지 못할 거 같은 불안감이 엄습했고, 앞으로 지방에서 계속 살아야 된다 생각하니 그렇게 생활하는 것은 끔찍이 싫었다. 지금처럼 지방이 아닌 서울에서 생활하고 싶은 욕망은 점점 커져만 갔다. 대학생활 4년동안 경험한 서울은 그동안 거주했던 지방과는 모든 것이 달랐다. 서울에는 많은 사람이 살고 있었기에 더 많은 기회가 있고, 내가 원하고 이루고 싶은 꿈을 빨리 이룰 수 있을 것만 같은 그런 희망이 있었다. 하지만 지방에 내려간다면 그저 한가롭게 시간만 보내고, 무료한 생활의 연속으로 내가 이루고 싶은 꿈이나 상상한 삶과는 거리가 멀어질 것이 분명했다.

　이제 서울에서 계속 생활을 이어 나가기 위해서는 모든 것을 스스로 해결해야만 했다. 지방에 계신 부모님께 현실적으로 서울에서 거주할 집을 마련할 만큼의 경제적인 도움을 요청할 수는 없었다. 대학 생활을 하는 4년 동안 등록금과 생활비 걱정을 하지 않도록 지원해 주셨고, 편하게 대학 생활 하면서 졸업하게 해주신것, 그거면 충분했다. 그 이상은 기대도 하지 않았고, 할 수도 없었다. 이제 이곳에서 나 혼자 스스로 주거지에 대한 문제를 감당해야 했다. 지하철을 타고 다니며 본 수많은 집들 중에 내 몸 하나 누일 집이 없는 것이 말이 되는가. 나는 이곳에서 나의 힘으로 내 집 하나는 꼭 마련해야겠다고 울분에 찬 다짐을 하였다.

　그때 만약에 처음부터 부모님이 계신 곳이 서울이었다면 혹은 서울에 집 하나쯤 마련 해 줄 수 있는 넉넉한 부모님 밑에서 계속 편하게 지원받고 도움을 받았다면, 내 집 없는 서러움과 울분을 느낄 수 있었을까? 내가 지금 이렇게 부동산 경매를 통해 다주택자로 살 수 있었을까? 그렇지 않았을 것이다. 그저 부모님의 도움을 받으며 발전 없이 그저 시간이 흘러가는 대로 살지 않았을까? 서울에 내 집에 대한 결핍과 빈곤이 내가 이렇게 주택을 여러 채 소유할 수 있게 된 원동력이 되었고, 그 집념은 지금까지 여러 개의 부동산을 소유하며 투자 할 수 있게 된 가장 큰 동기가 되었다.

어떻게 하면 집을 싸게 살 수 있을까?

그렇다면 어떻게 내 이름으로 된 집을 조금이라도 싸게 살 수 있을까? 대학에서 경제학을 전공했던 나는 어떻게 하면 집을 효율적으로 마련할 수 있을지 고민하기 시작했다. 즉 부동산을 사기 위하여 돈은 최소로 투입하고 최대의 효과를 낼 수 방법이 무엇일지 고민했다. 나와 비슷한 나이대에 대학 생활을 하는 친구들과는 달리, 사회에 나와 직장에 취업하여 월급을 받기 전부터 빨리 내 집에 대한 고민을 시작하게 된 것이다.

집을 비싸게 사고 싶은 사람이 누가 있겠는가? 일반적이고 가장 많이 집을 사는 사람들의 모습을 보니 집을 사고자 하는 부동산에 가서 집을 보고 마음에 들면 계약하는 식이었다. 가끔 급매가로 일반적인 시세보다 조금은 싸게 살 수는 있었지만 그렇게 사는 가격은 일반적인 수준이었다. 집을 저렴하게 살 수 있는 방법에 대해 고민하고 생각해 보았지만, 내가 생각하는 집을 싸게 살 수 있는 방법을 찾기란 너무 어려운 일이었다. 학교 근처 부동산에 가서 집을 싸게 사고 싶다고 무작정 부동산 사장님들에게도 물어보았다. 그 당시에 정말 작은 원룸도 수천만 원에 달하였고, 그런 목돈이 있을리 없는 학생 신분인 나에겐 그런 작은 집조차 살 엄두도 못 내는 상황이었다. 하지만 그마저도 제대로 상대도 안 해주고, 무시하는 부동산 사장님들이 대부분이었다.

그렇게 혼자 집을 싸게 살 방법에 대해 치열하게 고민하였지만, 답을 찾기는 어려웠다. 그러던 어느 날 서울에서 친구와 약속이 있어 서둘러 약속 장소에 도착하였다. 시간이 좀 남아 어디서 시간을 보낼까 고민하던 중 우연히 대형 서점에 들어가게 되었다. 별 생각 없이 들어간 서점에서 여러 가지 책들을 둘러보는 와중에 책 표지에 부동산을 가장 싸게 사는 방법이라고 크게 표기된 문구에 무언가 홀린 듯 그 책을 집어 들었고, 그 자리에서 읽어 내려갔다. 그때 부동산 경매 관련 책을 처음 보게 된 것이다. 아, 이거구나. 내가 그토록 찾던 방법이 고스란히 책에 적혀 있었다. 이 방법이라면 조금이라도 집을 싸게 살 수 있겠구나. 그게 바로 부동산 경매라는 거구나. 부동산 경매라면 확실히 내 집도 싸게 살 수 있으리라 확신이 들었고, 그때부터 부동산 경매 관련된 책들을 닥치는 대로 읽기 시작했다.

  처음에는 무슨 말인지 하나도 이해하지 못했다. 그래도 각기 다른 책들이지만 사용하는 용어들과 전하고자 하는 내용들은 비슷했기에 그런 내용들을 반복해서 읽으니 조금씩 용어와 단어들이 익숙해지며 책 내용들이 이해가 가기 시작했다. 어떻게 부동산 경매로 집을 싸게 살 수 있는지 저자가 직접 경험한 내용을 읽고, 책을 통해 간접 경험을 하니 더욱 실감이 났다. 그렇게 시중에 나온 부동산 경매 관련 책들을 모조리 읽으면서 나는 확신에 찬 답을 내릴 수 있게 되었다. 내 집을 가장 싸게 살 수 있는 건 바로 부동산 경매라는 확신이었다. 많은 책을 읽으면서 점점 책의 내용들을 이해할 수 있었다. 처음에는 어색했던 부동산 경매 책들이 용어가 눈에 들어오고, 술술 읽혀 내려갔다. 나도 모르는 사이 책을 통해 점점 내공이 쌓이기 시작한 것이다.

꿈에 그리던 첫 직장은 서울에서!

서울에서 가장 싼 산꼭대기 화곡동 전셋집

대학을 졸업한 후 ROTC 장교로 군 복무를 마치고 본격적으로 직장생활을 하게 되었다. 직장생활은 대기업 유통업체에서 시작하였다. 직장 위치는 서울 양천구 목동 오목교역 부근이었다. 꿈에 그리던 첫 직장생활은 그동안 내가 상상했던 꽃 길이 아니었다. TV에서의 낭만적이고 멋진 직장생활은 온데간데 없었다. 사회 초년생이었던 나의 직장은 먹고 살기 위한 치열한 삶의 전쟁터였다. 유통업의 특성상, 야근은 필수였고 일상이었다. 야근 후에는 직장 선배 혹은 동료들과 저녁 식사를 겸하는 술자리가 매일 있었다. 그런 술자리가 밤 늦게까지 이어지면서 신입사원이었던 나는 부서에서 이른 아침에 가장 일찍 출근하여, 회식 자리를 다 마무리 하고 새벽에 뜬 별을 보며 가장 늦게 집으로 돌아가는 날이 반복되었다.

그 당시 나는 전셋집을 강서구 화곡동에 구했다. 이유는 화곡동이 직장까지의 출퇴근 거리도 가까웠고, 전셋값이 가장 저렴했다. 까치산역이 있는 화곡동은 지하철 5호선으로 3정거장이면 직장이 있는 오목교역까지 빠르게 도착 할 수 있었다. 전셋집은 봉제산 이라는 자그마한 산의 꼭대기 부근에 있었다. 내가 가진 돈의 전부인 2천만 원으로 구한 원룸이었다. 까치산역에서 내려 거의 30분 가까이 걸어야 집에 도착 할 수 있었다. 매일 같이 밤늦게 걸어서 언덕을 혼자 터벅터벅 올라가다 보면 중간지점에서는 서울 시내가 한눈에 내려다보였다. 형형색색 밝게 빛나는 집과 건물들을 내려다보며 하루빨리 내 집을 마련해야겠다는 생각이 들었다. 하지만 처음 하는 직장 생활에서 신입사원으로서 업무를 익히고, 배우는 일은 긴장의 연속이었다.

긴장하는 생활 속에서 하루하루를 정신없이 지내다 보니 내 집 마련에 대한 생각할 여유가 전혀 없었다. 이런 생활 속에서 여유시간을 가지며 부동산 경매에 직접 도전 하며 실천에 옮기는 것은 쉬운 일이 아니었다. 그렇게 매일매일 직장과 집을 오가며 시간을 하염없이 허비하고 있었다. 1년이 조금 지난 시점에서 업무도 점점 익숙해지면서 신입사원이라는 딱지도 떼게 되었고, 후배도 들어 오면서 이제서야 시간적인 여유가 조금씩 생기기 시작했다.

이렇게 살 수 없다! 직장인 신용 대출로 종잣돈 마련

매일 반복되는 일상에 어제와 같은 오늘, 그리고 똑같은 내일의 연속이었다. 이렇게 살다가는 내 집은 커녕 매년 치솟는 전셋값에 계속 이사를 다닐 수 밖에 없는 상황에 또 처할 수 있겠다는 생각이 들면서 하루 빨리 내 집을 마련해야겠다는 열망이 점점 커졌다. 더 이상 어제와 같은 오늘을 보내고 싶지 않았다. 직장생활을 한지 1년이 지났지만 모아 놓은 돈도 거의 없었다. 신입사원이 월급을 받으면 얼마나 받겠는가? 혼자 서울 생활을 하면서 쥐꼬리만 한 월급을 모은다는 건 쉬운 일은 아니었다. 기본적으로 최소한의 생활을 하며 쓰는 돈과 친구들을 만나고 어울리면서 쓰는 돈, 경조사 등 버는 돈보다 쓰는 돈이 더 많을 정도였다. 목돈을 모아서 집을 사는 건 현실적으로 어려워 보였다. 월급을 아끼고 아낀다 해도 한 달에 저축할 수 있는 돈이 큰 금액은 아니었다. 그렇게 아끼고 아껴 악착같이 돈을 모으더라도 몇 년을 그렇게 모아야 집을 살 수가 있단 말인가.

지금도 그렇지만 그 당시에도 수많은 재테크 책들에서는 직장생활 하며 돈을 모으려면 악착같이 종잣돈을 모아야 한다고 했다. 커피 한 잔 먹을 돈도 아끼고 아끼는 근검절약, 짠돌이 정신으로 철저하게 무장을 해야 돈을 모을 수가 있다고 하였다. 하지만 현실적으로 사회생활을 한다면 실천하기가 정말 힘든일이다. 직장생활을 하면서 식사도 하고, 커피도 마시고, 옷도 사야하고,

돈 쓸 일이 많은데 무조건 절약을 하라고 하니 가능한 일인가? 나는 그렇게 살고 싶지 않았다. 돈은 내가 즐겁게 생활을 유지하며, 내가 하고 싶은것도 하고, 맛있는것도 좀 먹고, 잘 쓰려고 버는것이 아닌가? 그렇게 악착같이 돈을 모으고 싶지는 않았다. 사회생활을 하며 현실적으로 불가능한 일이었다. 월급을 거의 안 쓰고 최대한 절약하고 저축해서 집을 사는 것은 불가능하다고 결론을 내렸다.

돈을 내가 직접 모으는 대신에 은행 돈을 빌려서 투자해 보기로 마음을 먹었다. 조금 위험하긴 하지만 신용대출을 받아 그 돈을 투자에 활용하는 것이다. 신용 대출을 받아 위험 자산인 주식이나 펀드에 투자를 하면 떨어질 우려가 있어 해서는 안되는 위험한 투자이지만, 부동산은 설사 가격이 떨어지더라도 내가 직접 들어가 살면 된다고 생각했다. 주식이나 펀드는 실물이 없는 가상의 자산이지만 집은 눈에 보이고 내가 사용할 수 있는 실물의 자산이 아닌가? 사람이라면 누구든 생활하려면 집 하나는 무조건 있어야 하기에, 신용대출을 받아서 부동산 경매 투자를 시작 해보기로 결심했다.

은행에서 미리 필요한 서류를 확인하고 신용대출을 받았다. 처음으로 3,000만 원이라는 목돈을 이자율 7%로 빌렸다. 그때는 젊음이 무기였고, 나의 직장이 신용이었다. 나 혼자 벌어 나 혼자 쓰면 된다는 계산으로 내가 받는 월급으로 신용 대출 이자를 낸다 쳐도, 생활이 크게 어려워지지 않고 지금 생활수준을 유지할 수 있을 것 같았다. 이렇게 신용대출로 투자할 종잣돈을 마련하여 투자금을 모으는 시간을 수년 단축할 수 있었다. 남들이 근검절약하며 돈을 모아 저축할 때 나는 반대로 신용을 바탕으로 은행에 신용대출을 받아서 투자 종잣돈으로 삼은 것이다. 내가 처음 투자를 시작했던 15년 전이나 지금이나 상황은 놀라울 정도로 비슷하다. 심지어 그때 받은 신용대출 이자와 지금의 이자 마저도 비슷하다. 다시한번 강조하지만 그때당시 신용대출을 받아 투자한 자산은 부동산이지 위험 자산인 주식이나 코인이 아니다. 주식이나 코인의 경우 직장인이 투자하기에는 부적합하다. 또한 투자 수익을 얻기에도 상당히 어렵다.

본격적으로
경매투자에 도전하다

이제 투자할 자금도 신용대출을 통해 만들었고, 도전할 때가 되었다. 몇 년 전에 혼자 책을 통해서 배웠던 부동산 경매에 대해서 다시 공부를 하기 시작했다. 그 때는 지금처럼 유튜브라는 것도 없었고, 경매 관련 강의도 거의 없던 시절이었다. 부동산 경매를 직접 경험한 저자들이 쓴 책이 경매 관련 지식을 얻을 수 있는 전부였다. 그렇게 혼자 책을 통해 공부를 하다 보니 내가 알고 있는게 정말 맞는 것인가 확인해 보고 싶기도 하고, 부동산 경매라는 목표를 향해 뜻을 같이 할 수 있는 사람들이 모여서 함께 한다면 더 좋을 거 같다고 생각했다. 부동산 경매 관련 오프라인 강의를 찾아보기 시작했다. 지금은 부동산 경매 오프라인 강의가 너무 많아서 수요자의 입장에서 본인의 자금상황이나 좋아하는 강사의 경매 강의를 찾아서 들을 수 있는 환경이지만, 그 당시만 해도 부동산 경매에 대해 알려주는 강의가 많지 않아서 본인이 직접 어렵게 찾아서 배워야 하는 입장이었다.

왕 초보 부동산 경매 접근하기

유튜브나 블로그, 인스타그램 등 SNS라는 개념도 없었던 때와 달리, 지금의 경매는 남녀노소 많은 사람들이 직접 참여하여 내 집 마련의 수단으로 또는 투자의 방법으로 낙찰받기도 하는 등 대중화가 되었다. 하지만 그 당시만 해도 지금처럼 경매 관련 교육이나 경험 및 정보들을 쉽게 접하기 어려운 시절이었다. 부동산 경매 커뮤니티에 가입했고, 경매 강의도 참석하였다. 실전으로 경매를 낙찰받으신 강사님의 경험담을 통해 간접경험을 할 수 있었고, 혼자 공부하면서 잘 이해가 되지 않았던 부분과 내가 관심 있게 보는 물건 등을 물어볼 수 있어서 정말 많은 도움이 되었다.

처음 부동산 경매를 공부하시는 분들은 책을 통해 일차적으로 부동산 경매 관련하여 기본적인 용어와 절차 등의 이해를 먼저 하고, 저자가 경험한 간접경험을 책을 통해 충분히 한 후의 본인 스타일에 맞는 강의를 들어보면 경매를 시작하는 데 많은 도움이 될 것이다. 경매 관련 책도 이론서 위주가 아닌 저자의 실제 경험담 위주로 쓰인 책들이 더 부담 없이 쉽게 읽히고, 동기부여도 되니 이런 책들을 먼저 많이 읽어보길 권한다. 무턱대고 강의부터 수강해서 듣는 것보다 부동산 경매 관련 책들을 통해 기본적인 내용들을 어느 정도 이해하고 간접경험을 한 뒤 강의를 듣는다면 훨씬 이해도 빠르고 실제로 본인이 직접 실천하기에도 좋을 것이다.

오프라인 강의가 좋은 점

동기부여가 된다

비슷한 목표를 가진 사람들과 함께 어울려 강의를 듣기 때문에, 같은 강의를 듣고 이야기를 나누고 의견을 교환하다 보면 자연스럽게 경쟁의식이 생긴다. 나보다 많이 알고, 먼저 투자도 시작하는 동료들을 보면서 목표의식도 생기며 자연스럽게 스스로를 성장시킬 수 있는 계기가 된다.

멘토를 만날 수 있고 투자 관련 좋은 정보도 얻을 수가 있다

부동산 경매를 강의하는 사람은 나보다는 고수임이 확실하다. 그 분으로부터 반드시 배울 것이 있다. 강연자가 경험한 것을 들는 것만으로도 큰 공부가 되고 도움이 된다. 또한 강의 후 뒷풀이를 통해서 공식적인 강의에서 말하지 못한 이야기들을 듣는 것도 참 흥미롭고 도움이 되는 내용이 많다. 다수가 있는 공식적인 강의 시간에는 하지 못하는 이야기들을 뒷풀이를 하는 곳에서는 스스럼없이 터놓고 이야기를 하니 많은 노하우들을 배울 수 있다. 또한 그렇게 강사 분들과 친분을 쌓아 좋은 관계를 유지한다면 나중에 본인이 잘 모르는 것이 있을 때나 도움을 받고 싶을 때 편하게 물어볼 수도 있다. 원래 투자라는 것은 외롭고 스스로 판단해야 하고, 선택하기 어려운 순간들이 많지만, 경험도 많고, 실력도 있고, 궁금한 것들을 물어볼 수 있는 멘토가 있다는 사실 만으로도 심적으로 큰 도움이 된다. 오프라인 경매 교육을 받고, 커뮤니티 활동을 하며 나 역시 멘토가 추천해 준 물건을 통해서 처음 낙찰받고, 부동산 경매 투자를 본격적으로 시작할 수 있었다.

강의를 듣는 사람들끼리 스터디를 통해 성장할 수가 있다

강의는 단발성으로 끝나지만 같은 목표를 지닌 사람 중 추진력 있고 적극적인 사람들 위주로 자연스레 스터디 모임이 생겨나게 된다. 스터디 모임을 하게 되면서 정말 부동산 경매를 통해 부자가 되겠다는 확실한 목표가 있어야 한다. 서로 돌아가면서 순번을 정해 발표도 하고, 물건 분석도 하면서 서로 성장해 나갈 수 있다. 이런 이상적인 스터디 모임이 있는 반면에 부동산 공부는 뒷전이고 친목을 위한 스터디 모임도 있으니 모임 취지를 정확히 파악하고 참여를 해야 한다.

  부동산 경매나 투자는 단기간에 승부를 보는 게임이 아니다. 평생을 두고 오랫동안 함께 해야 하는 장기전이다. 내 두 다리만 멀쩡하고, 법원에 가서 입찰할 수 있고, 동네 부동산에서 시세조사를 할 수 있고, 아주 단순한 권리만 분석할 수 있다면 내 건강이 허락하는 한 평생 할 수 있는 것이 바로 부동산 경매의 매력 아니겠는가. 10년이 넘는 시간이 지났지만 그때 같이 공부했던 동료들 중 아직까지 부동산 경매를 꾸준하게 하는 사람은 열 명 중 한두 명 남짓이다. 그만큼 오랫동안 유지하는 것도 쉬운 일은 아니다. 혼자 하는 것보다 나와 비슷한 목표를 가진 사람들끼리 함께 하면 오래 할 수 있다.

27살! 드디어 첫 낙찰
(서울 구로구 오류동 이좋은집 오피스텔)

  15년 전과 지금의 부동산 경매의 흐름은 그대로 반복이 된다. 그 당시에도 건물 전체가 경매로 진행되는 경우가 있었다. 지금도 전세 사기 혹은 시행사나 건설사의 부도 등으로 건물 전체가 경매로 진행되는 경우가 많이 있다. 이렇듯 부동산 경매라는 것은 한번 제대로 배워 놓고 경험 해보면 시간이 흘러도 크게 바뀌는 것이 없어 적용이 가능한 것이다. 이래서 부동산 경매는 제대로 한번만 배워 놓으면 평생 써먹을 수 있다는 말이 나오게 된게 아닌가 싶다.

멘토의 도움을 받아 커뮤니티 회원들과 입찰결정!

그때 당시 부동산 경매 커뮤니티에서 멘토가 추천해준 물건이 있어 뜻이 맞는 수강생 들과 함께 여러 번 임장을 하였고 입찰까지 결정하게 되었다. 내가 첫 번째로 낙찰 받은 물건은 바로 구로구 오류동에 위치한 이좋은집 오피스텔이었는데, 건물 전체가 경매로 진행되었다. 당시 유치권이 걸려있었지만, 가구 당 300만 원 정도면 해결이 가능한 유치권이라 큰 문제는 되지 않을 것으로 결론을 내렸고, 입찰을 결정하게 되었다.

보통 경매 물건에 신고된 유치권은 공사업자가 건물을 완공 후 혹은, 중간에 공사 대금을 받지 못하여 유치권을 신고한 경우가 대부분이다. 흔히 유치권을 신고한 부동산에 가보면 유치권 행사중이라는 플랭카드를 흔히 볼 수 있다. 이는 유치권의 성립 요건인 점유와 관련이 있다. 유치권은 채권자 즉, 돈을 받을 권리가 있는 사람이 물건에 대해 점유를 하고 있어야 성립이 되는 법이고, 만약 물건에 대한 점유를 상실하거나 점유를 하고 있지 않은 상황이면 유치권은 인정되지 않는다. 이런 상황이 보통의 유치권이 신고된 물건인데 이번에 입찰한 물건은 건물을 시공한 공사업자가 공사 대금으로 유치권을 주장하는 것이 아니라 완공 후에 건물을 관리하는 업체가 그동안 밀린 관리비를 받지 못하여 행사한 유치권이었다. 멘토분의 절대적인 도움으로 사전에 관리실과 좋은 관계를 유지하면서 입찰 전에 내가 입찰하려는 호실을 다 확인을 하였고, 집 내부 상태까지 파악한 후에 상태가 좋은 호실에 입찰할 수 있었다.

뉴스에까지 나온 이좋은집 경매 법정 현장(출처 : 매경이코노미 / 네이버뉴스)

입찰 당일에는 이례적으로 이좋은집 오피스텔 경매 물건이 100건이 넘었고, 입찰자만 한 사건에 수십명에 이르는 등 보통 경매 입찰 후 마감까지 오후 1시 남짓이면 모든 게 끝나지만 이날은 오후 10시가 되어서야 모든 절차가 끝났다. 이례적인 사건으로 화제가 되었기에 기사화가 되어 뉴스에까지 나왔다. 이런 화제가 되는 물건에 첫 낙찰이라니, 얼떨떨한 기분 반 설레이는 기분 반으로 최고가 매수인으로 보증금 영수증을 받았다. 27살에 드디어 서울의 오피스텔이 내 집이 되었다. 그것도 내가 그동안 공부했던 부동산 경매를 통해 시세보다 저렴하게 부동산을 취득한 첫번째 사례가 되었다.

1,500만 원 투자로 서울에 첫 오피스텔 취득!

낙찰가는 6,600만 원으로, 낙찰가의 80%인 5,300만 원을 신협에서 대출 받았다. 세금과 법무비용 등을 포함해 약 1,800만 원으로 서울에 신축의 복층 오피스텔을 경매로 취득한 것이다. 지금 살고 있는 화곡동 전셋집(2,000만 원)보다 적은 돈으로 더 좋은 위치에 신축의 부동산을 취득할 수 있었던 것이다. 완공 후 바로 경매로 나온 물건이라 점유자나 임차인이 없었고, 공실인 상태로 명도할 필요도 없는 물건이었다.

4개월 만에 1,300만 원을 남기고 매도

낙찰 후 4개월이 지나 부동산을 통해 매수하고자 하는 사람이 있다고 연락이 왔다. 4개월만에 1,300만 원의 수익을 남기고, 8,100만 원에 매도 하였다. 1년 수익률로 계산한다면 (1,300만 원/1,800만 원)*100 = 72.2%의 수익률(양도소득세는 계산에서 제외)이다. 4개월 간의 수익률로 환산하면 무려 216.6%의 수익률이다.

지금도 경매시장은 위의 사례와 동일한 원리로 작동 되고 있으며 똑같은 방식으로 수익을 낼 수 있다. 심지어 현재 일부 지역에서는 낙찰가마저 15년 전과 비슷하다. 이것이 바로 경매시장의 매력이자 앞으로 평생 할 수 있고, 그 어떤 재테크보다 안정적이면서도 수익률도 좋다는 것을 직접적으로 증명하는 것이 아니겠는가?

낙찰가	66,380,000원
대출(80%)	53,000,000원
취득세 및 기타비용	5,000,000원
투자금 약	18,000,000원
매도가	81,000,000원

2006타경30843 (88) • 서울남부지방법원 본원 • 매각기일 : 2007.11.26(月) (10:00) • 경매 10계(전화:02-2192-1340)

소 재 지	서울특별시 구로구 오류동 4○-○ 외 1필지, 이종은집 10층 1○○○호
물건종별	오피스텔 (17평형)
대 지 권	4.67㎡(1.41평)
건물면적	29.43㎡(8.9평)
매각물건	토지·건물 일괄매각
개시결정	2006-09-26
사 건 명	임의경매

감 정 가	95,000,000원
최 저 가	(64%) 60,800,000원
보 증 금	(10%) 6,080,000원
소 유 자	(주) ○○○○○○
채 무 자	○○○○○○ (주)
채 권 자	○○○○○○ (주)

오늘조회: 2 2주누적: 0 2주평균: 0

구분	매각기일	최저매각가격	결과
1차	2007-09-10	95,000,000원	유찰
2차	2007-10-22	76,000,000원	유찰
3차	2007-11-26	60,800,000원	

매각: 66,380,000원 (69.87%)
(입찰:7명, 매수인:화곡동 윤○○)
매각결정기일 : 2007.12.03 - 매각허가결정
대금납부 2008.01.08 / 배당기일 2008.04.30
배당종결 2008.04.30

출처 : 옥션원

[집합건물] 서울특별시 구로구 오류동 4○-○외 1필지 이종은집 제10층 제1○○○호

순위번호	등 기 목 적	접 수	등 기 원 인	권리자 및 기타사항
7	5번임의경매개시결정 등기말소	2008년1월8일 제1654호	2008년1월8일 임의경매로 인한 매각	
8	소유권이전	2008년4월23일 제35796호	2008년4월1일 매매	소유자 구○○ 5*****-******* 서울특별시 성동구 금호동3가 2○○은성빌라 -○○ 거래가액 금81,000,000원
8-1	8번등기명의인표시 변경	2011년11월17일 제80681호	2009년11월25일 전거	구○○의 주소 서울특별시 성동구 독서당로6○길○○, 9동 80○호 (응봉동,대림아파트)
9	소유권이전	2022년1월19일 제15249호	2022년1월18일 증여	소유자 구○○ 9*****-******* 서울특별시 성동구 무수막길5가길 1○, 20○호 (금호동3가)

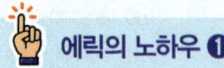 에릭의 노하우 ❶

종잣돈을 모아서 투자할까?!

✓ 월 급여의 50% 이상 저축이 가능할까?

대부분의 많은 재테크 및 부동산 경매 투자 관련 책에서 종잣돈을 모아서 그 돈을 밑천 삼아 투자를 하는 것이 올바른 방법이라고 말하고 있다. 종잣돈을 모으기 위해서는 최소 월 급여의 50% 이상을 저축 해야 하고, 그동안 허리띠를 졸라매고 최소한의 지출로 생활을 하라는 것이다. 충분히 이해가 가고, 투자에 있어 가장 이상적인 방법이다.

✓ 현실은 종잣돈 모으다 포기할 수밖에 없다

현실적으로 생각해보자. 대학을 졸업하여 취직을 해서 월 급여를 300만 원 받는다고 가정해 보자. 월 급여의 50%인 150만 원을 매월 저축을 한다고 하면 1년이면 1,800만 원을 저축할 수 있다. 월 급여가 300만 원이 안되거나 소비를 더 많이 한다면 더 적은 금액을 저축할 것이다. 그리고 현실적으로 서울이나 도심지에 살면서 부모님과 함께 살거나 도움을 받지 않는다면 월세, 생활비, 외식비, 경조사비, 각종 통신비, 공과금 등 정상적인 지출을 하면서 저축 하는 것이 현실적으로 쉽지 않다. 또한 돈을 모으기 위해 이렇게 몇 년을 쪼들리게 생활하다 보면 절약에 대한 강박관념으로 스스로를 더욱 돈에 대한 스트레스로 내몰게 되면서 제대로 된 투자는 해보지도 못한 채 모든 것을 포기해 버리는 상황이 올 수 있는 것이다.

✓ 종잣돈은 모으고 싶어도 모을 수 없다

기혼자라면 종잣돈을 모으고 싶어도 모을 수 없는 상황이 온다. 매월 열심히 일해서 월급을 받지만 자녀가 있다면 대출이자, 학원비, 생활비 등을 사용하고 나면 저축은 커녕 수입보다 지출이 점점 늘어갈 것이다. 맞벌이를 해도 상황은 비슷하다. 이런 상황 속에서 종잣돈을 어떻게 마련할 수 있단 말인가?

✓ 직장인의 최대 무기 신용대출, 마통을 쓰자!

나는 과감하게 신용대출이나 마통을 권하고 싶다. 직장인이 무엇인가?! 나에겐 어떤 회사에 소속이 되어 안정적으로 매월 급여가 나온다는 것을 증명할 수가 있다. 이런 회사 소속의 명함 한 장 가지고 은행에 가면 쥐꼬리만 하다고 무시했던 고정적인 월급이 은행에서는 이자를 갚을 수 있는 능력으로 보는 것이다. 이렇게 월급을 무기로 내가 받는 연봉만큼의 수천만 원에 달하는 금액을 신용대출로 받을 수가 있다.

22년 연말부터 부동산 시장이 위기이고, 상황이 너무 안 좋고, 아파트 가격이 폭락한다는 뉴스가 쏟아져 나오는 것을 보고 23

년부터 부동산 경매로 투자하기 아주 좋은 시기임을 직감했다. 23년 초에 주거래 은행으로 가서 마이너스 통장을 개설했고, 현재 가지고 있는 자금과 마이너스 통장을 활용하여 공격적으로 꾸준히 입찰하여, 낙찰 받고, 명도하고, 물건을 처리하고 있다. 신용대출도 좋고, 그때그때 필요한 자금을 쓰는 마이너스 통장도 괜찮다. 본인의 여건과 상황에 맞는 대출을 선택하면 된다. 대중과 반대로 가는 길에 수익이 있다. 시장에 공포가 와서 매도하고 싶을 때, 저점이라는 확신을 가지고 그때부터 조금씩 매수하는 사람이 나중에 웃을 수 있다.

✔ 신용대출은 반드시 부동산 경매 자금으로만 사용할 것!

하나 반드시 주의해야 할 점은 대출은 반드시 부동산 경매를 위한 자금이어야만 한다. 다른 용도 예를 들어 주식 혹은 코인투자 등으로 이 자금을 쓴다면 예상치 못한 손실로 큰 어려움에 처할 수 있으니 반드시 주의를 해야 한다.

✔ 좋은 부채와 나쁜 부채

부채에도 좋은 부채와 나쁜 부채가 있다. 좋은 부채는 자산을 구입하는데 사용하고, 그 자산은 시간이 지남에 따라 가치가 상승한다. 하지만 나쁜 부채, 예를 들면 자동차나, 해외여행비, 명품 구입비 등 한번 소비를 하고 끝내 버리는 곳에 사용되는 빚은 나쁜 부채이다. 소비를 위해 사용 해야 되는 돈은 자산이나 자본을 통해 얻은 수익으로 사용해야 한다. 부채를 소비에 사용한다면 빚의 굴레에서 벗어 나오기 힘들고, 자산에 투자하는 일은 점점 더 어려워진다. 이런 부채는 계속 불어나기 때문에 소득이 생기거나 추가 수입이 늘어나도 나도 모르게 늘어난 부채를 갚는 데 급급하기 마련이다.

 에릭의 노하우 ❷

주식과 코인 그리고 부동산

✔ 주식투자 포기 못해요

MZ세대 직장인 사이에서 국내주식과 해외주식 그리고 코인 투자는 이제 필수로 자리 잡은 듯 보인다. 부동산 투자는 큰 투자금이 필요하다는 잘못된 생각으로 지금 당장 할 수는 없고, 주식이나 코인으로 돈을 불려서 부동산 투자를 나중에 하겠다는 MZ세대 직장인들이 대다수이다. 하지만 현실은 호락호락 하지 않다. 주식이나 코인으로 수익을 내기란 여간 어려운 일이 아니다. 주식이나 코인 투자는 너무나 쉽고, 간편하다. 스마트폰 클릭 몇 번만으로 손쉽게 투자할 수 있고, 장소와 시간을 가리지 않고 거래를 할 수 있다. 이렇게 쉽고 간편하게 투자하여 수익이 나게 되면 더 많은 투자금을 넣어 더 큰 수익금을 기대하게 된다. 반대로 손해가 나면 그 손해를 만회하기 위하여 추가적인 투자금을 넣어 무리하게 매매를 하게 된다. 두 가지 경우 모두 시간이 지날수록 결국에는 수익을 보기는 커녕 손해를 보는 경우가 십중팔구이다. 또한 이런 주식이나 코인을 매매 하기 위해서 수시로 시세확인을 할 수 밖에 없다. 이렇게 하다 보면 직장내에서 업무를 소홀히 하게 되고, 실수가 많아진다. 결국에는 업무 성과도 미흡하게 되어 회사 내 평판에도 좋지 않은 영향을 미친다. 지금 주식이나 코인투자를 하는 투자금이 단돈 1,000만 원이라도 있다면 당장 그만 두길 추천한다. 1,000만 원으로도 부동산 경매 투자가 가능하다는 사실을 직시하고 하루 빨리 시작해 보라고 말씀드리고 싶다.

✔ 하루라도 주식이나 코인을 안 하는게 돈 버는 길

남들보다 더 부자가 되기 위해서는 2가지 방법이 있다. 첫번째로 남들보다 돈을 더 많이 버는 방법이 있고, 두 번째로 남들보다 더 잃지 않으면 된다. 주식이나 코인을 하지 않으면 일단은 더 잃지 않으니 부자가 될 확률이 높아진다. 주식이나 코인 투자를 처음 입문하게 되는 과정은 재미로 또는 주변의 권유로 너도 나도 다 하니까 소액으로 시작을 하게 된다. 스마트폰 하나만 있으면 언제 어디서든 손쉽게 매매를 할 수 있어 너무 간편하게 시작을 할 수 있다.

고작 몇 번의 클릭으로 한 두번 사고 팔기만 잘 하면 월급을 벌 수 있겠다는 희망이 생긴다. 그리고 바로 빚을 끌어다 주식 계좌에 올인한다. 큰 돈이 들어갔으니 본업이 뒷전이다. 업무시간과 퇴근 후 집에서 까지 시세를 보면서 매매하게 되고, 수익을 내야만 하는 부담감에 매매를 반복 하지만 손절매에 따른 손해, 수수료 등 처음 생각과는 달리 수익은 커녕 손실이 점점 쌓이게 된다.

손실을 만회 하고자 더 무리한 매매를 하게 되고, 이렇게 손실이 쌓여 계좌는 깡통이 된다. 자 어떤 기분이 드는가? 본인 이야기 같은가? 나도 27살에 처음 경매 투자를 하면서 주식투자도 같이 했었다. 그때 생각했던 계획은 주식으로 돈을 벌어 부동산에 투자할 생각이었다. 내가 계획했던 대로 잘 이루어졌을까? 천만에, 주식에 들어간 투자금은 계속 줄어들기만 했다. 손해를 만회하고자 점점 무리한 매매를 하게 되었고, 급기야 오름폭과 내림폭이 심한 테마주, 작전주까지 손을 댔으니, 계좌는 눈 녹듯이 녹아내려 간 경험을 했다. 15년 전이나 지금이나 상황은 너무나 비슷하고, 또 반복이 된다. 나도 직접 경험을 해본 결과를 바탕으로 자신 있게 말씀드릴 수 있는 것은 바로 하루라도 주식이나 코인을 안 하는 것이 그나마 내가 가진 돈을 잃지 않고 버는 길임을 명심하자.

✓ 소액으로 안전하고 수익도 큰 부동산 경매 투자

흔히 부동산 투자를 안해본 사람들이나 초보들은 부동산 투자는 일단 돈이 많이 들어 가니까 주식으로 돈을 벌어서 번 돈으로 부동산 투자를 해야겠다고 생각 한다. 하지만 실전은 소액으로도 충분히 투자 가능한 물건들이 많이 있다. 지금도 단돈 1,000만 원으로도 부동산 경매를 통해 인천이나 수도권 빌라를 낙찰받아 투자할 수 있고, 그 투자된 1,000만 원 마저 단기에 매도해서 수익을 얻을 수 있으며, 전세를 통해 투자된 자금을 모두 회수할 수 있다. 오히려 내가 투자한 돈보다 돈이 더 남는 경우도 발생한다. 이 얼마나 안전하고 편하고, 수익이 큰 투자 방법인가? 주식, 코인 투자와는 비교조차 되지 않는 게임이다. 주식처럼 본업을 등한시하고 매일 시세판을 쳐다보지 않아도 된다. 이 얼마나 마음 편한 투자인가. 거기에 수익까지 크게 생기니 주식이나 코인을 해야할 이유가 하나도 없다.

 에릭의 노하우 ❸

왕 초보 부동산 경매 어떻게 시작하는 게 좋을까?

✔ <u>처음은 무조건 책이다</u>

이제 부동산 경매에 관심을 가지고 공부해 보고 싶은데 어떻게 해야 할까? 부동산 경매는 남녀노소 누구나 할 수 있다. 경매의 기본이 되는 법의 논리는 명확하고 정확하다. 어렵게 생각하지 말고 서점에 가서 본인에게 가장 읽기 쉬운, 보고 싶은 책 두세 권 정도를 구입해서 부담없이 읽어보자. 이해를 하고 외우라는 이야기가 절대 아니다. '부동산 경매가 이런 거구나', '이런 용어는 처음 들어보네' 눈으로 쓱 읽어 보면 된다. 그것만으로 충분하다.

처음에는 그저 가볍게 부동산 경매가 어떤 것인지 느낌만 본다는 식으로 읽어 보면 되고 이해가 안 간다고 다시 읽을 필요도 없다. 밑줄까지 치면서 메모하고 열심히 읽을 필요도 없다. 그저 한번 눈으로 쓰윽 읽어 보면 그걸로 끝이다. 이렇게 책을 몇 권 읽다 보면 이제 점점 경매 관련 용어와 간접 경험들이 조금씩 이해가 되면서 궁금한 점들이 자연스럽게 생기기 마련이다. 이해가 안가는 부분은 인터넷을 통해 검색도 해보고 조금 더 다양한 책들을 찾아서 보는 것도 좋다.

✔ 이제 오프라인 특강을 한번 들어보자

요즘은 부동산 경매 강의가 정말 많다. 인터넷에 경매 강의라고 검색하면 수십 또는 수백 개의 관련 강의가 검색 된다. 온라인 강의도 있지만 나는 먼저 오프라인 강의를 추천한다. 강의 중에서도 정규 코스는 적게는 한 달 길게는 6개월, 1년 과정으로 금액이 비싸다. 이런 정규 코스보다 특강이나 하루 정도의 부담 없는 강의를 들어보길 권한다. 먼저 읽었던 책이 좋았다면 그 저자가 진행하는 특강도 좋다. 이렇게 부담 없는 수준의 강의를 들으면 이전에 내가 읽었던 책의 내용이 서서히 머리에 잡히게 되고, 이런 강의를 한 번 듣고, 두 번 듣게 되면 부동산 경매에 대해서 자연스럽게 이해를 하게 된다. 이제는 뭐라도 할 수 있을 거 같고, 자신감이 조금씩 생기기 시작한다. 하루빨리 임장을 나가서 입찰도 하고, 쉽게 낙찰 받아 수익도 단기간에 낼 수 있을 거 같다. 하지만 지금 상태에서 실전에 도전하게 되면 예상치 못 한 실수로 손해를 보는 경우가 생길 수 있으니 자신감은 좋지만 조금 더 체계적으로 배운 후 입찰하시기를 추천드린다.

✔ 오프라인 정규 강의 및 모임에 적극 참여하자

한 곳에서만 듣지 말고 한 서너 군데를 정해서 짧은 강의를 들어보자. 그 후에는 본인 스타일이나 본인이 이루고자 하는 목표에 잘 맞는 강사의 정규강의를 선택해서 수강해 보자. 정규 강의도 오프라인 강의를 추천 드리고, 강의에 적극적으로 참석을 하자. 열심히 강의를 들으면서 강사와도 나름의 친분을 쌓아두시길 추천해 드린다. 강의가 끝이 아니고 앞으로 지속해서 소통하고 도움을 받을 수 있다면 가장 최고이다. 강의가 끝난 후에도 같이 강의를 들은 수강생 중 마음이 맞는 사람들과 강의 후 스터디 모임을 만드는 것도 좋다. 같은 목표를 가지고 만난 모임이다 보니 만나면 무조건 부동산 경매에 관해 이야기할 것이다. 자율적으로 스터디 조직을 만들게 되고, 순번대로 발표를 하게 되면서 반강제적으로 공부하게 된다.

사실 이때부터 본인의 실력이 점점 향상된다. 임장도 혼자 가면 막막하기만 한데 스터디원이 함께 하게 되면 쉽게 경험할 수 있고, 배울수 있다. 이처럼 오프라인에 적극 참석하여 부동산 경매의 모든 과정을 경험 해 보길 추천한다. 이게 가장 빨리 부동산 경매를 경험하고 쉽고 확실하게 배울 수 있는 최선의 길이다.

✓ 이제는 낙찰 사례 위주의 책으로 간접 경험을 쌓자

오프라인 모임에 적극 참여하면서 동시에 낙찰 사례 위주의 책으로 간접 경험을 쌓아 보자. 경매 관련된 책들 중에서도 낙찰 사례가 정말 많은 저자가 쓴 책들이 있다. 이런 책들은 경매 관련 법이나 이론보다 본인이 낙찰 받은 사례를 중심으로 기술한 책들인데 이런 책들을 보면 간접 경험을 쌓는 게 큰 도움이 된다. 물건은 어떻게 검색하는지, 입찰가 산정은 어떻게 하는지, 수익률은 어떻게 분석을 하는지, 명도는 어떻게 하는지, 매매나 전세는 어떻게 빨리 뺄 수 있는지 등 저자가 먼저 경험한 노하우를 가장 저렴하고 쉽게 알 수 있는 방법은 저자가 쓴 책을 통해서다. 어느정도 경매에 대해 알고 있는 상태에서 보는 것이기 때문에 내용이 재미있고, 책 읽는 속도도 붙어 시간 가는 줄 모르고 집중해서 책을 읽을 수가 있다. 이렇게 책을 통한 간접 경험도 앞으로의 투자에 큰 도움이 된다.

에릭의 노하우 ❹

투자금 2,000만 원! 20대 수강생 주거용 오피스텔 낙찰 사례(인천 부평구 부평동)

20대의 수강생 낙찰 사례를 소개해 보겠다. 20대 후반의 직장인으로 내년 4월경 결혼 예정으로 신혼집을 경매로 낙찰 받고자 하는 목표가 있었다. 수강생분의 직장은 용산이었고, 결혼할 남자친구의 직장은 인천이었다. 현재 가지고 있는 자금이 2,000만 원 남짓이라 서울에 집을 장만하기에는 투자금이 부족하여 양쪽 모두 출퇴근이 가능한 부평역 주변의 주거용 오피스텔에 입찰할 것을 권해 드렸다.

✓ 부평역은 더블 역세권으로 인천 교통의 요충지

부평역은 인천의 중심이자 교통의 요충지로 용산까지는 1호선 급행 열차를 이용하면 30분내외로 도착이 가능하고, 인천내에서도 30분 이내 거리로 출퇴근이 가능한 지역이다. 또한 앞으로 GTX-B노선 정차역이 생길 예정으로 교통 환경은 더 개선될 것으로 예상되고, 부동산 가격도 향후 지속적으로 상승할 것으로 기대된다. 이러한 이유에서 부평역을 추천하였다.

✓ 신혼집으로 주거용 오피스텔을 추천

지금 오피스텔은 인천지역의 경우 감정가의 50~60%선에서 낙찰이 되고 있다. 즉, 감정가 2억의 오피스텔을 부동산 경매로 1억~1억 2,000만 원 정도에 매수 할 수 있는 정말 좋은 기회이다. 현재 전반적인 부동산 시장의 하락과 아파트 쏠림 현상으로 오피스텔, 빌라와 같은 주거용 부동산이 경매 시장에서도 경쟁률과 낙찰가율이 떨어지고 있는 것이다. 하지만 주거용 오피스텔의 경우 전용 면적 18평으로 아파트 24평형 구조와 동일하다. 방 3개, 화장실 2개의 구조이고, 준공 5년차 내외의 준 신축으로 주차장과 엘리베이터 등 생활하기에 전혀 불편함이 없다. 이런 이유로 현재 시장상황하에서 저렴한 가격에 주거용 오피스텔을 매수하여 신혼부터 내 집을 마련해서 편하게 거주하는 것을 추천 드렸다.

✓ 2,000만 원으로 24평형 인천 부평 주거용 오피스텔 내 집 마련

부평역 주변으로 위의 조건에 맞는 오피스텔을 검색하다 입찰하기 괜찮은 오피스텔을 찾았고, 입찰을 권했다. 감정가 2억 4,000만 원에 2번 유찰이 되어 최저가는 1억 1,700만 원부터 시작을 하였다. 위치는 부평역과 부평시장역 중간정도 위치하고 있었고, 2017년 완공된 준 신축의 오피스텔이었다. 24평형의 방 3개, 화장실 2개의 구조로 신혼부부가 생활 하기에 면적도 적당하였고, 기계식 주차장 시설도 잘 갖추어져 있었다. 또한 현재 전세입자가 경매를 신청한 건으로 권리분석에도 문제가 없었고, 보증금을 배당 받아야 하기 때문에 명도 문제도 쉽게 해결할 수 있을 것으로 판단하였다.

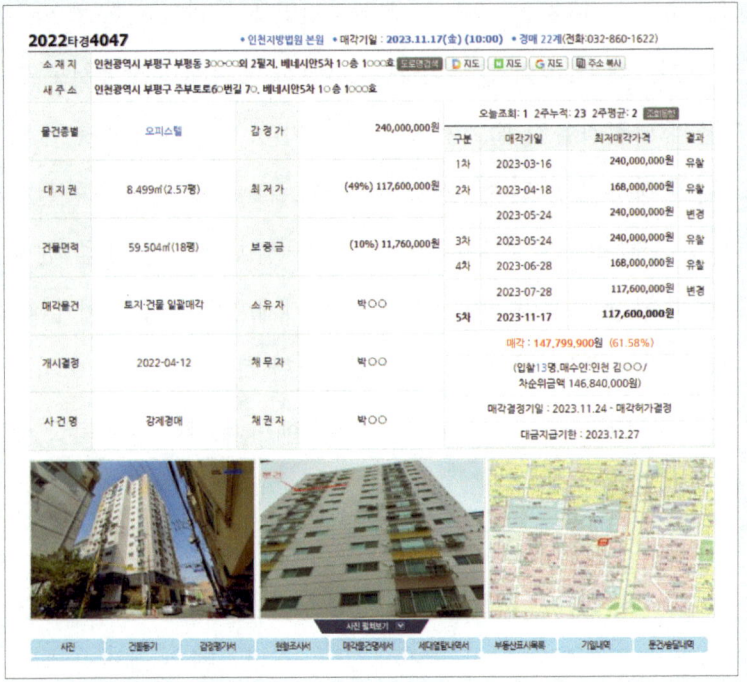

출처 : 옥션원

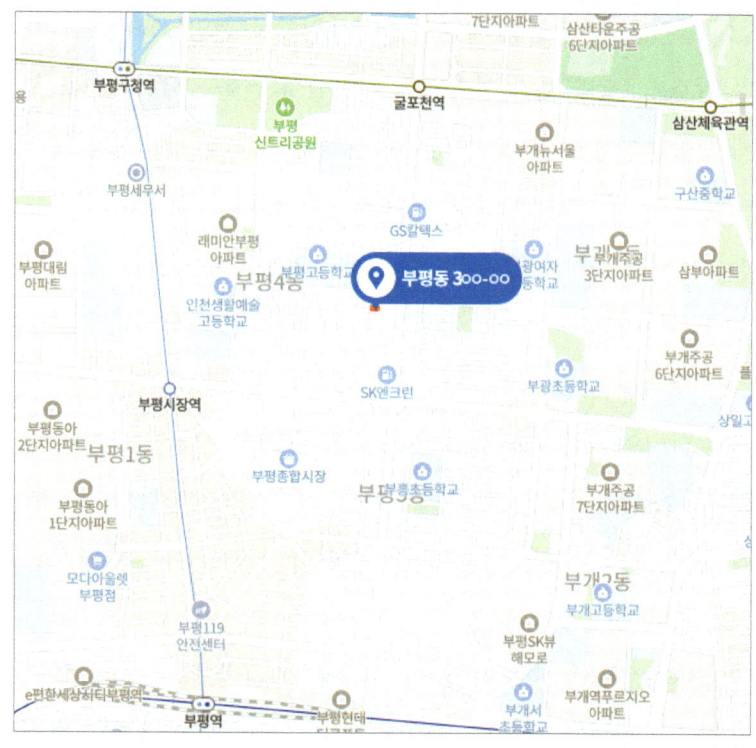

출처 : 네이버 지도

결과는 1억 4,779만 원으로 입찰하여 13명 중 최고가 매수인이 되었다. 수강생분은 첫 입찰에 원하는 물건을 좋은 가격에 낙찰을 받을 수 있어 기쁨은 두배가 되었다. 투자금 약 **2,000만 원**으로 인천 부평에 24평형 주거용 오피스텔을 낙찰받은 것이다.

낙찰가	147,799,000원
대출(91%)	135,000,000원
취득세 및 등기비용	8,500,000원
투자금	21,000,000원

이 물건은 경매 신청 채권자가 전세입자로 전입일과 확정일자가 말소기준권리보다 선순위로 대항력 요건을 갖추고 있다. 전세 보증금이 1억 8,100만 원으로 보증금 전액을 배당받지 못한다면 전액 매수자가 인수를 해야 하는 물건이다. 하지만 기타 사항으로 특이하게도 전세입자가 보증금에 대하여 전액을 변제받지 못하더라도 대항력을 포기한다는 확약서가 제출되었다는 문구가 명시되어 있었고, 문서 송달 내역을 통해서도 전세입자가 위의 사항에 대한 확약서를 법원에 제출한 사실을 확인할 수 있었다. 즉, 보증금을 일부 손해보더라도 나머지 보증금이라도 빨리 회수 하고 싶다는 의사표현인 것이다. 어떤 이유인지는 모르지만 자금이 급한 사람이라고 추측해 볼 수 있었다. 낙찰 직 후 세입자와 연락을 시도하였고, 낙찰 후 10일만에 이사비 150만 원으로 협상하여 명도까지 완료하였다. 명도 후 집을 확인하였는데 집 내부 컨디션이 소형 신축아파트 못지 않게 좋은 컨디션을 유지하고 있었다.

2

30대 직장인, 경매로 내 집 한 채는 아파트로 마련하자

2장

30대 직장인,
경매로 내 집 한 채는 아파트로 마련하자

실거주 내 집 한 채는 필수

부동산 침체에도 무주택 10가구 중 7가구 "주택 구입 의향 있어" – 조선비즈 (chosun.com)

내 집 꼭 필요 70% 돌파

주택금융공사가 실시한 주택금융 실태조사에서 실거주 목적의 1가구 1주택은 꼭 필요하다는 응답 비율이 처음으로 70%를 넘어선 것으로 나타났다. 4월 6일 주택금융공사가 발표한 '2022년 주택금융 및 보금자리론 실태조사'에 따르면 보금자리론을 이용하지 않는 전국 만 20세 이상 일반가구 5,000가구 중 70.3%가 실제 거주할 목적의 1가구 1주택은 꼭 필요하다고 인식한 것으로 조사됐다.

우리나라에서 안정적인 주거지에 대한 욕구는 상당히 큰 편이다. 지금 우리 부모님 세대부터 내 집 한 칸 마련하는 게 소원이었고, 알뜰살뜰 사시는 게 다 내 집 마련을 위한 목표 때문이었다. 그러한 과정들을 지금의 젊은 세대들이 그대로 보며 살아 왔다. 또한 주거지가 불안정 하면 그로 인한 추가 지출(이사비, 부동산 수수료)과 번거로운 일들이 많이 생겨 무엇을 하던 일단은 안정적인 주거지가 있어야 다음 투자로 이어질 수 있는 것이다. 내 집 마련을 할 수 있는 여러 가지 방법이 있지만 내가 경험한 가장 효과적인 방법은 바로 부동산 경매이다.

청약통장, 지금 당장 해지해라

'청무피사'는 요즘 유행하는 줄임 말로 부동산 투자에 어느정도 관심이 있는 사람이라면 한번쯤 들어보았을 것이다. 그 뜻은 바로 "청약통장은 무슨 새아파트는 피 주고 사자."라는 말이다. 왜 이런 말이 나오게 되었을까? 우리 주변을 보더라도 몇 년 동안 아파트 청약만을 바라보며 기다리는 사람이 상당히 많다. 이들은 앞으로의 청약스케줄을 줄줄이 늘어 놓으면서 매번 아파트 청약을 넣고, 당첨이 되기만을 기다린다. 하지만 대부분, 항상 다음을 기약한다.

청약은 희망고문이다. 되지도 않는 청약 때문에 기존 주택을 사지도 못하고, 다주택자가 될 생각을 아예 하지도 못한다. 현재 정부의 기조가 3기 신도시를 비롯하여 대규모 택지 개발을 통해서 공공 물량을 늘려 무주택자에게 물량을 많이 공급해 주겠다는 방향이다. 청약에 계속 도전하면 당연히 언젠가는 당첨이 될 것이다. 하지만 그게 1년 후가 될지 5년 후가 될지, 그 이상이 될지는 아무도 장담하지 못한다. 또한 막상 당첨이 되면 그때까지 오른 물가로 인해 분양가가 생각했던 것보다 비싸게 느껴질 수도 있다. 지금 청약에 당첨되어서 나오는 분양가를 한 번 보라. 예전만큼 분양가가 저렴하지가 않다는 것을 한번에 느낄 수 있을 것이다. 청약 당사자는 오래 전부터 청약에 도전했기에 예전의 저렴했던 분양가만 생각하고 있지, 훌쩍 올라버린 원자재비, 인건비, 세금등을 고려하지 않았던 것이다. 이제는 당첨되기도 어렵고, 설사 당첨이 되더라도 예전처럼 생각만큼 분양가가 저렴하지도 않은 청약을 과감히 포기하자. 이제 청약은 내 인생에 없는 것이라고 생각하는 게 마음이 편하고 청약에 당첨된 것보다 훨씬 빠르게 나의 자산을 불릴 수가 있다.

부동산 경매로 돈을 벌어서 새 아파트는 피를 주고 사서 들어가는 방법도 존재한다. 나는 이책을 읽는 분들이 청약에만 얽매이지 않았으면 하는 바램이다. 아직까지 주택 청약을 기다리며 청약통장에 매월 돈을 납입하고 있는가? 이제 과감하게 청약통장을 해지하고 그 돈을 투자금 삼아 부동산 경매에 도전해 보자.

자본주의 사회에서 절대로 레버리지[1] 당하지 말자

자본주의를 살아가는 우리는 레버리지를 당하거나 레버리지를 하면서 살고 있다. 하지만 안타깝게도 거의 대다수의 사람들은 레버리지를 당하면서 살고 있다. 본인이 레버리지를 당하는지도 모르는 채로 말이다. 이들은 은행에 그리고 집주인에게 레버리지를 당하면서 살고 있는데 당하는 입장에서는 아무 생각없

---

[1] 안정성을 추구하는 저축과 달리, 투자에서는 종종 레버리지(leverage)를 사용한다. 영어로 'leverage'란 지렛대를 의미한다. 누구나 아는 바와 같이 지렛대를 이용하면 실제 힘보다 몇배 무거운 물건을 움직일 수 있다. 즉 내가 가진 돈에 적당한 레버리지(은행 대출 및 세입자의 보증금등)를 사용하여 실제 기대 투자수익율을 더 극대화하는 적극적인 투자활동의 의미로 사용된다. 레버리지를 사용하여 수익율이 플러스(+)일 경우 이익의 폭이 증가되지만 반대로 실제 수익율이 마이너스(-)가 되면 손실의 폭도 확대된다. 이러한 이유로 레버리지를 흔히 '양날의 칼'이 비유하기도 한다. 결국에 레버리지를 활용하는 것에는 그에 따른 댓가(이자등)가 따르므로 본인이 감당가능 한 수준에서만 사용해야 한다.

이 현재를 그저 편안하게 누리면서 살고 있다고 착각하며 살 수 있는 환경인 것이다. 지금 당장은 편하고 눈에 보이는 아무 문제가 없으니 현재를 즐기며 사는 것이다.

레버리지를 당하면서 살다가 레버리지를 하는 삶으로 바꾸는 것은 쉬운 일일까? 나의 생활, 경제 습관을 정반대로 뒤집어야 하는 것인데 말처럼 쉬운 일은 아니다. 하지만 우리는 이제라도 레버리지를 당하는 입장이 아닌 레버리지를 하는 입장으로 반드시 바뀌어야 한다.

레버리지를 한다는 것은 리스크를 기꺼이 감수하는 것을 의미한다. 본인이 감당 가능한 수준에서 은행을 그리고 임차인을 레버리지 하면서 예상치 못한 리스크도 기꺼이 떠 안는 쪽으로 방향을 틀어야 한다. 물론 힘든 일도 많을 것이다. 하지만 그때는 내가 소유한 부동산이, 내가 소속되어 있는 회사가 나의 신용이 되어 어렵고 힘든 일도 기꺼이 극복할 수 있는 든든한 버팀목이 되어줄 것이다.

전세 사기 사건도 결국엔 레버리지 당한 것

최근 뉴스에 전세사기 사건이 자주 나온다. 2023년 초에 인천 미추홀구를 시작으로 서울 강서구 화곡동, 화성 동탄, 그리고 요즘 수원까지 전국을 가리지 않고 전세사기 피해자 들이 나오는 모양새이다. 피해자들은 사회 초년생 및 젊은 세대들로 전세 들어간 집이 문제가 생겨 경매로 진행이 되면서 거액의 보증금을 전액 날리거나, 많은 부분 손실을 보아 큰 피해를 보고 있다는 내용이다. 인천 미추홀구 임장을 다니다 보면 곳곳에서 이런 전세사기 피해 건물을 마주할 수 있다. 건물 전체가 피해를 본 것이라 오다가다 눈에 띌 수 밖에 없다. 현재의 전세사기 피해는 건축주와 전세사기 일당, 그리고 일부 부도덕한 공인중개사들이 잘 짜놓은 판에 부동산에 대해 경험과 지식이 많이 없는 사회 초년생들이 주로 피해를 많이 보고 있는 상황이다. 건축주 혹은 명목상 집주인이 자기 자본은 거의 없는 상태로 수십, 수백채의 집을 소유하면서 은행 대출을 받고, 거기에 세입자들의 보증금까지 받아 가로챈 사기 사건인 것이다. 수십 수백개의 집을 소유하고 있지만 본인이 가지고 있는 돈이 거의 없기 때문에 부동산을 보유함으로 매년 부과되는 각종 세금과 세입자가 만기가 되어 돌려줘야할 보증금이 마련되지 않은 집주인은 파산을 하게 되고, 결국에 이러한 집들이 경매로 진행이 되어 기존의 세입자들이 고스란히 피해를 보고 있는 상황이다. 이건 레버리지를 당한 예시이다. 피해자들도 부동산 경매에 대한 지식이나 관심, 경험이 있었으면 피해를 조금이나마 줄일 수 있지 않았을까? 사회 초년생으로 가장 큰 돈이 들어가는 전세집을 구하는데 최소한의 노력으로 본인이 꼭 확인해야 하는 사항들을 조금더 꼼꼼히 확인해 보았으면 이런 상황까지 발생하지는 않았을텐데 라는 아쉬움이 든다. 인터넷을 통해 내가 전세들어갈 집에 등기부 등본을 한번 확인해 보고 이사가는 현재 날짜로 부터 그 전에 금융기관에서 대출을 많이 받아서 문제가 될 우려가 있는 집들은 배제하고 선택하였으면 이렇게까지 큰 어려움을 겪지는 않았을 것이다. 전세사기 피해자들도 결국에는 가해자들인 집주인들에게 레버리지를 당한 것이다.

집주인 그리고 투자자로
레버리지를 하면서 부자가 되자

내 집 한 채를 마련한 다음부터는 차례로 집을 늘리면서 집주인으로서 타인의 자본을 지렛대처럼 이용해야 한다. 집주인은 부동산이라는 자산을 바탕으로 은행으로부터 대출금과 임차인의 전세, 월세 보증금과 월세 수입등으로 자산을 모을 수가 있다. 이를 통해 본인의 실거주지를 현재 사는 곳보다 더 상급지로 이동, 혹은 부동산 개수를 늘려가는 투자를 통해 나의 자산을 불려갈 수 있는 것이다. 부동산 경매에 입문한 이상 앞으로는 절대 집주인 혹은 은행에게 레버리지 당하며 살지 말고, 레버리지를 하면서 집주인으로서 부자가 되는 인생을 살자.

경매로 집을 마련해야 하는 이유

내가 사는 집은 꼭 경매로 사자

내 집이라는 주거의 안정성이 주는 경제적 가치는 크다. 내 집 없이 전세나 월세를 전전하며 사는 것은 매번 재계약 시 보증금이나 월세를 올려줘야 하는 경우가 생길 수 있고, 또한 이사하게 된다면 이사비용, 부동산중개료에 이런저런 비용들까지 추가되면서 필요 이상의 아까운 지출이 발생 하는 것이다. 하지만 젊었을 때 최대한 대출을 많이 받아 내 집을 장만한다면 주거로 인한 지출이 줄어들 뿐 아니라 집값이 상승하는 부분이 고스란히 본인의 몫이 되는 것이다. 또한 주거의 안정성으로 인한 무형적인 혜택도 누릴 수 있다. 은행 대출을 최대한 받고, 내 돈은 최대한 적게 들여 내 집을 마련하고, 나머지 여유자금 혹은 신용대출로 꾸준히 경매 투자를 하면서 집 갯수를 늘려가 보자. 자연스럽게 직장을 다니면서 주택 수를 차근차근 늘리면서 다주택자가 될 수 있는 것이다. 이때 내 집 마련을 일반매매나 급매로 사는 것이 아니라 그것보다 더 싸게 취득할 수 있는 부동산 경매를 통해 마련해야 한다. 경매를 통해 마련한다면 이익의 폭은 더 클 수 밖에 없다. 이러한 이유로 내 집 마련은 무조건 경매를 통해서 하는 것을 추천한다.

실수요자의 경우 낙찰 받을 수 있는 확률이 높다.

최근에는 부동산 경매가 많이 대중화가 되었다. 평일 경매가 진행되는 경매 법정에 나가보면 남녀노소 다양한 연령대의 사람을 볼 수 있다. 부동산 경매에 처음 입문하는 가장 큰 이유는 바로 내 집 마련이다. 나와 같이 내 집을 일반 매매보다 조금 더 싸게 살 수 있는 방법을 알아보다 부동산 경매에 한번 도전을 해보고자 시작을 하는 경우가 많다. 이처럼 내 집 마련을 하기 위해 직접 낙찰받고자 하는 사람을 실수요자라고 한다. 실수요자는 그 집에서 직접 살아야 하기 때문에 급매 가격 보다 조금만 싸게 사도 좋다. 아무래도 실수요자가 투자자보다는 입찰가격을 조금이라도 더 높게 써 낼 수 밖에 없는 구조이다. 만약 실수요자와 투자자가 같이 입찰을 하였는데 투자자가 낙찰을 받았다면 시세 조사를 잘못 했거나 무언가 실수가 있어 낙찰을 받은 것으로 투자자 입장으로 수익을 내기에는 어려운 상황일 것임은 불 보듯 뻔한 일이다. 하지만 한가지 주의 해야할 점은 실수요자라고 해서 시세와 비슷한 가격에 사는 것은 부동산 경매를 하는 의미가 없다. 심지어 아파트의 경우에는 종종 급매가격보다 오히려 높은 가격에도 낙찰되는 경우도 보게 된다. 철저하게 시세 조사를 해서 급매 가격 보다는 아파트의 경우 최소 5~10%, 빌라나 오피스텔의 경우에는 20% 이상은 싸게 낙찰을 받아야 한다. 그래야 경매 투자하는데 그 의미가 있는 것이다. 시세와 비슷하게 받는 것이라면 이렇게 수고로이 투자해야 할 이유가 전혀 없다. 차라리 부동산에 가서 시세보다 조금 더 저렴한 급매를 사는 것이 더 유리할 수가 있다. 실수요자라고 하더라도 부동산 경매를 하는 이유가 내 집을 저렴하게 마련하기 위해서이지 낙찰을 받기 위해서 하는 것이 아니다. 우리는 시세보다 더 싸고, 좋은 부동산을 사기 위하여 이렇게 공부도 하고, 책도 보고, 강의도 듣고, 임장도 하고, 평일에 시간을 내서 법원에 입찰하고 낙찰 받고, 대출받고, 명도하고 이 모든 과정의 수고로움을 기꺼이 하는 것이 아니겠는가? 이처럼 실수요자 입장에서는 낙찰받을 확률이 높지만 수익이 목적이 되어야 한다. 반드시 명심하자.

첫 내 집 마련은 아파트로 하자

경매로 처음 내 집 마련은 아파트로 도전해보자. 아파트를 권하는 여러 가지 이유가 있지만 첫 번째는 바로 재산 가치 때문이다. 부동산 가격 상승시에는 빌라보다 오르는 가격상승 폭이 크며, 하락시에는 하방 경직성이 빌라보다 강하기 때문에 가격 방어에 유리하다. 두 번째로 환금성이 높다. 아파트의 경우 시세가 어느정도 정해져 있기 때문에 향후 처분하거나 갈아타기 등을 계획할 때 수월하게 매도할 수 있다. 매도 후의 앞으로의 구체적인 일정에 대해 계획 할 수 있다. 세 번째로 주거 만족도이다. 아파트의 경우 많은 세대가 거주하고 있다보니 단지 안에는 입주자들을 위한 주차, 커뮤니티시설, 조경등 각종 부대시설과 편의시설이 다양하고 단지 주변의 상가나 인프라를 이용할 수 있어 주거 생활 환경이 뛰어나 만족도가 높을 수 밖에 없다.

또한 시세보다 저렴하게 낙찰을 받고 내 집에서 편하게 살다가 기존 집을 매도한 뒤 매도 차익으로 상급지 혹은 더 넓은 평수로 갈아탈 수 있는 기회가 되기도 하고, 지속적으로 경매 투자를 할 수 있는 여유 자금으로 활용 할 수도 있다. 이런 이유로 첫 번째 투자는 실거주 아파트로 도전해 보자. 아파트라고 해서 투자금이 억 단위의 큰 돈이 들어 가는 것이 아니다. 물론 서울의 아파트를 경매 받고자 하면 억 단위의 큰돈이 들어 갈 수는 있지만 최대한 빨리 내 집 마련을 하는 차원에서 사회 초년생이나 직장생활을 시작한지 3년 이내에 내 집 마련을 목표로 투자금 3,000~5,000만 원 정도 있다면 충분히 시도해 볼 수 있다.

투자금을 제외한 부족한 금액은 경락 잔금 대출[2]을 받아 잔금

---

2 경락 잔금 대출은 부동산 경매로 낙찰 받았을 때, 보증금을 제외한 나머지 금액을 마련해야 하는데, 낙찰받은 부동산을 담보로 대출을 받는 것을 경락 잔금 대출이라고 한다.

을 처리 할 수 있다. 인천이나 경기도의 아파트라면 도전해 볼 만한 물건이 많이 있다. 직장이 서울이라서 인천이나 경기도는 싫다고? 그건 핑계다. 본인이 조금만 부지런하면 충분히 서울 출퇴근이 가능하다. 출근 시간 대 공항철도, 지하철 1,7호선 등 인천과 수도권에서 서울로 이어지는 지하철을 타본 적이 있는가? 매일 아침마다 정말 많은 사람들이 인천과 서울을 오가며 직장 생활을 열심히 하고 있다.

투자금 5,000만 원!
인천 24평 아파트 경매로 내 집 마련 사례

나의 경우에도 결혼을 하고 아이도 생겨서 조금 더 쾌적한 환경의 아파트로 이사를 가고 싶었다. 서울로 출퇴근을 해야 하는 입장에서 예전이나 지금이나 서울 아파트 가격은 평범한 외벌이 가장으로서는 비싼 금액으로 엄두가 나질 않았고, 서울에서 출퇴근이 가능한 내게는 가격이 저렴한 인천이 눈에 들어왔다. 마침 인천 계양구 택지지구 내의 24평 아파트가 경매로 진행이 되었다. 계양구는 지리적으로 서울과 가까워서 서울 출퇴근도 가능해 보였다. 임장 결과 아파트 근방에 학교와 상가들도 많이 있고, 공원까지 있어 쾌적한 환경으로 주거하기에 좋다고 판단했다.

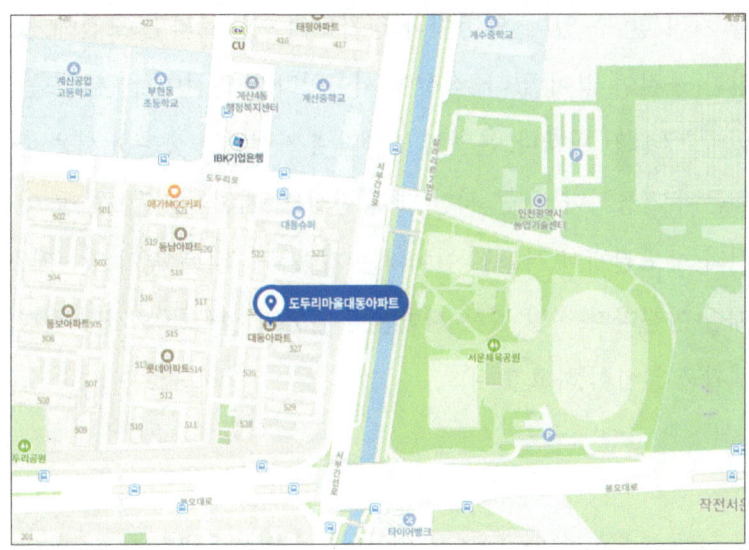

출처 : 네이버 지도

　가격은 감정가 2억원에 1회 유찰이 되어 1억 4,000만 원에 최저가로 시작을 해서 예산내에 도전이 가능한 금액대였다. 결과는 4명 입찰하여 2등과 약 500여만 원의 차이로 최고가 매수인이 되었다. 낙찰가 1억 7,200만 원에서 대출을 1억 2,000만 원 가량 받고 내돈 5,000여만 원 들어서 잔금을 치렀고 나는 인천 계양구 작전동에 24평 아파트로 내 집을 마련하였다. 이곳에서 편안하게 약 8년정도 살았고, 아이들의 유년기를 보낸 우리 가족의 보금자리가 되었다. 연식이 있는 아파트였지만 매년 주변 교통도 좋아지고 서울 지하철 2호선 연장 뉴스 등이 조금씩 나오면서 부동산 시세도 꾸준히 올라 2억 4천여만 원에 처분하고 더 좋은 입지의 더 넓은 평수의 신축아파트 분양권을 좋은 가격에 매수하여 갈아타기에 성공하였다.

위에서 설명한 대로 첫 번째 실거주지를 아파트 경매로 마련했고 은행 대출을 통해 최대한의 레버리지를 이용해 대출 받았다. 중간중간 투자를 지속하면서 돈을 모아 상급지 갈아타기와 평수 넓히기를 할 수 있었던 건 내 집이 없었으면 불가능했을 것이다. 활용할 수 있는 투자금으로 경매를 통해 집을 마련하여 안정적으로 주거지를 확보하는 것이 최우선이다. 내 집 마련을 한 후 가진 돈에 맞게 소액이더라도 꾸준히 투자를 병행해야 한다. 주저 하지 말고 같이 도전해 보자. 10년 전이나 지금이나 모든 상황은 놀라울 정도로 똑같다. 본인이 의지를 가지고 실천을 하느냐 마느냐의 문제이다. 최소한의 투자금을 준비하고, 공부해서 실행하면 누구나 할 수 있다.

낙찰가	172,577,000원
대출(69.5%)	120,000,000원
취득세 및 리모델링	3,000,000원
투자금	55,000,000원
매도가	230,000,000원

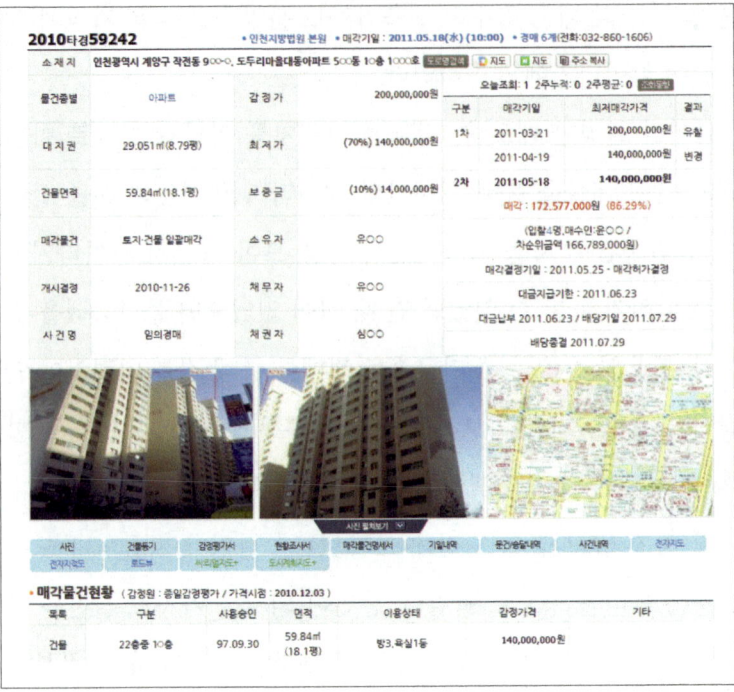

출처 : 옥션원

 에릭의 노하우 ❺

소액(3,000~5,000만 원)으로 내 집 마련 아파트 경매로 하기!

사회 초년생 및 신혼부부 기준으로 말씀드리겠다. 나도 사회 초년생부터 투자를 시작 했고, 지금도 돈이 많이 투자되는 큰 물건 하나보다 돈이 얼마 안 들거나 하나도 들지 않는 작은 물건 여러 개를 투자하는 것을 선호한다. 현재 투자도 이런 방향으로 하고 있다. 사회 초년생일 경우 현재 투자할 수 있는 돈이 충분치 않기 때문에 돈이 많이 묶이는 서울 보다는 인천이나 경기도 쪽에 투자를 해볼 것을 추천한다. 서울로 출퇴근이 가능하고, 비교적 적은 투자금으로 내 집 마련이 가능한 인천 지역의 물건을 소개해 보도록 하겠다. 소액으로 삼은 기준으로는 3,000~5,000만 원이다. 위의 금액은 물론 큰돈이다. 하지만 직장인이라면 신입사원이라도 직장인 신용대출 혹은 1~2년 정도 열심히 저축하고 모으면 충분히 모을 수 있는 금액이다. 심지어 현재 5,000만 원은 서울 이나 수도권의 원룸 전세 보증금도 안되는 금액이다. 하지만 5,000만 원이면 아파트로 내 집 마련이 충분히 가능한 금액이다. 어떤 방식으로 투자가 가능한지 한번 살펴보자.

✔ 4,000만 원으로 더블 역세권(주안역) 준 신축 나홀로 아파트 실거주 가능!

전용 15평으로 방2개 주방 거실 구조로 1~2인 가구가 살기에 적당한 규모이며 건물 전체가 경매로 진행되는 나홀로 아파트이다. 주안역은 1호선 급행역 정차역으로 서울 출퇴근 이 용이한 지역으로 해당 물건은 주안역 도보 5분에서 10분정도 거리로 역세권에 위치하고 있고, 2015년 완공된 준 신축 건물로 실거주하기에 나쁘지 않다. 감정가 2억 4,000만 원에서 한번 유찰되어 최저가가 1억 6,800만 원이다. 요즘 인천지법 낙찰 추세를 보면 1회 유찰 시 조금만 더 가격을 써내면 충분히 낙찰이 가능할 것으로 예상된다.

1억 7,000만 원 정도에 낙찰을 받아 낙찰가의 80% 정도 대출을 받는다면 1억 3,600만 원 정도 대출이 가능하고 잔금 3,400만 원에 취득세 및 등기비가 300~400만 원 정도 된다고 했을 때 4,000만 원 정도면 이 아파트의 주인으로서 실거주를 할 수 있는 것이다. 점유자들도 소액 임차인들이 많아 명도에도 큰 어려움은 없다. 소액 임차인의 경우 낙찰자의 명도 확인서가 있어야 최우선 변제금을 배당금으로 받을 수 있으므로 명도에 협조할 수 밖에 없다. 이런 물건은 초보자들도 쉽게 접근 할 수 있는 물건이다.

예상 낙찰가	170,000,000원
대출(80%)	136,000,000원
취득세 및 기타비용	3,000,000원
예상 투자금	37,000,000원

출처 : 네이버 지도

투자 포인트 1. 우리는 마음 편안하게 실거주를 하면서도 향후 지속적으로 가격이 상승할만한 지역에 투자를 해야한다. 물론 현재 거래되는 가격보다 저렴하게 매수 하기 때문에 취득 당시부터 안전마진을 확보할 수가 있다. 그 안전마진에 시세 상승이라는 수익이 더해져야 누적되는 수익이 커진다. 따라서 앞으로 물건을 선정하거나 투자할 때 꼭 지켜야 되는 원칙이다. 이러한 원칙으로 볼 때 역세권은 앞으로도 그 가치가 지속적으로 상승할 수밖에 없다. 특히나 주안역은 더블 역세권(1호선, 인천 지하철 2호선)으로 서울로 출퇴근 하는 직장인들의 수요가 많고, 지속적인 재개발 등을 통하여 주변 주거 여건도 개선되는 지역이다.

투자 포인트 2. GTX-B 정차역인 부평역과도 지하철로 10여분 남짓이면 도착할 수 있는 곳으로 그 수혜를 받을 수 있다. 1호선으로 4정거장 거리에 있는 가까운 거리로 GTX-B노선이 착공에 들어가고 공사가 시작되는 시점부터 완료되는 시점까지 꾸준한 가격 상승이 예상된다.

투자 포인트 3. 역세권으로 주변에 각종 편의시설과 식당, 상가, 병의원 등이 몰려있어 생활 편의성이 좋아 1~2인가구가 살기에 적당하다. 이는 앞으로도 1~2인 가구의 증가로 역세권의 소형 주택의 수요는 증가하고 있고, 아파트로서의 주거 편의성이나 주차장, 보안 및 부대시설 등으로 인하여 선호도가 높은 주택으로 향후 매도나 임대에도 유리하다.

✔ 5,000만 원으로 작전동 21평 아파트(방3, 화장실2) 실거주 가능!

전용 21평으로 방3개, 화장실 2개, 주방 거실 구조로 3~4인이 살기에 적당한 규모이다. 102세대의 나홀로 아파트로 계양구 작전동에 위치하고 있다. 계양구는 입지적으로 서울에서 가장 가까운 인천으로 인천 지하철 1호선 작전역 이용이 가능하고, 서울(화곡, 합정, 홍대입구, 서울역)로 오가는 버스가 많아 서울 출퇴근도 가능한 지역이다. 저자의 블로그(https://blog.naver.com/gs3423, 에릭의 아주 특별한 부동산 이야기)에 소개할 당시(2023년 4월 8일) 감정가 2억 9,400만 원에서 한번 유찰되어 2억 500만 원에 진행이 되었는데 예상으로 2억 5,000만 원 부근에 낙찰을 받아 80% 대출을 받을수가 있는 물건이었다. 2억원 대출을 받으면 약 5,000만 원 정도 투자하여 내 집 마련이 가능한 사례이다.

예상낙찰가	250,000,000원
대출(80%)	200,000,000원
취득세 및 기타비용	3,000,000원
예상 투자금	53,000,000원

출처 : 옥션원

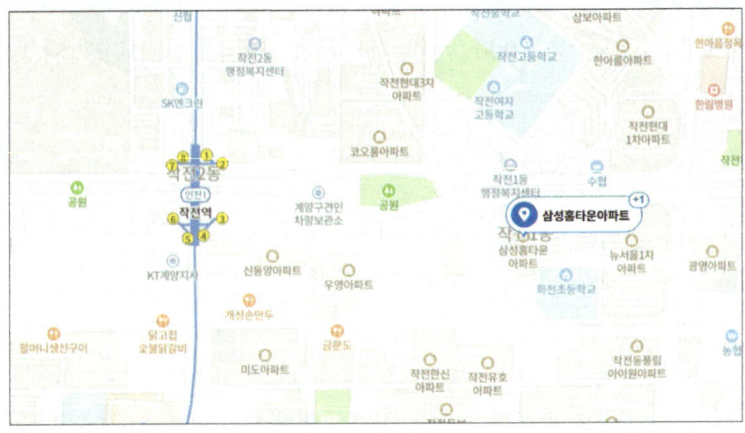

출처 : 네이버 지도

낙찰 결과는 15명 입찰을 하여 89%인 2억 6,200만 원에 낙찰이 되었다. 이처럼 최대한 실수요를 가정하고 입찰가를 산정해 봤는데, 앞서 말한 것처럼 실수요자의 경우에는 입찰가를 더 높게 쓸 수가 있기 때문에 투자자의 금액과 실수요자의 금액 차이로 실수요자가 낙찰 받을 확률이 더 높은 것이다. 2억 6,200만 원에 낙찰을 받은 것도 참 좋은 가격에 받았다고 볼 수 있다.

해당 물건은 동일평형으로 네이버 부동산 최저가로 3억 2,000만 원에 매물로 나와 있고, 나 홀로 아파트라 시세 파악이 한정되긴 하지만 3억 2,000만 원에 나온 매물은 3층이다. 이번에 경매에 진행된 물건은 14층으로 2억 6,000만 원에 낙찰을 받은 건 상당히 저렴한 가격에 잘 받은 것이다. 현재 저층(3층)보다 6,000만 원 저렴하게 취득을 한 것으로 이 한건으로 6,000만 원 이상 이득을 본 것이다. 이렇게 내돈 5,000만 원정도 투자를 하였지만 시세보다 약 6,000만 원이나 저렴하게 매수하여 본인이 원하는 만큼 편하게 살다가 시세보다 싸게 산 차익과 살면서 올라가는 물가 상승분의 차익까지 누적으로 수익은 쌓이게 된다. 이렇게 생긴 매도 차익으로 차후 상급지로 갈아타기를 하거나 평수를 넓혀갈 수 있는 것이다. 이처럼 처음 주택을 아파트를 부동산 경매로 구매하게 되면 미래의 든든한 나의 자산이자 다주택자로 한걸음 더 나아갈 수 있는 토대가 되는 것이다. 그 중 가장 우선은 바로 본인이 실거주하는 집은 아파트를 경매를 통해 마련하는 것이 최우선이다. 이는 안정적으로 자산을 불려 나갈 수 있는 최선의 방법이다.

투자 포인트 1. 인천지하철 1호선 작전역 역세권

해당 물건은 주거 선호도가 높은 작전역을 도보로 이용가능한(10~15분) 거리에 있으며 주변에 서울로 오가는 버스가 많아 서울 출퇴근이 가능하다. 또한 29평형으로 방 3개 화장실 2개의 구조로 3~4인이 살기에 적당한 규모로 1인 가구부터 4인까지 다양한 가족 구성원이 선호하는 평형이다.

투자 포인트 2. 작전역 주변으로 재개발이 한창 진행되어, 주거 여건이 개선되고 있으며 특히 계양구의 숙원사업인 서울 지하철 2호선 연장의 건은 부천을 지나 작전역, 루원시티, 청라까지 연장하는 계획이다. 이는 정치권에서도 관심을 가지고 수년 전부터 지속적으로 서울시와 인천시에서 협의를 진행하고 있다. 현재까지는 부천 대장(3기 신도시)과 홍대선 사업이 민간투자사업 적격성 심사를 통과하여 사업이 진행 중에 있으며 후속으로 서울 2호선 청라 연장사업이 탄력을 받을 것으로 기대되고 있다. 만약에 이 사업이 본격적으로 추진된다면 계양구의 시세는 크게 한 번 오를 것이라는 예상은 누구나 할 수 있다. 추가적으로 GTX-D 노선의 정차역으로 작전역이 확정되어 있는 상황에서 주변 교통 여건은 앞으로도 점점 더 좋아지는 지역이다. 이렇게 편안하게 내 집에서 살면서 시세차익도 고스란히 누리는 두 마리 토끼를 모두 잡을 수 있는 것이다.

투자 포인트 3. 초품아로 단지에 거의 붙은 화전초등학교를 이용할 수 있어 향후 매매나 임대시에도 유리할 것으로 보이며 주변에 마트와 편의시설이 많이 있어 주거 여건이 좋다. 세대 수가 비교적 적은 나홀로 아파트이긴 하지만 주거 선호도가 높을 수밖에 없는 투자 가치가 높은 물건이다.

✓ 30대 직장인이라면 이제 아파트 경매로 내 집 마련부터 하자

30대 직장인이라면 직장에서는 대리 정도의 직급일 것이다. 어느정도 일도 능숙해지고, 직장내에서 부하 직원들과 같이 일을 가장 많이 하는 시기이다. 그동안 직장생활을 하며 모은 돈도 있을테고, 또 앞으로 결혼까지 준비를 해야한다. 만약에 모아놓은 투자금이 없다면 직장인 신용대출로 5,000만 원 정도는 충분히 마련할 수 있는 정도의 연봉과 직급이다.

위의 사례처럼 5,000만 원 정도로 내 집을 아파트로 장만하고 시작을 한다면 또래보다 경제적으로나 심적으로 여유가 생기게 된다. 이 정도 나이대에서 금수저나 부모님이 도와주지 않는 이상 본인의 이름으로 집을 갖는 경우는 흔한 경우는 아니다. 이 나이대에 본인의 이름으로 내 집을 마련한다는 것은 아직 생각도 못 하거나 가진 돈이 적어서 집을 살 생각조차 못하는 경우가 대부분이다.

이런 상황에서 굳이 내가 경매로 집을 샀다고 자랑하거나 떠들고 다닐 필요는 전혀 없다. 아니 오히려 젖은 낙엽 정신으로 묵묵히 본인의 일을 열심히 해야 한다. 혹시나 같이 입사하게 된 동기나 친구들, 그리고 선후배들이 하는 전세 월셋집 이사 이야기, 집주인의 횡포, 청약을 시도하는데 번번이 실패한다는 이야기, 집 하나 갖고 싶은데 너무 어렵다는 하소연 등의 부동산과 집 관련 이야기를 같이 하게 된다면 그들의 이야기를 듣고 있다가 적절히 맞장구만 쳐주면 된다.

지금은 직장에 집중해서 일을 가장 열심히 해야할 시기이자 직급이기 때문에 괜한 구설로(부동산 경매) 직장에 소홀히 한다는 인상을 심어줄 필요는 없다. 심지어 누군가에게 너무 말하고 싶어 본인의 비밀을 끝까지 지켜줄 것이라고 믿는 가장 친한 동기에게도 이러한 사실을 털어 놓는 우를 범하지 말기를 바란다. 발 없는 말이 천리 가는 법이고, 현재 사실과는 다르게 말이 말을 전하게 되면 사실과는 전혀 다른 엉뚱한 말이 오가기 마련이다. 이런 상황에서 정기적으로 직장 상사에게서 받는 인사고과에 업무 성과와 실력은 전혀 고려되지 않고, 사실과는 전혀 다른 회사일에 소홀히 한다는 소문으로 나의 실력과는 무관한 인사고과를 받는다면 얼마나 억울한 일인가.

직장 내 평가는 반드시 객관적인 성과와 실력으로 공정하게 평가되야 하는 법이다. 맞는 말이다. 하지만 현실은 그렇지 않다. 직장 내에서는 나의 부동산이나 자산에 대해 절대 알리지 말기를 바란다. 직장생활은 최대한 없어 보이고, "저 친구는 내가 좀 더 챙겨 줘야한다"는 마음이 생기도록 하는게 바람직하다. 비교적 어린 나이인데 집도 있고, 다른 부동산도 소유하고 있다고 상사들에게 인식 되는 순간 저 친구는 내가 안 챙겨줘도 재산이 많은데 굳이 뭐 하러 챙겨줘야 하나 대신에 실력은 조금 부족하지만 형편이 어려워 보이는 저 친구를 좀더 밀어줘야겠다 라는 생각이 들게 마련이다. 이게 바로 내가 직접 경험했던 사회 생활의 이치이다.

이렇게 경매로 시세보다 저렴하게 내 집 마련을 하게 된다면 결혼 문제에서도 보다 적극적으로 좋아하는 이성에게 어필할 수가 있고, 본인 스스로가 준비가 되어서 당당하게 되므로 본인이 좋아하고 원하는 상대방과 결혼을 할 가능성도 높아진다. 또한 계속 강조하지만 안정적인 주거지를 바탕으로 다음의 경매 물건 투자를 지속적으로 이어 나갈 수 있는 가장 중요한 원동력이 된다.

  에릭의 노하우 ❻

공격적인 부동산 투자 법!

✔ 30대 미혼이 할 수 있는 공격적인 투자 법

30대의 아직 결혼하지 않은 싱글이라면 시도해 볼 수 있는 공격적인 투자법에 대한 내 생각은 이렇다. 만약 기혼자라면 이러한 투자법이 배우자로 하여금 큰 부담을 느껴 동의를 구하기까지 많은 어려움을 겪을 것이다. 보통 한 명이 공격적인 투자 스타일이라면 다른 한명은 조금 안정적인 투자 스타일을 추구하기 마련이다.

✔ 주거와 투자를 분리하라

보통 부동산 투자를 하는데 있어서 주거와 투자를 분리하라는 말이 있다. 말 뜻 그대로 사는 집과 투자하는 집을 따로따로 하라는 말이다. 예를 들어 설명해 보자.

나는 A라는 지역에 살면서 투자는 B라는, 주거하는 곳이 아닌 다른 곳에 하라는 말이다. 단순한 내용이다. 하지만 여기서 내가 주거를 함에 있어 집을 매수해서 집주인이 되어 거주 할 수도 있는 것이고, 전세나 월세로 사는 방법도 있다. 무엇을 선택하건 본인의 결정에 따라 진행하면 되는 것인데 가장 돈이 적게 들면서 주거할 수 있는 방법이 무엇인가? 세부적인 내용은 아래에 추가로 정리해 보겠다.

✔ 내 집은 월세로, 나머지 돈은 부동산 경매 투자

내 집 마련, 전세, 월세 이 세가지 주거 방법 중 어떤 방법이 내 돈을 가장 적게 투입하는 것일까?! 바로 월세이다. 내 집 마련이나 전세를 구하게 되면 최소 1,000만 원 이상 많게는

3,000~5,000만 원 이상 내 돈이 들어가게 되고, 나는 그 목돈을 내 집 마련을 하면서 나머지 부족한 돈은 대출을 받는 것이 일반적인 구조이다. 물론 경매를 통해 실거주 주택을 구입한다면 시세보다 저렴하게 매수 하기 때문에 자산이 늘어나는 효과는 있지만 내가 실거주 하는 주거용 아파트 1채로는 자산을 불려 나가는데 한계가 있다. 이때 사용할 수 있는 방법이 내가 거주하는 집은 월세로 사는 것이다.

월세로 살게되면 300만 원부터 1,000만 원까지 최소한의 보증금을 내고 나머지는 월세로 지불하면 된다. 그리고 나머지 가용한 모든 자금으로 부동산 경매를 통해 내 집을 마련하거나 투자하는 방법이다. 이는 굉장히 공격적인 투자 방법으로, 미혼일 때 가능한 방법이다. 즉 내 집은 월세로 살면서 나머지 투자금을 경매를 통해 주택을 구입하면서 주택수를 늘리는 방법인 것이다.

이때 반드시 주의할 점은 부동산 경매를 위한 투자금은 절대로 주식이나 코인에 넣지는 말자. 경매 일정은 정해져 있기 때문에 입찰일 전까지만 매도해서 준비해 놓으면 되겠다는 가벼운 마음을 가지게 된다면, 자신도 모르게 부동산 경매는 뒷전이 되고 다시 주식과 코인에 몰두하게 될 것이다. 부동산 경매는 한번만 경험해 보면 주식이나 코인에 비해 훨씬 더 안정적으로 높은 수익을 올릴 수 있다. 그러니 잠시 잠깐의 시간이라도 다시 주식이나 코인투자를 통해 돈을 벌고자 하는 우를 범하지 말자.

3

30~40대 이제는 빌라 투자로 자산을 늘려보자!

3장
30~40대 이제는 빌라 투자로 자산을 늘려보자!

앞서 설명한대로 계획하고 실행했다면 이제 자신의 이름으로 등기된 내 집이 하나 있을 것이다. 저자도 처음으로 내 이름 세 글자가 박힌 등기부등본을 법무사를 통해 받았을 때의 기억이 아직도 생생하다. 밥을 먹지 않아도 배부르고 재밌는 일이나 웃을 일이 전혀 없었지만 나도 모르게 웃음이 절로 났었다. 이제 내 집 마련을 했으니 30대 중후반에서 40대까지는 본격적으로 자산을 늘려 나가야 되는 시기이다. 내 집 하나 마련한 것으로 자산을 불려 나가는 데에는 한계가 있다. 이제는 부동산의 개수를 늘려가면서 자산을 불려야 하는 것이다. 부동산 경매를 통해 시세보다 저렴하게 빌라를 매수 하면서 보유 주택을 늘려 나갈 수 있다.

빌라 투자
왜 하시나요?

　부동산 투자라고 하면 흔히들 아파트 투자가 연상이 된다. 즉, 지금까지 부동산 투자를 한다고 하면 대부분 아파트 투자를 해야 돈을 벌 수 있다는 생각으로 대부분이 아파트 투자를 선호하는 것이다. 하지만 부동산의 종류는 정말 많다. 주거용 부동산으로는 아파트, 빌라, 주택, 아파텔, 다가구, 다중주택, 고시원등이 있고, 비주거용 부동산에는 상가, 지식산업센터, 생활형 숙박시설등 그 세부 종류가 정말 많다. 그중에서도 나는 사람이 직접 거주하며 생활을 해야하는 주거용 부동산이 더 수요가 많고, 안정적인 수익을 낼 수 있을것이라고 판단해서 빌라 투자를 선택했다. 이렇게 부동산에 투자할 수 있는 대상이 많지만 아파트 투자가 전부인 것으로 생각하는 대다수 사람에게 빌라 투자를 한다고 말을 꺼내면 십중팔구 빌라는 투자하는 거 아니라는 말들을 반드시 들을 것이다.

　그런 말들을 들을 때 우리는 빌라 투자의 장점에 대해 설명이나 설득을 해야 할까. 굳이 그들과 설전을 벌여봤자 시간만 낭비하는 꼴이다. 빌라 투자에 대해 부정적으로 생각하는 대다수는 빌라 투자에 대한 우려스러운 말과 걱정으로 만류할 것이고, 그럼 그냥 경쟁자가 한 명 줄었구나 하고 속 편하게 생각하면 된다.

그들이 주장하는 빌라 투자를 하면 안 되는 이유에 대해 몇 가지 이야기해 보겠다.

빌라가격은 사자마자 떨어지고, 전혀 투자 가치가 없다

빌라는 사자마자 가격이 떨어지기 때문에 손해를 입기 마련이고, 이런 이유로 투자 가치가 전혀 없다고 말한다. 사실 이렇게 말하는 사람들에게 빌라를 실제로 사고, 팔아 봤냐고 직접적으로 물어본다면 그들 중 대다수는 그런 경험이 전혀 없을 것이다. 그저 주변에서 들은 이야기로 그렇게 생각을 이야기 하는 것이지 직접 빌라를 매매해본 경험은 거의 없다. 사실 빌라를 사서 손해를 보고 매도하는 경우도 있지만, 그건 아파트나 다른 부동산의 경우도 마찬가지이다. 빌라를 손해보고 파는 경우는 아래 2가지의 사례가 있다.

신축 빌라를 분양 받은 경우

신축 빌라의 경우 가격이 처음부터 고가로 세팅되어 있다. 건축 원가에 건축주의 이윤, 분양업체들의 수수료, 부동산 업자들의 중개 수수료 등이 신축 빌라 가격에 포함되어 있어 최초 분양가격이 가장 비싸다고 보면 정확하다. 신축 빌라를 분양하기 위해서 분양업자들은 빌라 매수자들에게 온갖 혜택을 제공하는 것처럼 광고 한다.

예를 들어 신축 빌라 분양을 3억에 하면서 미리 사전에 관계가 있는 감정평가사 및 은행과 연계하여 감정 평가를 높게 받아내서 대출을 최대한 일으킨다. 이로써 실입주자들에게는 최소한의 자금인 약 2,000~3,000만 원 소액으로 매수가 가능하다고 광고한다. 옵션으로 TV, 세탁기, 건조기, 스타일러 등 최신형 가전제품을 풀옵션으로 특별히 무상 제공한다고 홍보하여 매수자들을 현혹한다. 또한 신축 빌라를 분양할 때마다 공인중개사에게 추가적인 수수료(리베이트)를 적게는 수백만 원에서, 많게는 수천만 원까지 지급하는 경우가 있다. 바로 이러한 비용들이 신축 빌라 분양가에 다 포함되어 있는 것이다.

그렇게 이런 저런 비용들로 올라가 있는 분양가에 신축 빌라를 매수한 사람들이 그 피해를 오롯이 받는다. 분양받은 빌라에 몇 년 거주하다 주변 부동산에 매도 가능한 가격을 알아보면 절대 매수했던 가격 이상을 받을 수 없다. 처음 분양 받았던 가격보다 최소 수백만 원에서 수천만 원 떨어진 가격에 거래가 가능하다는 사실을 알 수 있다. 이는 최초에 고분양가에 매수를 했기 때문에 현재 시세에 팔려고 하니 떨어져 보이는 것이지, 처음부터 정상 시세로 샀으면 그렇게 큰 폭으로 가격이 떨어지는 일은 없다.

이런 경험이 있는 사람이나 주변에서 이런 이야기를 들은 사람은 빌라 이야기만 나오면 본인이 손해 본 경험과 들은 이야기를 강조하며 빌라는 사자마자 가격이 내려간다며 절대 사지 말아야 한다고 이야기한다. 본인이 직접 빌라를 매매해 본 경험이 없는 사람들은 그런 이야기를 들으며 자연스럽게 빌라는 가격이 떨어지는 절대 투자해서는 안 되는 부동산이라고 인식하는 것이다.

팔리지 않을 곳에 있는 경우

두번째로 손해 보고 파는 경우는 팔리지 않을 곳에 있는 빌라이다. 부동산 거래에 있어 가장 중요한 것이 바로 입지 즉 위치이다. 처음 빌라를 잘못 사게 된 것도, 애초에 역에서 거리가 멀거나, 걸어서 가기 어려운 언덕에 있거나, 주변에 유흥업소나 유해시설이 많아 실거주하기에 부적합한 곳에 있는 빌라를 매수하면 손해를 볼 수 있다. 위의 사례와 같이 누가 보기에도 거주하기 부적합한 곳, 즉 팔리지 않을 만한 곳에 있는 빌라를 사서 다시 되팔려고 하는 경우 매수한 가격보다 손해를 보거나 적당한 매수자를 찾기가 어려워 어려움을 겪을 수 있는 것이다.

빌라도 꾸준히 거래가 된다

"서울 및 수도권 빌라 거래량 0" 이런 뉴스나 기사를 본 적이 있는가? 아마도 단언컨대 없을 것이다. 아래 표는 서울의 아파트 거래량과 다세대/빌라 거래량을 나타낸 그래프이다. 23년 1월 전국적인 전세사기 이슈로 지금은 아파트의 거래량이 빌라의 거래량을 추월하였지만, 그전까지는 빌라의 거래량이 월등히 높았

음을 보여준다.

  이처럼 빌라도 거래가 꾸준히 되고 있다. 앞으로 전세 사기 이슈가 잠잠해지고, 시장이 정상적으로 작동이 된다면 빌라 거래량이 예전처럼 아파트 거래량을 넘어설 것이라고 예상한다. 추가로 지금 빌라 거래량이 통계를 작성한 이후 역대 최저라고 하니, 시간이 지남에 따라 점진적으로 늘어날 것임을 예상해 볼 수 있다.

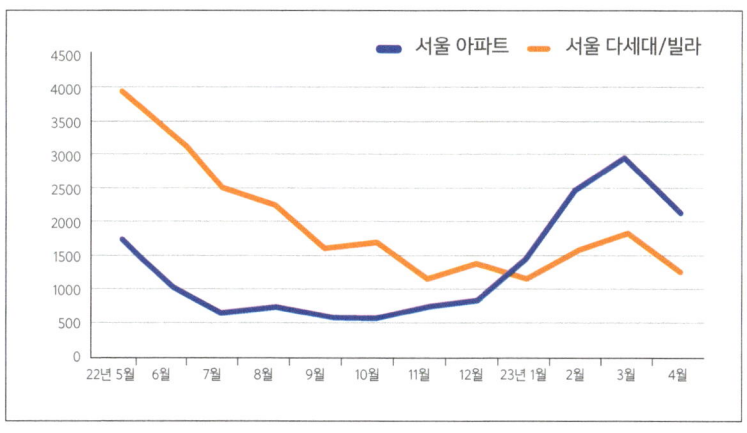

빌라는 서민들의 주거지

  통계청에서 발표한 거주 주택 유형을 보면 2021년 기준 서울의 경우 아파트 거주율은 43%에 불과 하고 나머지 57%는 다세대(빌라), 단독, 다가구, 연립 등 주택에 거주하는 것으로 조사되었고, 전국으로 확대해 보아도 아파트 거주 비율은 51.5%로 국민 중 절반은 아파트가 아닌 주택에 거주하며 생활하고 있다. 빌라는 아파트의 대체재이자 돈을 더 모아서 아파트로 가기 전 주거해야 하는 대표적인 주거지이다. 다만 지금 빌라의 경우 토지가격 폭등, 원자재값 및 인건비 상승으로 건축주로서는 수익 내기가 힘들어, 신규로 공급하는 공급 물량이 큰 폭으로 감소하고 있다. 또한 전세사기 이슈로 집을 구하는 사람들의 빌라 기피 현상으로 인해 수요가 큰 폭으로 줄어들어 공급과 수요가 동시에 급감하고 있다.

도대체 빌라 공급이 얼마나 줄고 있는 것인가

4월 14일 국토교통부에 따르면 올해 2023년 1월~2월 빌라 등 비아파트 주택 착공실적은 5,584가구로 1년 전 1만 1,424가구대비 51.1% 감소했다고 발표했다. 즉 빌라 공급이 반토막이 난 것이다. 빌라 거래량도 급감하고 있다. 한국 부동산원에 따르면 지난 2월 전세 월세를 제외한 전국 주택 거래량 7만 7,490건 중 빌라의 거래량은 7,021건으로 역대 최소인 9.1%의 비중을 기록했다. 매매 거래가 줄자 전세 거래도 지난해 대비 큰 폭으로 떨어져서 거의 반토막 수준이다. 매매 거래가 감소하자 빌라 가격도 지금 떨어지는 추세이다. 현재 지속적으로 올라가는 이자율과 경기 악화로 아파트값도 떨어지는 추세인데 빌라라고 가격을 지지하며 버티고 있을 수는 없는 노릇 아닌가?

대중과 반대로 빌라에 투자 할 적기가 바로 지금이다

　이러한 빌라의 수요와 공급이 감소하여 빌라의 가격이 지속해서 떨어지게 될까? 나의 생각은 그렇지 않다. 현재 빌라 전세 사기 이슈로 빌라의 매매나 전세 거래가 심리적으로 위축된 일시적인 현상이라고 보는 것이 맞을 것이다. 현재의 상황은 오래 지속되지 못하고, 시간이 지나면 점차 안정을 찾고 정상적인 수요와 공급이 이루어 질 것이다. 인구의 절반 정도가 빌라에 거주를 할 수밖에 없는 상황에서 이러한 시장의 불안정은 시간이 지날수록 안정을 찾아갈 수 밖에 없다. 하지만 앞으로 인건비 상승, 각종 원자재비, 세금, 이자율 등의 상승으로 빌라의 공급가격도 올라갈 수 밖에 없다. 이 시점에서 아파트도 가격이 하락 하는 마당에 빌라를 사면 그야말로 망하는 길이라고 말하는 사람이 거의 대다수이다. 하지만 이러한 상황이 나는 일반 대중과는 반대로 빌라에 적극적으로 투자해야 하는 시점이라고 말하고 싶다. 그만큼 모두가 투자하기를 주저 하기에 가격이 많이 떨어져 있는 지금이 저렴한 가격에 매수할 수 있기 때문이다. 누구나가 다 아는 사실이지만 실천하기도 어려운 것이 있다. 바로 남들과 같은 방향으로 가서는 절대로 돈을 벌 수가 없는 것이다. 남들이 똑같이 가는 방향과 그들이 하는 행동을 통해서 우리도 같이 하면서 자연스럽게 안정감과 편안함을 얻을 수 있다. 남들과 다르게 행동하는 것에는 리스크가 따른다. 반대로 행동하면 불안함과 초조함이 느껴질 수 밖에 없다. 결국엔 대중과 반대로 행동하는 사람은 소수이다. 투자도 마찬가지다. 하지만 그 소수가 가는 길이 어느 정도 타당하다고 생각 된다면 남들과 반대로 가보는 용기도 필요하다. 다수가 모두가 선호하는 투자에는 안정적일 수는 있어도 기대되는 수익은 크지 않다. 하지만 반대로 소수가 하는 투자에는 불확실성도 있고, 어느정도 리스크도 있지만 그것이 내가 감당가능한 범위 내에 있고, 큰 투자금이 필요하지 않다면 한번즘은 해볼만한 게 아니겠는가? 시간이 지남에 따라 수익까지 커진다면 안할 이유가 전혀 없는 것이다.

빌라 투자의 좋은 점은 무엇인가요?

소액 투자가 가능하다(1,000~3,000만 원)

현재 부동산을 경매로 낙찰받게 되면 나오는 대출인 경락자금 대출이 감정가의 60%, 낙찰가의 80%에서 두 가지의 금액 중 낮은 금액으로 대출이 나온다. 예를들어 1억 4,000만 원 감정가의 빌라를 1억 정도에 낙찰 받는다면 감정가(1억 4,000만 원)의 60%인 8,400만 원과 낙찰가(1억)의 80%인 8,000만 원 중 낮은 금액인 8,000만 원 대출이 나오는 것이다. 여기에 잔금과 취등록세까지 한다 해도 2,000만 원 남짓이면 투자가 가능한 것이다. 아파트의 경우에는 금액 자체가 빌라보다는 큰 금액이기에 상대적으로 더 많은 투자금이 필요한 것에 비해 빌라는 소액(최소 1,000만 원)으로 투자가 가능하다.

투자되는 소액 투자금은 바로 회수가 가능하다

낙찰받고 소유권 이전까지의 투자되는 소액의 투자금마저 임대나 매매를 통해 회수가 가능해서 묶이는 자금이 없다. 바로 시세대로 매도해서 차익을 남길 수 있고, 전세 및 월세 보증금을 통해 투자금의 대부분이 회수가 된다. 심지어는 전세 보증금이 오히려 총투자 금액(대출+순수 투자금)보다 더 커서 돈이 오히려 더 남는 경우도 생긴다. (이러한 방식을 '플피'. 플러스 피의 줄임말로 부동산 투자자들 사이에 쓰이는 용어이다.)

이렇게 회수한 자금으로 또 다른 곳에 투자할 수 있는 것이 바로 빌라 경매의 큰 매력이다. 꾸준히 입찰하고 낙찰받고, 처리 하다 보면 본인이 직장생활에서 받는 월급 이외의 소득을, 빌라를 통해 얻을 수 있다.

경쟁이 덜해 낙찰받을 확률이 높다

아파트의 경우에는 1회 유찰 시에도 여러 명의 입찰자가 경쟁을 하여 낙찰받게 된다. 요즘에는 경매의 문턱도 많이 내려가서 실수요자들이 주로 아파트를 입찰하게 되기 때문에, 투자자들은 이제 아파트를 낙찰받아 수익 내기에는 어렵다고 말한다. 하지만 아직도 수익을 낼 만한 아파트도 많이 진행 된다. 사실 아파트는 실수요자로서는 주거지를 마련할 수 있는 가장 좋은 방법이다. 투자자로서는 아무래도 실수요자보다는 낙찰가를 조금이라도 더 낮게 쓸 수밖에 없기에, 실수요자를 이기기는 조금 어렵다. 아파트의 경우에는 시세 파악이 쉽고, 매도나 임대를 통해 환금성도 빌라에 비해 좋기에 경매의 입문 코스로 경매 초보자도 쉽게 도전 해 볼 수 있다. 그에 비해 빌라는 초보자들이 접근하기에는 다소 부담스러운 부분이 있다.

먼저 시세 파악이 아파트에 비해 어렵다. 빌라의 경우 같은 건물이라도 하더라도 층과 향에 따라서 가격 차이가 심하고, 심지어 같은 층이라도 내부 전용 평수가 각기 다른 경우도 많다. 이처럼 같은 조건의 빌라는 거의 없기 때문에 정확한 시세를 파악하는 데 어려움이 있다. 또한 모든 매각 물건이 그렇듯이 내부를 확인하는 것은 거의 불가능하다. 일반 매매의 경우 내부를 보지 않고 매수한다는 것은 상상도 할 수 없는 일이지만 경매로 진행되는 물건 내부를 직접 보고 입찰하는 경우는 정말 드문 경우이다. 이처럼 내부 확인 불가로 인하여 예상치 못한 하자 때문에 선뜻 입찰하기에는 부담스러운 것이 사실이다. 이러한 이유로 아파트에 비해 빌라는 경쟁이 덜하여, 낙찰받을 수 있는 확률이 높고, 예상되는 기대수익이 크다. 부동산 경매에서도 저위험(아파트) 저수익이고, 고위험(빌라) 고수익의 일반론이 그대로 적용이 된다.

※ 2023년 1월~9월 법원 별 아파트/다세대(빌라) 경쟁률 및 매각가율

구분	경쟁률 및 매각가율	
	아파트	다세대(빌라)
인천지방법원	9.97명(74%)	4.66명(67%)
부천지방법원	13.11명(78%)	4.20명(65%)
서울중앙지법	7.13명(81%)	2.72명(74%)
수원지방법원	12.12명(75%)	5.19명(74%)
고양지방법원	11.16명(73%)	4.56명(61%)
대전지방법원	10.01명(78%)	4.82명(75%)
부산지방법원	5.01명(72%)	2.59명(61%)
대구지방법원	7.49명(78%)	3.97명(66%)

위의 표가 공식적인 경쟁률이지만 내가 자주 가는 인천지방법원에서 느낀 실질적인 체감 경쟁률은 아파트의 경우에는 경쟁률이 10명 정도로 위의 통계와 비슷하다. 하지만 다세대(빌라)의 경우에는 3명 많아야 4명 정도이다. 위의 통계에서는 2번 이상 유찰되어 감정가의 반값 수준에서 진행되는 물건에 10명 이상의 입찰자가 몰려서 평균 경쟁률이 올라간 것도 반영하여 집계된 수치로 1회 유찰된 물건의 경우 입찰 경쟁률은 위의 통계 평균보다 많이 떨어진다.

또한, 빌라는 진행하는 물건이 아파트 대비 그 수가 많다.

구분	현재 진행중인 물건 수(23년 10월 기준)	
	아파트	다세대(빌라)
인천	208건	454건
서울	268건	1,286건
경기	651건	870건
부산	218건	88건
대구	92건	14건

인천지방법원의 경우 현재(23년 10월) 진행되는 물건 중 다세대(빌라)는 총 454건, 아파트는 208건으로 보통 다세대(빌라)가 아파트 대비 거의 2배 정도 물건이 많이 나오는 편이다. 서울의 경우 다세대(빌라)의 수는 아파트에 비해 5배가 넘어간다. 입찰할 수 있는 물건이 많고, 경쟁률도 낮다면 낙찰될 확률은 훨씬 더 높은 것이 아닌가?

취득세 부담이 적다

앞서 내 집 마련을 한 뒤 투자를 시작한다면 이미 주택 수가 2개 이상인 다주택자가 된다. 다주택자로서 부동산을 추가로 취득할 때 취득세가 3주택 이상은 12%로 세금 부담이 과하다.(1주택의 경우 취득세가 1%/과세표준 6억 원 이하) 하지만 다주택자의 경우에도 공동주택 가격이 1억 원 이하의 주택을 매수할 경우 1%로 취득세의 부담이 1/10로 경감이 된다. 서울은 공동주택가격 1억 이하 주택이 많이 없긴 하지만, 인천이나 수도권의 경우 공동주택

가격 1억 이하의 투자할 만한 빌라가 많이 있다. 또한 23년은 작년에 비해 공동주택 가격이 대부분 10% 이상 떨어졌기 때문에 투자할 물건들은 실질적으로 더 늘어났다. 앞으로 향후 수년내에 빌라의 공동주택 가격이 갑자기 급등 할 이유는 없어 보인다. 앞으로 3년 정도는 부동산 경매 공부에 매진하여 공동주택 가격 1억 이하의 빌라들을 잘 선별해서 미리 저렴한 가격에 구입을 한다면 앞으로 부동산 시장이 회복 되는 시기에 적은 비용을 투자하여 많은 수익을 기대해 볼 수가 있다.

수요층이 많은 역세권, 학세권 투자 가능

서울이나 인천, 경기도에 있는 지하철역 주변에 빌라가 많을까? 아파트가 많을까? 당연히 빌라가 많다. 우리나라 지하철의 역사는 길다. 지하철 1호선의 경우 1974년에 처음 개통된 전철로 약 50년이 지났다. 20~30여 년 전 당시의 실질적인 주거지는 빌라 위주였고, 지금도 그렇다. 새로 신축되는 아파트들이 지하철역 주변에 많이 없는 것을 나가서 확인해 보면 쉽게 확인 할 수 있다. 또한 학교도 마찬가지로 학교 주변에도 빌라가 많은 것을 확인할 수 있다. 요즘 재개발 재건축을 통해 짓는 아파트들은 초품아(초등학교를 품은 아파트 단지)라고 단지 안에 학교가 있는 경우가 있긴 하지만 그런 곳은 전체로 보면 아주 소수이고 아직 서울, 인천, 수도권에서는 초등학교, 중학교, 고등학교 주변에는 아파트보다는 빌라가 많다. 이처럼 역세권이나 학교들이 주변에 있는 주거하기에 좋은 곳에 있는 빌라를 투자할 수가 있는 것이다. 이러한 곳은 수요도 많으므로 낙찰받아 임대나 매매하기에도 어렵지 않다.

빌라는 30~40대 직장인에게
가장 적합한 투자방식

　30대에서 40대는 직장에서는 과장/차장급의 직급으로 일을 가장 많이 하는 시기로 사회 생활을 가장 왕성히 하는 나이대이다. 또한 결혼을 하여 자녀가 있는 시기로 직장에서나 가정에서나 지출하는 돈의 규모도 가장 많을 때이다. 이런 시기에 내 돈이 가장 적게 들어가고 투자금마저 회수할 수 있고, 또한 자산을 불려 나갈 수 있는 투자는 경매를 통해 빌라를 사는 방법 말고 안정적으로 꾸준히 수익을 내는 다른 투자 방법이 없다고 나는 감히 말할 수 있다.

　물론 투자에 대한 각자의 소신과 확신이 있어 1억 이상의 돈을 아파트 갭투자나 재개발/재건축 등지에 묻어 놓고 큰돈을 버는 방식이 좋다고 하는 분들은 그런 방법을 택해서 실행 하겠지만, 내가 투자를 해 본 관점에서는 너무 위험이 크다. 1억이라는 큰돈을 한 군데에 투자해 놓고 내가 할 수 있는 일이란 그저 세월을 기다리는 것 뿐이다. 또한 예상치 못한 목돈이 필요한 경우 현금화하는 것도 쉬운 일은 아니다. 부동산 시세라는 게 사회 전반적인 상황에 따라 오르는 시기가 있고, 내리는 시기가 있다. 이 흐름은 단기적인 흐름이 아닌 최소 몇 년 주기의 장기적인 흐름으로 잘못하면 오랜 기간 목돈이 묶여 고생할 가능성이 매우 높다. 이처럼 부동산에 있어서 가치투자는 여윳돈이 많고(최소 10억 이상), 이것저것 하기 귀찮고 하나만 제대로 투자를 하고 싶다고 하시는 분들에게는 적합한 투자 방법으로 평범한 30~40대 직장인들에게 맞지 않는 투자 방법이다. (서울의 경우 최소 2억 이상의 투자금이 필요하고 경기도 혹은 인천도 가치투자를 위해서는 최소 1억 이상은 들 것이다.)

최근 문제가 되는 30~40대의 영끌투자가 바로 이런 것이다. 집값이 계속 오를 거 같고, 불안하니 본인이 가지고 있는 돈과 금융기관으로부터 최대한의 대출(주택담보, 신용대출)을 받아 서울 외곽에 아파트를 간신히 매수하는 데에는 성공했다. 하지만 본인이 버는 소득 대비 대출이 과도하게 많은 상황에서 대출이자가 올라가고, 엎친 데 덮친 격으로 집값마저 내려가니 감당이 안 되는 상황에 부닥친 것이다. 이런 상황에서 뾰족한 해결책은 없으니 사회 전반적인 문제로 불거지고 있다. 이처럼 아무리 내 집 마련이라고 해도 무리한 투자는 예상치 못한 문제가 언제든지 생길 수 있는 우려가 있다는 점을 항상 명심해야 한다.

그렇다면 왜 빌라 투자가 30~40대 직장인들에게 가장 적합한 투자 방법인 것일까?

1) 투자금이 가장 적게 들고, 그마저도 회수가 가능한 저위험 상품이다

30대에서 40대의 직장인들은 이제 내 집도 마련했고, 직장 내에서도 어느 정도 자리를 잡고 있어서 이제 본격적으로 자산을 불려 나가는데 관심이 생기는 시기이다. 이 시기에는 모이기만 하면 재테크 이야기를 나눈다. 누구는 주식이나 코인으로 큰돈을 벌어 아파트를 샀다는 이야기가 공공연히 성공한 사례로 회자되고 다들 부러워하면서 다시 한번 본인도 주식이나 코인으로 돈을 벌어 아파트를 사야겠다고 생각한다. 하지만 앞서도 이야기 했지만 이렇게 성공한 사람은 정말 100명 중 1명이 될까 말까이며, 나머지 99명은 말하기 민망할 정도의 수익률로 가슴을 치고 있을 것이다.

주식이나 코인처럼 위험하고 수익 보장이 안 되는 투자 말고, 투자금도 적게, 소액으로 할 수 있으면서 그마저도 회수가 가능한 빌라 경매 투자를 하면 위험도 줄이고 수익은 안정적으로 확보할 수 있다. 공동주택 가격 1억 이하 빌라를 경매로 낙찰받고 대출을 받는다면 1,000만 원으로도 충분히 투자할 수 있다. 그 투자금마저 전세나 월세 보증금을 받거나 바로 매도해서 차익을 남길 수가 있어 투자 기간도 짧게는 1개월, 길어도 3~6개월 내 회수가 가능한 것이다. 투자되는 금액은 소액이지만 예상되는 이익도 안정적으로 확보가 되니 30~40대 직장인에게 가장 적합하고 안정적으로 수익을 늘려 나갈 수 있는 투자 방법이다.

2) 수익이 크고, 시간이 지날수록 지속적인 수익이 가능하다

모든 투자의 기본은 수익이다. 이 모든 것이 돈을 벌려고 하는 것이 아닌가? 빌라를 경매로 살 때 예상 수익도 크다. 시세보다 저렴하게 사게 되니 바로 현재 시세로 매도해서 차익을 얻을 수도 있고, 전세를 통해 투자금을 전액 회수하거나 오히려 남길 수도 있고, 월세로 돌려 대출 이자 비용 나가는 것보다 월세 수입을 더 많이 받을 수도 있다. 이렇게 매매나 임대를 통해 수익을 실현할 수도 있다. 또한 매도하지 않으면 1~2년 후 재계약을 통해서 보증금이나 월세를 올릴 수가 있어서 시간이 지날수록 지속적인 수익 확보가 가능하다. 가장 지출이 많은 시기에 월급 외로 부수입을 확보할 수 있는 것이다. 나에게 월급 이외에 다른 추가 소득을 주는 빌라가 1개가 아닌 3개가 되고, 5개가 되고, 10개가 된다면 어떻겠는가? 내가 현재 살고 있는 월급쟁이 생활에서 점점 형편이 나아지지 않겠는가?

또한 빌라는 상상치도 못한 곳에서 로또 같은 행운이 터지기도 한다. 바로 재개발이다. 서울과 수도권의 재개발 구역으로 지정이 된다는 의미는 로또에 준하는 수익이 생긴다는 의미이다. 재개발 구역으로 지정이 되는 순간 집주인들은 일시에 매도 하려고 했던 물건들을 거두어들일 것이고, 빌라 가격은 말 그대로 수직으로 상승하게 된다. 지금 당장 재개발 구역의 빌라 가격을 확인해 보라. 그것은 행운이긴 하지만 서울이나 수도권 곳곳에 노후화된 빌라 주거지가 많아 현재도 앞으로도 주거 여건을 개선할 수밖에 없다. 이러한 곳들에 여기저기 여러 군데 빌라 투자를 하며 세월을 기다리면 된다. 그걸로 끝이다. 그것 중에 단 1개만 구역 지정이 된다면 그 수익은 상상도 못 할 것이다.

저자도 서울에 화곡동과 상도동의 빌라를 보유 중인데, 현재 서울은 모아주택, 가로정비사업, 공공재개발 등 서울시와 국토부에서 진행하는 많은 재개발 사업들이 활발히 진행 중이다. 화곡동과 상도동의 경우에도 구역을 나누어 재개발을 위한 조합을 설립하고 개발을 진행하기 위하여 많은 이들이 지금 노력을 하고 있다. 서울에서는 이제 새롭게 개발할 땅이 제한적인 상황으로 이러한 빌라들을 가지고 있다 보면 자연스레 개발이 진행되고 시세도 지속적으로 우상향할 것이라고 쉽게 예상할 수 있다.

3) 노후대비, 다주택자로의 능동적이고, 즐겁고, 기대되는 삶

빌라를 경매로 한 채, 두 채, 여러 채 사 모으고, 사고 팔기를 하면서 차액을 남기고, 전세를 놓고, 2년 뒤 전세금을 증액하고, 돈을 모아 전세였던 집을 월세로 돌리고 위와 같은 투자를 반복하면 어떻게 되겠는가? 자연스럽게 투자금은 쌓이고 매월 고정적으로 월세 수입이 생기는 다주택자로의 삶이 가능해지는 것이다. 현재 언론 및 뉴스에서 역전세로 집주인들이 고통을 받고 있다고 뉴스에 나오지만, 이는 보증 금액이 큰 아파트에 해당하는 이야기이다. 빌라의 상황은 조금 다르다. 물론 빌라도 역전세를 맞을 수 있다. 하지만 공동주택가격 1억 이하 빌라의 전세금이 많아야 1억 5,000만 원 내외인데 역전세를 맞는다 치더라도 1,000만 원 내외의 비교적 적은 금액으로 수억 원의 역전세를 맞는 아파트와 비교하면 큰 수준은 아니다.

그만큼 빌라의 경우 절대가격이 낮아 하방 경직성을 강하게 유지해 주고 있다. 이렇게 빌라를 사 모으면서 자연스레 전세금 증액분을 받을 수가 있고, 월세를 받으면서 노후 준비가 되는 것이다. 또한 다주택자로서 다음에 다른 투자를 자연스럽게 공부하게 되고 실천하게 되면서 점점 더 수익을 쌓아가는 다주택자로의 삶, 더 나아가 자본주의 사회에서 적극적인 플레이어로 살 수 있는 기반이 되는 것이 바로 소액 빌라 경매 투자이다. 이런 든든한 버팀목이 있으니 회사 생활도 본인 주관을 가지고 더 소신껏 일을 할 수 있다. 기존까지 매일매일 억지로 회사에 어쩔 수 없이 출근하는 마인드도 바뀌게 된다. 회사를 다니긴 하지만 하루하루가 즐겁고, 새로운 기분으로 출근할 수가 있다.

이는 나의 미래가 좋아지고, 앞으로 부동산 투자를 통해 이루고자 하는 목표가 생기고, 도전 의식과 희망이 생기는 것으로 인한 활력이다. 주말이면 집에 늘어져서 부족한 잠을 자거나, 시간을 의미 없이 보냈지만, 이제는 투자 공부도 하고, 임장도 다니고 훨씬 더 생산적인 시간을 보내기 위해 노력할 것이다. 직장인이라면 누구든지 할 수 있다. 이전보다는 활력 있고, 능동적인 삶으로 하루하루가 새롭고, 기대되고 즐거운 삶을 살고 싶지 않은가?!

직장인이라면 누구나 할 수 있고, 공평한 게임이다

23년 10월 현재 월 2회 입찰 진행 / 총 5건 낙찰

저자도 현재 40대 직장인으로 23년 올해 공격적으로 입찰을 진행하고 있다. 월 2회 정도 입찰을 진행하였고, 현재 5건을 낙찰받아, 1건은 매도 완료하였고, 1건은 플피로 전세 세팅을 하였다. 나머지 3건도 인테리어를 진행중이거나 완료가 되어 매도와 임대를 동시에 진행중에 있다. 이처럼 직장인이라면 누구나 경매에 입찰할 수 있고, 낙찰받아 수익을 낼 수 있다. 경매 투자는 직위/경력/나이는 전혀 고려 대상이 아니다. 그저 최고가 매수인이 게임의 승자가 되는 것이다.

직위가 높은 사람이, 경력 년수가 많은 사람이, 나이가 많은 사

람이 유리한 게 아닌 오로지 가격으로 결정되는 것이다. 제일 가격을 높게 쓴 사람이 낙찰자로 모든 권한을 누릴 수가 있다. 오늘 처음 경매 입찰하러 갔는데 최고가 매수인으로 낙찰받아 올 수 있다는 말이다. 가장 높게 가격을 써낸 사람이 낙찰을 받을 수 있는 게임이지만 무작정 가격을 높게 쓰라는 말은 절대 아니다. 시세 보다 싼 가격에 받아 이익을 남길 수 있는 적절한 가격에 낙찰을 받는 것이 우리의 목표이지, 낙찰받는 것이 우리의 목표가 아님을 확실히 이해해야 한다. 경매투자를 하는 목적은 월급 이외의 돈을 버는 것임을 명심하자.

직장인이라 평일에 입찰하러 갈 시간이 없다고?

무슨 일이든 뜻이 있는 곳에 길이 있다. 물론 평일에 쉴 수 있는 직장이나 로테이션 근무로 평일 오전 시간이 자유로운 직장에 다닌다면 부동산 경매하기에 가장 좋은 환경이다. 하지만 그렇지 못한 환경이라도 뜻을 모으다 보면 길은 생기게 마련이다. 가족이나 가까운 친구 등을 대리인으로 보내 대리인 입찰을 할 수 있다. 또한 최근에는 일정액의 수수료를 내고 입찰을 대리해 주는 입찰 대행 서비스도 있어 부득이 평일 입찰이 불가능한 경우에는 내가 직접 가는 대신 대리인을 통한 입찰 방법도 있으니 절대 포기하지 말고 도전해 보자.

아파트 투자 / 오피스텔 투자와 비교

빌라 소액 투자와 아파트 투자를 비교해 보자. 서울에서 투자가치가 있는 아파트는 최소 3억 이상이 필요하다. 수도권도 투자가치가 있는 아파트에 투자하기 위해서는 최소 1억 이상이 필요하다. 1억 투자해서 1억을 버는 것이 쉬울까? 1,000만 원 투자해서 1,000만 원을 버는 것이 더 쉬울까? 후자가 더 쉽다는 것에 많은 사람이 동의할 것이다. 물론 지방까지 아파트 투자 대상을 확대한다면 무피 혹은 플피로 투자가 가능한 지역도 있다.

하지만 그런 곳은 여러분들이 어디 있는지도 모르는 지역, 지금까지 살면서 한 번도 안 가봤을 법한 그런 지역에 있는 중소도시의 아파트일 확률이 높다. 그런 곳의 아파트는 시세 상승에 대한 기대감이 없으므로 10년 전 가격이나 지금 가격이나 비슷할 것이고 전세 수요는 있어 매매가격과 전세가격이 같거나 오히려 전세가격이 더 높을 수도 있다. 하지만 앞으로 10년 후에도 가격은 비슷한 흐름을 보일 가능성이 높아 손해를 볼 수 밖에 없다. 각종 수리비 및 비용, 기타세금이나 기회비용 등을 따지면 손해라는 의미이다.

이처럼 투자가치가 있는 아파트는 투자 금액이 최소 수억 원이 들어가고 시간이 지남에 따라 가격이 올라가겠지만 많은 금액이 투자되기 때문에 그만큼 리스크도 있는 반면에 소액 빌라 투자는 적은 금액으로 경매를 통해 시세 보다 싸게 취득하기 때문에 살 때부터 이익을 보고 사는 구조이다. 향후 정상적인 가격만 받아도 이익이 되는 것이다. 아파트보다 소액으로 투자하면서 안정적인 시세 차익 투자가 가능한 것이 소액 빌라 경매 투자이다.

오피스텔과의 투자를 비교해 보면 먼저 오피스텔은 취득세가 다주택자도 4.6%이다. 위에서 설명한 다주택자 빌라 취득세인 1% 대비 약 4배정도 높다. 매매가 1억이라 가정할 시 500만 원, 매매가 2억일 때는 1,000만 원 정도 취득 시부터 오피스텔은 취득세로 인하여 비싸게 사는 구조이다. 또한 오피스텔은 시세차익보다는 수익률 중심의 투자로 시세 상승에 대한 기대는 없는 상품이다. 당장 오피스텔을 사서 월세를 얼마만큼 받아 수익률이 얼마나 높은지로 투자를 판단한다.

현재의 월세 수익률이 시세 상승보다 더 중요하다. 오피스텔의 경우 시세 상승에는 한계가 있고, 시간이 지날수록 건물이 노후화되면서 가치가 하락하는 특징이 있다. 오래된 오피스텔을 재건축 혹은 재개발해서 가치가 상승했다는 소식을 들은 적이 있는가? 그런 사례는 거의 없다고 봐도 된다. 오피스텔의 경우 공급도 쉽고 단기간에 신축할 수 있어 주변으로 새로운 오피스텔이 지속해서 공급이 되는 것을 쉽게 볼 수 있다.

주변으로 신축 오피스텔이 생겨나면, 기존 오피스텔은 노후화 되면서, 가치가 하락하는 것이다. 다만 한가지 오피스텔 투자 전략으로는 경매로 시세보다 싸게 취득해서 시세보다 싼 급매로 매도하는 단기 매도 전략은 가능하다. 역세권의 오피스텔은 가격만 저렴하게 내 놓으면 거래가 이루어 진다. 나의 경우에도 최초 구로구 오류동의 오피스텔을 저렴하게 낙찰받아서 단기에 매도하여 시세차익을 본 경험을 시작으로 본격적으로 경매투자를 한 것이다.

이처럼 빌라 투자의 경우 보증금과 월세를 받는 수익형 투자도 가능하고, 향후 시세 차익도 누릴 수 있는 시세차익형 투자도 가능하므로 아파트와 오피스텔 투자의 장점을 모두 취할 수가 있는 매력적인 투자처이다.

 에릭의 노하우 ❼

빌라의 환금성

　빌라 투자에 대해 부정적인 시각 중 하나가 바로 '환금성이 안 좋다'일 것이다. 환금성이 안 좋다는 말은 어떤 의미일까. 투자된 내 돈이 회수가 안 된다 라는 의미가 아닐까?! 하지만 경매로 시세보다 저렴하게 받은 빌라가 과연 환금성이 안 좋을까?! 경매를 통해 낙찰 받으면 경락 대출로 낙찰 금액의 70%에서 많게는 80%까지 대출을 받을 수가 있다. 그렇게 되면 내가 투자하는 금액은 취득세와 인테리어를 일부 하는 금액까지 포함해서 대부분 1,000~3,000만 원 사이 금액으로 투자할 수 있다.

　하지만 이 금액도 전세나 매매를 하면 전액 회수가 되고 월세를 놓을 경우, 월세 보증금을 최소 1,000~2,000만 원 받으면 투자금이 거의 들지 않고 집을 소유할 수가 있다. 이렇게 투자금의 회수가 가능한데 환금성이 안좋다라는 말이 성립이 되는 것일까?! 물론 위와 같이 투자금이 전액 회수되거나 플피가 되어 전혀 돈이 안드는 경우도 있지만 때에 따라서는 투자금이 어느정도 들어 가는 경우도 있다. 하지만 이럴 때도 대출을 받으면 비교적 소액의 투자금으로, 이마저도 2년 뒤 재계약이나 새로운 세입자를 구할 때 올려받을 수 있기 때문에 시간의 차이이지 그마저도 회수가 된다고 보면 된다.

 에릭의 노하우 ⑧

투자가치가 있는 오피스텔

✔ 아파트의 대체가 가능한 아파텔

아파트와 오피스텔의 합성어로, 건축업자들이 만들어 낸 용어이다. 오피스텔로 건축허가를 받아서 건물을 완공하고, 지하 주차장, 입주민 커뮤니티 등을 아파트와 유사하게 만들어 입주민들의 편의성을 높인 주거용 오피스텔을 아파텔이라 부른다. 내부 전용공간은 아파트와 거의 똑같다. 면적도 아파트 24, 32평 등의 구조로 아파트와 평면도 동일한 구조이다.

이러한 아파텔의 경우 아파트를 대체할 수 있는 부동산으로 주변 아파트 가격 대비 50~60% 수준이라면 충분히 투자할 가치가 있다. 이러한 아파텔의 입지는 신도시의 대규모 아파트가 밀집된 지역에 있고, 외관도 아파트와 별반 다를 게 없다. 이런 아파텔이 경매로 진행되어 싸게 낙찰받는다면 충분히 투자 가치가 있다.

✔ 아파트 단지 내에 있는 오피스텔

최근 짓는 아파트들의 경우에 건설사들이 분양 수익을 극대화하기 위하여 아파트 단지 내 오피스텔동을 구분해서 짓고 분양하는 경우가 많다. 이런 오피스텔은 거의 원룸이나 1.5룸등으로 소형 평수로 구성이 되어 있다. 오피스텔이긴 하지만 단지 내 아파트와 모든 것을 공유한다. 아파트 상가, 주차장, 입주민 커뮤니티 등 아파트에 사는 거주민이 누리는 아파트 인프라를 그대로 함께 누리는 것이다. 이러한 오피스텔의 경우에는 관리도 잘되고, 매매나 임대 수요도 있어 시세보다 싸게 낙찰받는다면 소액으로 투자할 좋은 기회가 될 수 있다.

 에릭의 노하우 ❾

투자금 3,000만 원! 인천 주안동 빌라 낙찰 사례

저자가 23년에 낙찰받은 물건을 소개하고자 한다. 인천시 미추홀구 주안동에 있는 아파트형 빌라이다. 아파트형 빌라는 무엇일까?! 나홀로 아파트같이 엘리베이터도 있고, 기계식 주차장도 있는 구조인데 실제 건축물 현황은 다세대 주택으로 구성된 부동산이다. 즉 총 10개 층 가운데 4~10층까지 고층부는 다세대 빌라로 건축허가 되어 있고, 저층부인 1~3층은 오피스텔 혹은, 근린생활시설로 구성되어 있어, 그냥 보면 나홀로 아파트처럼 보이는 부동산이다. 즉 건축주로서는 같은 땅에 주거용 아파트(빌라)와 상업용(오피스텔, 근린생활시설)을 동시에 지어 많은 호수를 분양하여 수익을 높이고, 거주자들은 아파트와 같은 생활 편의성을 일부 누릴 수 있는 부동산이다.

해당층	건축물 현황
10층 (1001호~1004호)	다세대 주택(빌라) 혹은 아파트
9층 (901호~904호)	
8층 (801호~804호)	
7층 (701호~704호)	
6층 (601호~604호)	
5층 (501호~504호)	
4층 (401호~404호)	오피스텔 혹은 근린생활시설
3층 (301호~304호)	
2층 (201호~204호)	
1층 (101호~104호)	

✔ 모든 부동산에도 임자는 있는 법

보통 임장을 다니다 보면 이건 생각보다 느낌이 별로인데?! 하는 물건이 있는가 하면 이건 왠지 나랑 인연이 생기겠다는 느낌이 오는 부동산이 있다. 그 물건이 왠지 좋아 보이고, 낙찰받고 싶은 생각이 계속 들고, 오늘 보고 내일 또 보고 몇 번을 걸쳐 보게 되면 흡사 내가 낙찰을 이미 받은 것처럼 착각하게 되는 상황까지 발생한다. 결국엔 이러한 것들이 현실이 되어 낙찰까지 받게 된다. 이 물건도 임장할 당시에 내가 낙찰받겠구나, 나랑 인연이 꼭 생기겠다는 느낌이 왔던 그런 물건이었다.

✓ 입찰을 결정할 수 있었던 이유

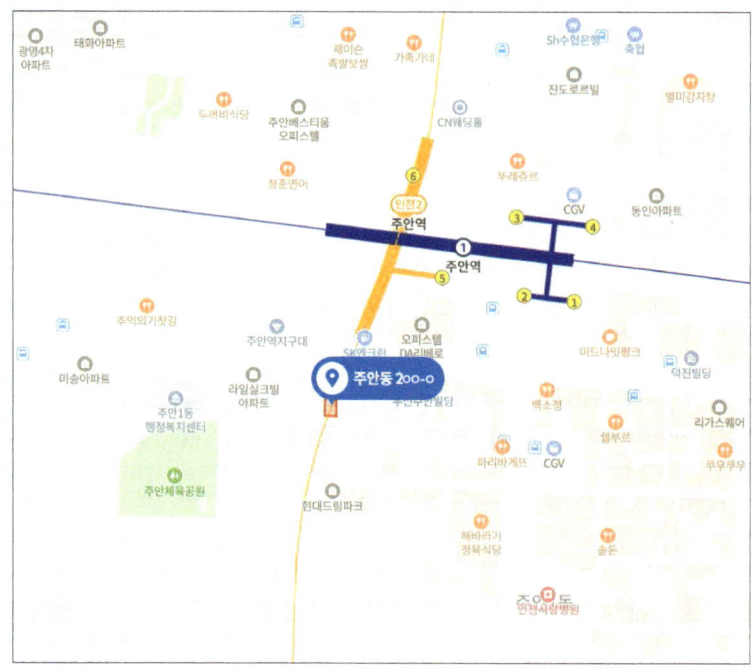

출처 : 네이버 지도

주안역 초 역세권

투자나 실거주에 있어서 초역세권은 대단한 장점이다. 역 주변의 땅은 한정되어 있고, 앞으로도 점점 역 주변으로 초고밀 개발은 계속될 것이다. 해당 물건은 주안역 초역세권으로 도보로 3분이면 주안역에 도착할 수 있다. 주안역은 1호선 급행 정차역으로 서울 출퇴근 수요가 많고, 인천지하철 2호선 환승이 가능한 더블역세권이다. 또한 앞으로 GTX-B노선 정거장인 부평역까지 10

분이면 도착할 수 있는 위치로 잠재력은 충분하다고 판단하여 입찰을 결정하였다.

취득세 1%

2022년 공동주택 공시가격이 1억 400만 원이어서 만약에 2022년에 취득을 했더라면 취득세가 12%로 약 1,300만 원을 추가로 부담해야 하는 물건이다. 만약 작년처럼 공시가격이 1억원이 넘었다면 취득세 부담으로 아마 입찰 하지 않았을 텐데 2023년도 공동주택 공시가격이 많이 내렸다. 2023년 공시가격은 9,930만 원으로 내려서 1억 이하가 되었다. 1억 이하로 취득세를 1%만 부담하면 되는 물건이었던 것도 나에게 취득세 측면에서 유리한 물건으로 입찰하기 좋은 물건이었다.

층과 향이 좋았고, 비교적 신축이라 빠른 임대가 가능

해당 물건은 다수의 물건이 경매가 진행 중이었는데 내가 입찰을 결정한 물건은 10층 중에 8층으로 로열층이었다. 또한 현장 임장 시 일부 세대는 옆으로 높은 건물이 있어 일조권이 안 좋다거나, 옆 건물로 꽉 막힌 벽 뷰가 나올 수 있지만 내가 낙찰받은 물건은 앞뒤 양옆으로 트여 있어 막힌 곳이 없었고, 일조권도 좋아, 임대나 매매 시 유리할 것으로 판단하였다.

제일 중요한 것은 바로 가격!

그래도 제일 중요한 것은 바로 가격이다. 시세보다 싸게 받아서 수익을 내는 것이 최우선이다. 낙찰을 시세보다 저렴하게 받으면 된다. 감정가가 1억 4,500만 원이었는데 2회 유찰되어 거의 반값인 7,100만 원으로 최저가 진행이 되었다. 주변 시세를 알아보니 전세가는 1억 3,000~4,000만 원 매매는 1억 5,000만 원 정도면 가능할 것으로 보고 입찰가는 전 회차 1억 100만 원을 조금 넘긴 1억 700만 원 정도로 입찰하여 2등과 약 500여만 원 차이로 낙찰을 받을 수 있었다.

명도 후 전세 플피 1,700만 원

세입자를 명도하고, 화장실을 최고급으로 수리한 뒤, 깨끗이 도배와 청소를 하였다. 그 후 주변 부동산을 통해 세입자를 구하였다. 집을 내놓고 약 3개월 만에 전세 세입자를 구할 수가 있었다. 내가 투자한 돈은 2,500만 원 남짓인데 투자한 돈을 전부 회수하고, 플러스로 약 1,700만 원을 남길 수 있었던 만족할 만한 투자 사례로 소개한다.

낙찰가	107,790,000원
대출(80%)	87,000,000원
취득세 및 기타비용	5,000,000원
투자금	25,000,000원
임대(전세)	130,000,000원

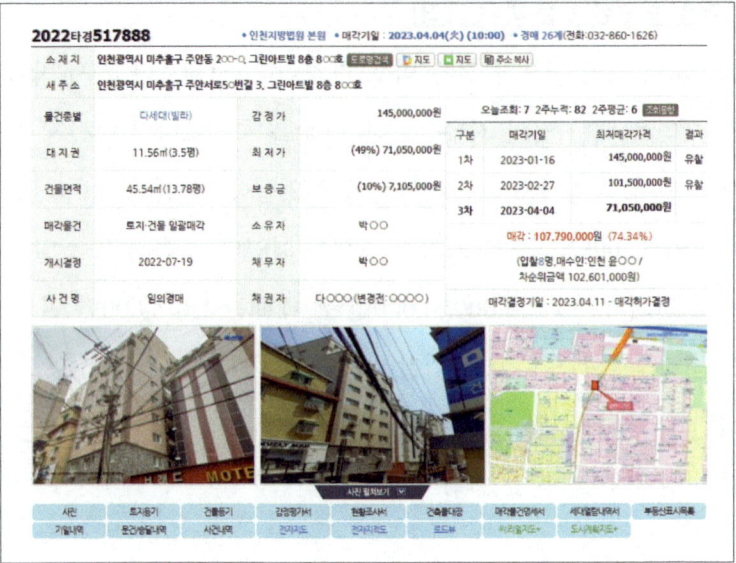

출처 : 옥션원

4

실전 빌라 투자 노하우

4장
실전 빌라 투자 노하우

물건 검색하는 법

1차 본인 주거지 주변

　경매를 처음 시작해 보려는 초보자의 경우 물건 검색은 최대한 본인 생활 반경 이내로 한정하는 게 가장 좋다. 본인이 직접 살고 있는 주거지 주변만 봐도 상당히 많은 물건이 진행 중인 사실을 알 수 있다. 이처럼 본인 주거지부터 진행 물건을 본다면 본인이 잘 아는 지역이기 때문에 물건 주소만 봐도 바로 느낌이 온다. 여기는 살기 좋은 지역, 저 아파트는 초품아이고, 저 빌라는 어떤지 주소나 지도만 보고 누구보다 빨리 파악할 수가 있다. 이로 인하여 사전에 시세 등을 객관적으로 파악하기도 쉽고, 입찰가 선정도 비교적 어렵지 않다. 주거지 주변이다 보니 자주 임장을 할 수 있는 것도 큰 장점이다. 만약 낙찰 된다면, 이후 처리도 수월하게 할 수 있다.

하지만 초보자일수록 처음이고, 본인의 판단을 스스로 믿기 어려운 마음이 있는 것이 사실이다. 그래서 강의 중에 강사가 좋다고 하는 지역, 혹은 스터디 모임에서 들은 지역, 뉴스나 언론상에 소위 뜬다는 지역을 그때부터 처음 관심을 가지고 물건을 검색해서 입찰에 도전하려고 하는 분들이 많다. 새로운 지역에 대해 공부 해야하는 스트레스 뿐만 아니라 여러 가지 이동 소요 및 불필요한 시간적, 경제적 낭비가 생길 수밖에 없다. 이런 물건 검색은 효율적이지 못한 방법으로 처음부터 경매는 어렵고, 시간이 많이 드는구나! 라고 잘못된 인식을 가질 우려가 있으니 초보일수록 본인이 가장 잘 알고 있는 주거지 주변부터 물건을 검색하고 공부하는 것이 바람직하다. 이러한 훈련이 조금씩 된 이후에 본인의 관심 지역으로 점차 물건 검색을 확장해 나가면 된다.

물건검색은 본인만의 루틴 시간을 만들어 정해진 시간에 꾸준히 습관처럼 해야 한다. 직장인이라면 점심시간, 퇴근 전, 혹은 저녁 식사 후 30분은 물건검색을 하는 루틴을 만들어야 한다. 이렇게 시간을 정해서 매일매일 검색하는 시간을 가져야 본인의 루틴이 되고 습관화가 되면서 자연스럽게 물건검색을 할 수 있고, 반복하다 보면 시간도 단축할 수가 있다. 물건 검색을 하는 방법은 아래 유료 경매 사이트를 예로 들어 설명해 보겠다.

유료 경매 사이트 사용법

유료로 이용하는 경매 정보 사이트

현재 유료 경매 정보 사이트는 옥션원, 지지옥션, 스피드옥션, 두인경매, 탱크옥션 등 수많은 사이트가 있고, 이용 가격도 1년 기준으로 20만 원부터 100만 원까지 다양하다. 결제 방식도 월별 / 3개월 / 6개월 / 1년이 가능하다. 유료 경매 사이트 결정은 신중해야 한다. 처음 보는 사이트가 눈에 익숙해지기 때문에 나중에 경매 사이트를 변경하는건 상당히 어려운 일이다. 나중에 사이트를 바꾸려면 다시 적응하려는 데 시간도 걸릴뿐더러 기존에 사용하고 보던 것과는 많이 달라서 자칫하면 점검하지 못한 정보로 인해 실수할 우려도 있다. 한번 결정한 유료 정보 사이트가 앞으로 본인이 경매하는 동안 계속 보는 사이트라고 생각하면 된다. 이처럼 처음 보는 유료 경매 사이트는 정말 중요하므로 신중하게 본인에게 가장 잘 맞는 사이트로 선택해야 한다.

가격이 비싼 사이트는 그만큼 값어치를 한다. 사진 자료라던지 현장에서 직원들이 직접 부동산 중개사분들을 통해 조사한 매매가격, 전세/월세 정보를 제공하고 있어 투자 하는 입장에서 궁금한 점들을 많이 해소할 수 있는 부분이 있다. 제일 많이 보는 사이트는 옥션원과 지지옥션이 있는데 이들 사이트는 1년 사용료가 100만 원으로 가장 비싼 축에 속하지만 그만큼 편의성에 맞는 화면구성과 다양한 정보 제공으로 이용자들의 만족도가 높다. 한 명이 결제해서 보기에는 비용 부담이 크기 때문에 사이트 공구(공동구매)를 많이 이용한다. 부동산 경매 커뮤니티 또는 같이 공부하는 사람들끼리 유료 사이트를 공구 하면 희망하는 사람이 모여 비용을 나누어 내고 아이디와 비밀번호를 공유하는 방식이다. 그들만의 사용 규칙을 정하여 사이트를 이용할 수 있어 경제적인 면에서 큰 부담이 없어 경매를 처음 해보려는 초보자들이 많이 이용하는 방법이니 이런 방법을 추천한다.

유료 경매 사이트(옥션원)로 물건 검색 하는 법

옥션원 첫 화면에는 전국에서 월별로 진행되는 법원 및 사건을 열람할 수 있고, 입찰이 종료되고, 개찰이 되면 실시간으로 낙찰 결과 확인이 가능하다.

가장 기본이 되는 좌측 상단의 경매 검색을 누르고 종합 검색을 선택하면 지역을 선정하여 물건(아파트, 빌라, 오피스텔, 상가 등)을 구분하여 검색 할 수 있다. 해당 월의 달력으로 당일 진행되는 법원 확인이 가능하고, 아래쪽으로 보면 오늘 공고된 신건, 조회수가 높은 물건, 역주변에 있는 물건, 대항력이 있는 물건 등 테마별로 물건을 쉽게 검색할 수 있다.

옥션원 첫 화면

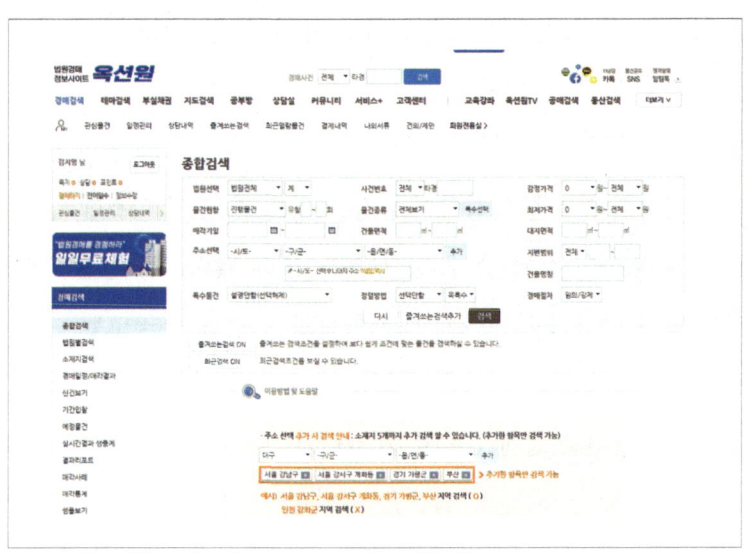

상단 경매 검색에서 종합검색 선택화면

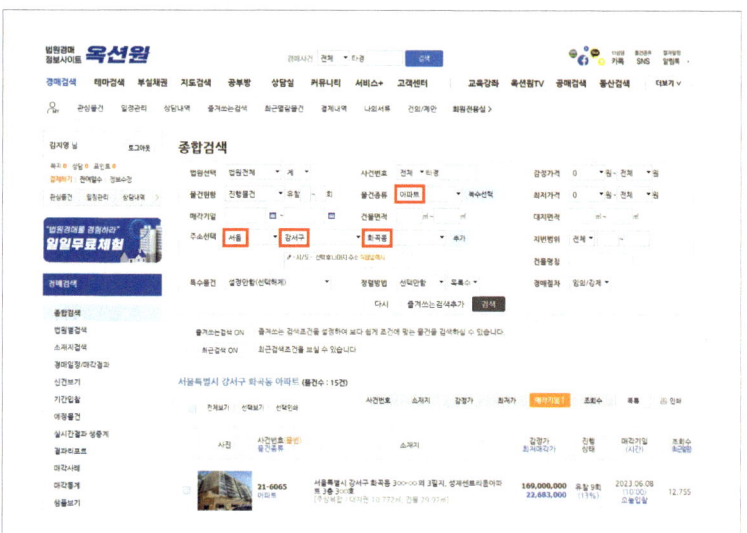

서울시 강서구 화곡동 아파트 검색 설정

서울시 강서구 화곡동 아파트 검색 결과

4장 실전 빌라 투자 노하우 **131**

예를 들어 현재 서울시 강서구 화곡동에서 진행되고 있는 아파트 물건을 검색하고 싶을 때는 어떤 방식으로 하면 될까? 먼저 주소 선택에서 원하는 시,구,동을 선택하고 물건 종류를 아파트로 설정하고 검색하면 서울시 강서구 화곡동에서 현재 진행 중인 아파트 물건이 검색된다. 검색 결과로 왼쪽부터 진행되는 물건 사진과 사건 번호, 세부 주소와 대지권, 건물 전용면적이 표시 되고, 최초 감정가와 최저 매각가, 진행 상태(유찰 횟수), 매각기일 및 시간, 조회수가 일목요연하게 한눈에 표시가 된다. 검색된 물건은 매각기일이 가장 임박한 물건(가까운) 순으로 정렬이 된다. 세부적인 정보가 궁금하다면 원하는 물건을 클릭하면 세부 내용들을 별도 창으로 쉽게 확인할 수가 있다.

물건을 클릭하면 세부 물건 확인 창이 뜨고 첫 화면이 나온다. 첫 화면에는 해당 물건의 개괄적인 정보와 사진 자료 및 위치가 표시되고, 사진 자료를 클릭하면 다양한 위치와 각도에서 찍은 사진을 추가로 확인을 할 수 있다. 그 아래로는 중요한 정보인 임차인 현황이 나온다. 임차인 현황에서는 권리분석을 해야 하는 내용으로 임차인이 대항력이 있는지, 보증금을 인수 해야하는지 판단 해야하는 것인데 유료 사이트의 경우 대항력의 여부와 배당 예상 금액까지 자세히 나와 있으니 참고해 보면 많은 도움이 된다. 단, 유료 사이트에서 제공하는 정보가 100% 정확한 것은 아니니 참고 정도로만 활용하고 본인이 직접 다시 확인해야 실수가 없다.

세부 물건 확인 첫 화면

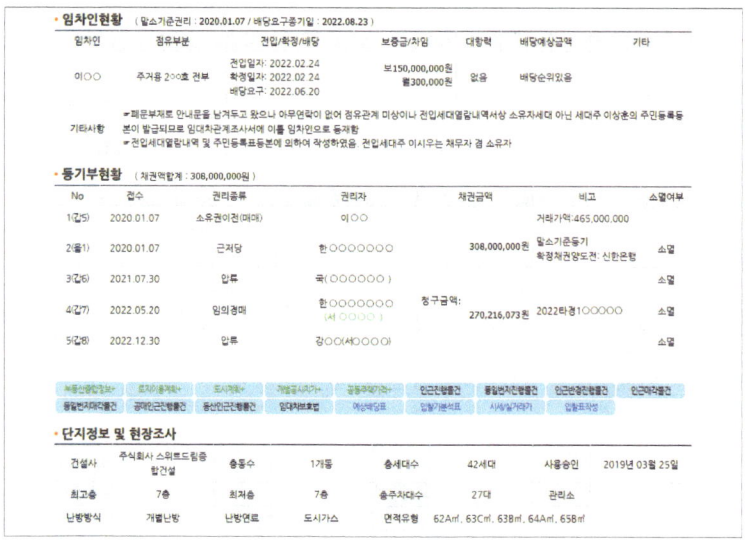

임차인 현황, 등기부 현황 요약, 단지정보

위와 같이 유료 사이트를 통해 사전에 알 수 있는 정보는 상당히 많다. 내가 현장 임장을 가기전에 유료 사이트를 통해 확인하는 정보는 아래와 같다.

유찰 횟수 및 최저 매각 가격

가격이 가장 중요한 법이다. 최초 감정가격은 얼마였고, 몇 번이 유찰 되어 현재 진행되는 최저 감정가격이 얼마인지 확인한다. 보통 가격의 감정은 보통 6개월 길면 1년 전에 실시한다. 그 감정 가격이 현재 시점의 가격으로 진행이 되므로 시간의 차이가 있다. 만약 감정할 당시 부동산 하락기였다면 낮은 가격에 감정이 되었을 것이고, 현재 진행되는 당시 부동산 가격이 상승기라고 가정했을 때 감정한 가격 즉 최초 가격인 신건(100%)의 가격이 저렴할 수도 있는 것이다. 이런 경우에는 최초 신건(100%)의 가격이 경쟁력이 있는지 여부를 따져보고 가격이 저렴하다고 판단 되면 신건(100%), 즉 감정가에도 적극 입찰을 고려 한다. 하지만 요즘 같은 부동산 하락 및 침체기에는 감정가격이 3~6개월 전 부동산 상승기에 감정한 가격이기 때문에 신건은 지금 시세보다 감정가격이 높게 책정될 확률이 높다.

그래서 최소 1회 이상 유찰된 물건을 위주로 검색 해야 한다. 여기서 주의할 점은 2회까지 유찰이 될때 인천이나 경기도의 경우 1회 유찰 시 30%씩 가격이 떨어지기 때문에 2회 유찰 시에는 최초 감정가보다 약 50% 가격이 떨어진 반값에 진행이 된다. 이런 물건들은 가격적인 메리트로 입찰자도 많이 몰리게 되고, 권리상 문제가 없는 물건이라면 1회 유찰 시 가격보다 높게 낙찰되는 경우가 대다수여서 입찰 하더라도 낙찰을 받기는 쉽지 않다. 정말 괜찮아 보이는 물건이라면 미리 조사해서 1회 유찰된 물건에 최소한의 금액만 더해서 입찰하면 낙찰될 확률을 올릴 수가 있다.

권리분석(임차인 현황/등기부현황)

유료 경매사이트에서 제공해 주는 정보를 가지고 쉽게 권리분석을 끝낼 수 있다.

현재 점유자가 채무자(주인)인지, 임차인인지 확인할 수 있고, 임차인일 경우 대항력이 있는지 없는지, 대항력이 있다면 보증금을 얼마나 인수해야 하는지 대략 알려주기 때문에 이러한 정보만 잘 확인하더라도 권리상 문제가 없는 물건에 입찰 할 수 있다. 단, 유료 사이트에서 제공되는 정보가 100% 정확한 것은 아니기에 기본적인 사항은 본인이 잘 이해하고 알고 있어야 제공되는 정보에 오류가 있는지 없는지 확인할 수 있으므로 경매 관련 최소한의 기본 지식은 숙지한 상태에서 유료 경매 사이트를 활용해야 한다.

사진 자료

현장 사진 자료가 많은 도움이 된다. 진행 건물 외관 및 세대,

출입구, 계단실 등 유료 경매 사이트에서 제공하는 현장 사진 자료를 통해 임장을 가 볼 만한 물건인지 아닌지 파악할 수 있다. 특히나 반지하(B01호. B02호) 물건의 경우 사진상으로 1층 같은 반지하인지 아니면 정말 반지하 물건인지 파악할 수 있기에 주의 깊게 보는 편이다.

현장조사 보고서

현장 조사 보고서에서는 미납된 관리비가 얼마인지, 주변 환경은 어떤지, 재개발 재건축 관련 정보와 인근 부동산을 통해 매매 시세 및 임대(전세/월세) 시세까지 파악해서 정보를 제공해 준다. 해당 정보를 참고할 때 주의할 점은 제공되는 시세의 경우 유료 사이트 담당자가 경매 물건 진행지 부근의 부동산 사장님께 확인한 가격이다. 이때 경매 진행 물건임을 알리고 확인 하는 시세로 부동산에서는 보수적으로 시세를 정상 가격보다 낮게 알려주는 경우가 대부분이다. 이런 이유로 가격 부분은 본인이 직접 다시 한번 확인해 보는 것을 추천한다.

매각 사례 분석

해당 물건의 종류(예-아파트, 빌라, 상가 등)별로 최근 1년간, 6개월/3개월/1개월간의 매각가율과 입찰 인원, 예상 매각가를 정리하여 보여준다. 이는 해당 물건지의 낙찰가 사례를 통해 진행되는 물건의 예상 매각가율을 보여주는 통계자료로 입찰가 선정 시 주의 깊게 보면 많은 도움이 된다. 예를 들어 최근 1년간 매각가율이 80% 선이고 6개월 83%, 3개월 86%, 1개월 90%, 이렇게 매각가율이 점점 올가가는 추세라면 매각가를 1년간 매각가율이 아닌 1개월간의 매각가율에 근접하여 입찰가를 산정해야 낙찰될 확률을 높일 수가 있다.

유료 정보 사이트 이용 추가 팁

관심물건 저장 기능

해당 물건 상단에 관심 물건 등록이라고 표시된 버튼이 있는데 해당 버튼을 선택하여 나만의 관심 물건으로 저장하여 관심 물건만 따로 관리 하여 진행 상태를 쉽게 확인할 수가 있다. 관심 물건은 최대 1,000개까지 등록할 수 있으며 관심도를 표시할 수가 있고, 또한 분류 관리에서 나만의 관심 물건을 따로 구분하여 이름이나 닉네임으로 저장 할수 있다. 이는 보통 여러 명이 공동 구매해서 유료 사이트를 이용하기 때문에 나만의 폴더를 만들어 관리하면 편하게 볼 수 있다. 메모 란에도 내가 알아본 추가 정보를 메모하여 쉽게 볼 수 있어 편리하게 사용할 수 있다.

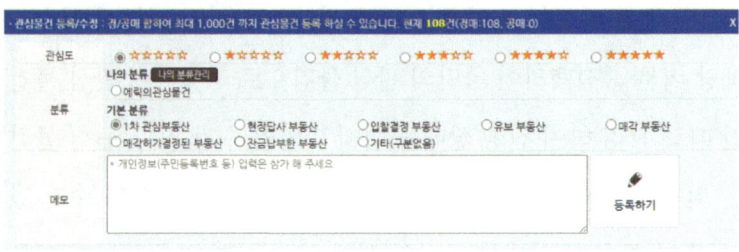

출처 : 옥션원

매각사례 통계 활용

경매검색에 아래쪽에 매각 사례를 선택하면 내가 원하는 지역에 원하는 물건들의 매각 사례가 최근에 매각된 물건부터 정렬이 돼서 나오는 것을 볼 수 있다. 이 기능은 내가 입찰하고자 하는 지역의 물건에 대해 최근 매각이 몇 프로 선에서 되고 있는지 확인할 때 유용한 참고 자료가 된다. 아래의 예시는 계양구 작전동 빌라의 매각 사례인데 최근에 매각가율이 높은 것은 왜 높은지 낮은 것은 왜 낮은지 직접 보고 파악할 수 있고, 내가 입찰할 물건은 감정가 대비 몇 프로 선에서 낙찰 가능할지 예상해 볼 수 있는 유용한 기능이다.

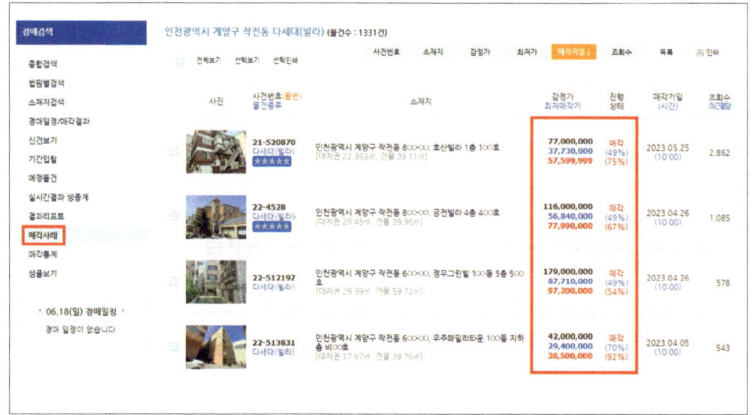

출처 : 옥션원

예상 배당표

세부 물건을 선택해서 들어가 보면 예상배당표도 확인할 수 있다. 예상 배당표는 내가 얼마에 입찰을 해서 낙찰받았을 경우 임차인이 얼마를 배당 받고, 선순위 임차인일 경우 내가 추가로 얼마를 인수해야 하는지를 대략 알려주는 도구로 완벽하게 금액이 정확하지는 않아도 크게 금액의 차이가 없으므로 적극 활용하면 권리분석에 많은 도움을 받을 수 있는 유용한 도구이다.

❖ 무료로 이용할 수 있는 법원 경매 정보 사이트
(https://www.courtauction.go.kr)

가장 기본이 되는 경매 정보가 제공되는 법원 경매 사이트로 무료로 이용할 수 있다. 하지만 대부분의 경매에 관심이 있거나 투자하는 사람들은 이 기본 사이트를 이용하는 일은 거의 없다. 법원 경매 사이트의 경우 제공되는 정보가 한정적이고, 무료로 제공되는 정보인 만큼 추가적인 비용(등기부등본)과 직접 현장에 있는 주민센터에 가야만 확인할 수 있는 정보(전입세대 열람) 등이 제공되지 않아 불편한 점이 많이 있다. 또한 단순 물건 나열식으로 사용자 관점에서 원하는 정보를 찾기에 불편함도 많이 있다.

법원에서 제공하는 법원 경매 정보 초기화면

제공되는 정보가 한정적임

4장 실전 빌라 투자 노하우 **141**

초 간단 권리분석

권리분석은 하지 않아도 된다

우리는 경매를 통해 물건을 낙찰받고 수익을 실현하는 투자자이지 부동산 경매 관련 민사집행법을 연구하는 법조인 혹은 경매를 학문으로 공부하는 사람이 아니다. 물론 경매 투자를 하는 데 있어 권리분석은 정말 중요하다. 하지만 권리분석을 완벽히 끝내고 나서 경매에 도전해야겠다는 생각은 버려야 한다. 권리분석 공부에는 끝이 없다. 우리는 그런 특수물건이나 복잡하고 어려운 관계의 권리분석과는 아무 관련이 없는 물건에 입찰하고, 낙찰받아 수익을 내면 된다. 즉, 권리 관계상 아무 문제 없는 물건만 입찰하고 낙찰받아도 충분히 수익을 낼 수 있고, 나도 투자하는 동안 대부분 권리분석이 필요 없는 문제 없는 물건 위주로 입찰하고 낙찰을 받았다. 흔히 말하는 특수물건(지상권, 유치권, 선순위세입자, 지분 경매)은 전혀 몰라도 된다. 그런 물건에 입찰하지 않으면 그만이다. 물건 검색 단계에서 아예 배제하는 게 핵심이다.

권리상 문제없는 안전한 물건에 입찰하고 낙찰받아 수익을 내는 데는 전혀 문제가 없다. 종종 일부에서는 특수물건을 해야 많은 돈을 벌 수 있다고 해서 해당 물건만 노리는 투자자도 분명히 존재한다. 그것은 본인 선택의 문제이다. 특수물건을 찾아 법률적인 하자 여부 등을 어렵게 검토하고, 대출도 일반적인 물건에 비해서 어려운 조건에서 어렵게 투자해서 높은 수익을 낼 것인가? 그렇지 않고 권리분석에 아무런 문제나 하자가 없는 물건으로 작은 수익이지만 마음 편하게 수익 내면서 그 수익을 쌓아 나갈 것인가. 사실 특수물건보다 아무 권리상 하자가 없는 물건이 거의 대다수이다. 체감상 특수물건이 20~30% 정도 되고 문제없는 물건이 70~80% 정도 된다. 자 어떤 물건을 선택할 것인가? 답은 명확히 나와 있다.

어떤 물건을 입찰할 것인가?

조사된 임차 내역 없음

이 물건은 집주인 즉 채무자가 살고 있거나, 임차인이 임대차 신고를 안 한 경우, 또는 아무 이해관계가 없이 살고 있는 경우인데 이유야 무엇이든지 조사된 임차내역이 없는 것은 아무런 권리문제가 없는 물건으로 그전 소유자 혹은 점유자를 대상으로 인도명령을 받아 진행하면 무리 없이 명도할 수 있는 권리상 하자가 없는 물건이다.

배당 받는 임차인이 있는 물건

보증금이 소액 임대차 범위 내에 있는 임차인이 살고 있거나,

보증금을 일정 금액 배당을 받는 물건(근저당이나 압류보다 시간상 먼저 전입신고 및 확정일자를 받은 건)은 입찰해도 좋은 물건이다. 이때는 반드시 배당 신청 여부와 배당 요구 종기일, 이 두 가지를 꼭 같이 확인 해야 한다. 말소 기준권리보다 전입 일자 및 확정일자도 빨라 배당받을 요건을 다 갖추었지만, 배당을 못 받는 경우가 있다. 그것은 바로 배당 신청 여부와 배당 신청 기일 즉 배당 요구 종기일까지 배당을 신청해야지만 배당을 받을 수가 있는 것이다. 이러한 부분은 유료 경매 사이트에 일목요연하게 나와 있기 때문에 사이트를 보는 방법만 안다면 큰 어려움이 없다. 참고로 주변에 경매 투자를 많이 하시는 분 중 한 분은 권리분석에 대해 전혀 모르고 유료 사이트에서 제공하는 정보만을 보시고 경매에 참여하시는 분이 있다. 그분은 유료 사이트에 대항력이 없음만 보고 입찰하고 낙찰받는 그런 식이다. 유료 사이트가 확실히 정확하다고 장담할 순 없지만 법적인 요건들이 날짜순으로 명확하기 때문에 크게 틀리는 일은 없다.

후순위 대항력이 없는 임차인이 있는 물건

말소 기준권리 이후에 들어온 임차인으로 이 경우 말소 기준권리 이후 권리들은 소멸 한다. 그로 인하여 대항력이 없는 임차인일 경우 보증 금액에 상관없이 인도명령 대상자로 점유하고 있는 집을 명도해 주어야 한다. 임차인으로서는 보증금을 일부 혹은 전부를 날리는 셈이니 명도에 약간의 어려움 혹은 수고스러움이 있겠지만 그분들 입장을 최대한 배려해주고, 이해해주고 대화로 잘 풀어나간다면 해결책은 반드시 나오기 마련이다. 하지만 최악의 상황으로 명도 협의가 잘 안될때 강제집행까지의 법적인 절차는 계속 진행하면서 협상 해야한다. 이렇게 명도가 어렵게 예상이 된다고 하더라도 실제 상황에서 강제집행까지 가는 경우는 거의 없다고 봐도 된다. 나의 경우에도 아직 강제집행을 한번도 해 본적도 없고, 주변에 경매 투자를 하는 사람들의 이야기를 들어봐도 강제집행을 경험해 본 적이 거의 없는 걸로 봐서 정말 특별한 경우가 아니면 중간에 명도가 다 완료된다고 보면 된다. 즉 명도는 빨리 되냐 조금 늦게 되냐 시간의 문제이지 명도가 안되는 경우는 없다. 최대한 상대방의 입장에서 들어줄 것은 들어주고, 내가 도와줄 것들을 성심성의껏 도와준다는 생각으로 협의해 나간다면 타협점을 찾을 수 있다.

입찰을 피해야 할 물건

법정지상권, 유치권, 지분물건, 선순위세입자, 예고등기 등 특수물건이라고 통칭하는 경우

해당 물건들은 부동산 경매 고수들이 주로 낙찰받아서 처리하는 물건들로 법적인 지식과, 논리가 필요하고, 은행 대출에서도 문제가 발생할 수 있다. 권리 관계상 안전한 물건보다 소액으로 투자하여 높은 기대 수익을 얻을 수 있지만 그 과정이 복잡하고, 생각대로 안 풀려서 오히려 손해를 볼 위험성도 있는 물건으로 우리는 권리상 안전한 물건만해도 충분히 수익을 낼 수 있으므로 위와 같은 물건들은 부동산 경매를 전문적으로 하는 고수들에게 양보하면 된다. 이런 물건들은 매각물건 명세서 비고란에 내용이 기재가 되기 때문에 쉽게 확인할 수 있다.

```
비고란
1. 건물만 매각
2. 부동산현황조사보고서 상 2층 창문에 "유치권 행사중" 현수막이 부착되어 있음
3. 재재매각 [특별매각조건] 매수신청보증금 최저매각가격의 20%
4. 토지소유자가 매각목적물에 대한 건물철거판결을 받은 바 있다는 취지의 서면이 제출됨[2023.03.03. 매각목적물의 토지소유자 명의로 우편제출]
```

대항력이 있는 세입자인데 보증금 배당여부를 모르는 경우

대항력이 있는 세입자는 말소 기준권리보다 먼저 전입신고 및 확정일자를 받아 대항력이 있는 상태에서 배당신청을 하지 않아 배당금액 인수 금액이 파악이 안 되는 경우이다. 이러면 유료 경매 사이트에서는 보증 금액 미상이거나 배당 요구를 하지 않은 경우로 만약 이러한 물건을, 낙찰을 받으면 대항력이 있는 세입자의 보증금액을 인수 해야 되는 위험한 상황이 발생하는 것이다. 이러한 물건은 피해야 한다.

배당 신청을 하였으나 배당 요구 종기일보다 늦게 신청하여 배당이 안 되는 경우

경매 사건에 배당받을 권리가 있다고 해서 법원에서 알아서 배당을 해주는 것이 아니다. 배당을 직접 신청 해야 본인의 배당금을 받을 수가 있다. 또한 배당 받기 위해서 신청해야 하는 기간이 정해져 있다. 배당 요구 신청 기간의 마지막 날을 배당요구 종기일이라고 하는데, 종기일 이후로 신청 하면 배당을 받지 못하는 것이다. 배당 요구 종기일 이후 배당 요구를 하여 배당이 당연히 되는 줄 알았지만, 배당이 안 되는 경우가 종종 있어 그런 경우 대항력이 있으면 보증 금액을 인수해야 하는 경우가 발생할 수 있으니 배당 요구 종기일 이전에 배당 신청을 했는지 마지막으로 꼭 확인해야 하는 것이다.

예를 들어 배당요구 종기일이 2023년 6월 30일인데 배당 요구를 2023년 7월 1일로 하였다면 이는 배당을 받지 못하는 경우에 해당함으로 종기일과 배당요구 일자를 반드시 확인해서 보는 것을 습관화하자.

위에 설명해 드린 대로 권리분석이 어렵게 생각되면 끝도 없이 어려운 게 권리분석이고 쉽다고 생각하면 정말 쉬운 것이 권리분석이다. 요약하자면

1) 선순위 세입자, 유치권, 지상권, 지분물건, 예고등기 등 특수 물건은 배제한다.
2) 조사된 임차내역 없음(집주인이 점유자) 물건에 입찰한다.
3) 대항력이 있지만 전부 혹은 일부 배당 받는 임차인이 있는 물건에 입찰한다.
4) 대항력이 없는 후순위 세입자가 있는 경우 입찰한다.
이 정도의 권리상 문제가 없는 물건만 입찰한다고 해도 거의 70~80%의 물건이 위의 경우이니 입찰하고 낙찰받고 수익을 내는 데에는 큰 문제가 없다.

이러한 권리 분석도 유료 사이트의 도움을 받으면 1분도 안돼서 입찰해야 하는 물건 인지 패스해야 할 물건인지 쉽게 구별할 수 있다. 이렇게 관심을 가지면서 하나둘 경험해 보고 찾아보면서 알게 되는 거고, 본인의 경매에 대한 경험과 지식을 조금씩 늘려가면 아무 문제 없이 입찰하고 낙찰받고, 처리할 수 있다.

빌라 온라인 시세 조사하는 법

빌라의 시세는 천차만별

아파트와 달리 빌라의 시세는 파악하기가 쉽지 않다. 아파트의 경우 네이버 부동산을 통해 3분이면 간편히 아파트 단지의 시세를 확인할 수 있고, 대체로 그 시세는 정확하다. 하지만 빌라의 경우 아파트와 같이 정형화 되어있지 않고 개별성이 강하다. 같은 건물의 빌라라고 해도 내부 평수, 구조 등이 각기 다른 경우가 대부분이다. 층과 향, 막힘 여부, 조망 등 각각의 조건에 따라서 빌라의 가격은 아파트와는 달리 시세라는 것이 없다고 봐도 무방하다. 따라서 가격은 천차만별이다. 빌라의 개별성과 독자적인 세대별 특성으로 인해 초보자의 경우 빌라 시세를 파악하는데 어려움을 많이 호소한다. 경매 입찰을 고려하고 입찰가 산정 시 빌라 시세를 100% 정확하게 예측해서 입찰가를 적어낼 수는 없다. 본인이 확인한 최대한의 정보를 가지고 그 빌라 가격을 예상해서 최대한 시세와 비슷한 가격을 유추해서 입찰가를 산정해야 한다. 아래는 온라인으로 빌라 시세를 대략적으로 조사해 볼 수 있는 방법이다.

네이버 부동산

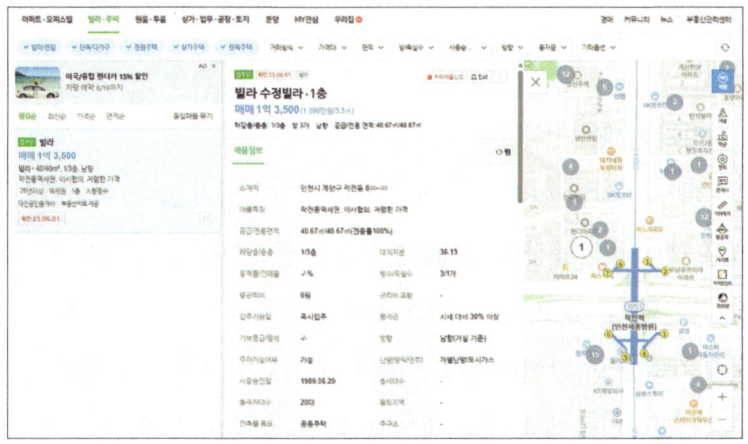

　네이버 부동산은 아파트, 오피스텔, 빌라, 원룸 및 주택에 이르기까지 부동산 중개소에서 등록한 매물들의 현재 시세를 간편하게 확인할 수 있는 가장 유용한 사이트이다. 빌라의 위치 또한 가격 결정에 가장 중요한 요소이며, 위치를 고려해 빌라/주택을 선택하고 거래 방식(매매/전세/월세)을 선택하여 조회하면 주변의 빌라 매물을 확인할 수 있다. 찾고자 하는 빌라와 같은 빌라가 매물로 나올 수 있으나, 빌라의 경우 같은 층이라도 면적이 다르므로 공급/전용 면적까지 잘 확인을 해봐야 한다. 네이버 부동산에서는 해당 매물의 가격과 세부 주소, 면적, 층수, 방과 욕실 수, 관리비, 사용승인 일까지 정보가 표시되어 나오기 때문에 그 주변이 본인에게 익숙한 지역이거나 생활 반경 내의 지역이라면 경매로 진행되는 빌라의 대략적인 시세를 예상할 수 있다.

KB 리브온

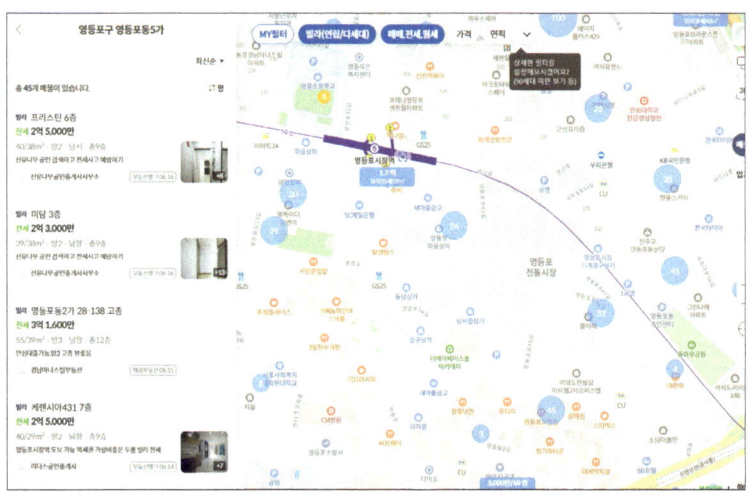

　KB 리브온에서는 아파트와 빌라, 오피스텔의 매물과 시세, 그리고 실거래가까지 확인할 수 있어서 유용하다. KB 리브온에 접속하여 상단의 필터를 빌라(연립/다세대)로 선택하고 지도를 움직여서 원하는 지역에 위치시키면 매물로 등록된 빌라와 시세 조회가 가능한 빌라가 검색된다. 등록된 빌라의 매매가 전세가를 확인하고 왼쪽 화면에서는 호수별로 일반가와 상한가, 하한가의 예상 금액이 제공된다. 과거의 시세와 현재의 시세를 예측해 볼 수 있는 중요한 지표로 활용할 수 있다. 마지막으로 아래쪽으로 화면을 내리면 해당 건물의 실거래가까지 확인할 수 있다. 해당 빌라의 실거래 금액까지 확인할 수 있어 유용하게 사용할 수 있다.

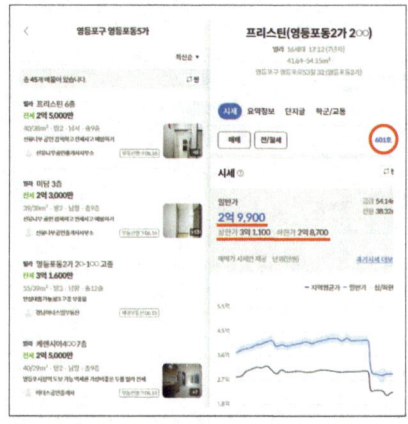

공동주택 공시가격 확인

국토교통부에서 제공하는 공동주택가격 열람 사이트를 통해 시세 조사를 하고자 하는 빌라의 공동주택 공시가격을 쉽게 확인할 수 있다. 공동주택 공시가격은 매년 국토교통부에서 각 주택의 여러 제반 사항 등을 확인하여 가격을 산정해서 각종 부동산 관련 세금(취득세, 재산세 등)의 과세 지표로 활용되고, 전세 대출의 기준 자료로 활용이 되는 중요한 가격이다.

공동주택 공시가격을 통해 시세를 파악하는 방법은 전세가의 경우 공동주택 공시가격의 130%로 예상으로 하고, 매매가의 경우 전세 예상가에서 10~30% 내외로 더한 가격으로 예상하면 된다. 예를 들어 공동주택 공시가격이 1억 원이라면 전세가는 1억 3천만 원(130%) 정도 예상하고, 매매가의 경우는 1억 4천에서 1억 7천 사이 정도로 보는 것이다.

※ 전세가의 경우 안심 보험 보증 비율이 현재 공동주택 공시가격의 126%까지만 보증보험 가입이 가능하여 전세가를 그 정도로 예상 하면 된다. 현재 빌라 전세 세입자의 경우 보증보험 가입이 안 되는 물건은 아예 검토 대상에서 제외하고 있고, 부동산 중개사분들도 보증 보험 가입이 불가한 주택은 중개를 적극적으로 하지 않는 현재 시장 상황을 유념하길 바란다.

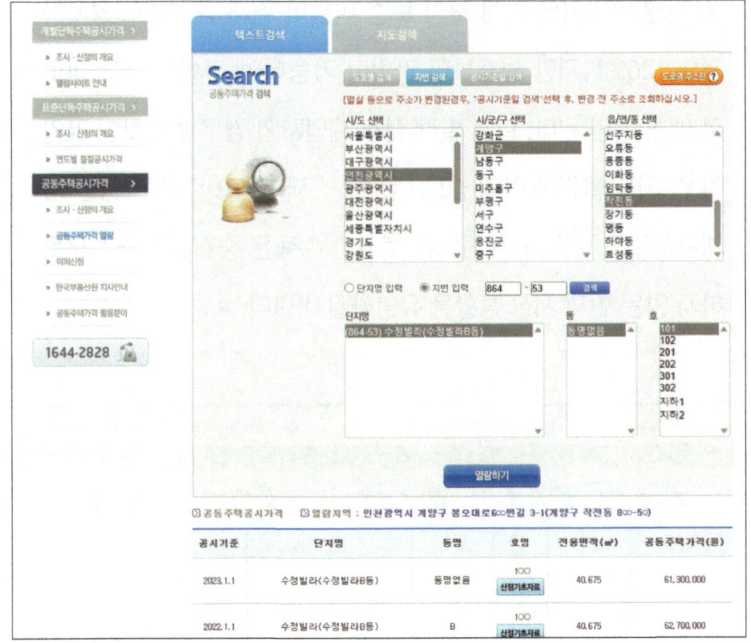

HUG 안심전세앱

주택도시공사에서 제공하는 안심전세앱을 통해 빌라의 매매시세를 확인해 보는 방법도 있다. 전세입자들이 전세 보증금 계약을 하기전에 매매시세 대비 보증금이 적정한 수준인지를 알려주기 위한 용도인데 투자하는 입장에서도 경매로 진행되는 빌라의 경우 매매시세를 참고하는데 유용하다.

4장 실전 빌라 투자 노하우

사용하는 방법은 간단하다. 안심전세앱을 설치하고, 조회하고자 하는 주소지를 넣고 조회를 하면 된다. 대략적인 매매시세와 위반 및 무허가 건축물인지 여부까지 확인이 가능하다. 또한 국토교통부 매매 및 전세 실거래도 조회가 되고, 해당지역의 평균 경매 낙찰가율까지 확인이 가능해서 도움이 되는 정보가 많으니 꼭 활용해 보도록 하자.

빌라의 시세는 아파트처럼 정형화되어 있는 것이 아니라 각기 다른 개별성으로 인하여 정확한 시세 파악은 불가능하다. 온라인으로 위와 같은 방법으로 거꾸로 유추해 보는 수준으로 가격을 예상하고 파악해야지, 정확하게 빌라의 가격을 완벽히 파악해서 입찰가를 산정하겠다는 것은 애초에 불가능하다. 위의 예시대로 일단 온라인상 가격 파악을 우선하고, 부족하거나 조금 더 정확한 가격 확인이 필요하면 임장을 통해 현지 부동산에서 시세 파악하는 방법으로 보충할 수가 있다. 현지 부동산에서 시세를 파악하는 기술은 뒤쪽에 서술하도록 하겠다.

실전 임장 노하우

기존 우리가 흔히 알고 있는 임장

보통 임장의 중요성은 아무리 강조해도 지나치지 않을 정도로,

부동산 경매를 하는 사람들에게 임장은 중요한 절차 중 하나로 인식하고 있다. 임장은 경매 교육이나 경매 관련 책에서 가장 중요한 사항으로 가장 열심히 꼼꼼하게 조사해야 한다고 모두 입을 모아서 말한다. 임장이 무엇보다 중요하기 때문에 완벽한 물건 및 시세 조사를 해야 한다는 목표로 물건 근처의 부동산을 최소 세 군데 이상 들러서 음료수를 사 들고 가서 시세 조사를 꼭 해야 한다고 강조한다.

시세 조사를 할 때는 임대인일 때 임차인일 때 매매/전세/월세 시세를 각각 확인해야 한다. 그럼, 부동산을 도대체 몇 군데를 가야 한단 말인가? 여기서 임장 조사가 끝나는 것이 아니다. 집 내부도 꼭 확인해야 하고, 집을 못 본다면 윗집이나 아랫집 옆집이라도 꼭 봐서 집 구조라든지 하자 여부를 꼭 확인해야 한다. 이것도 모자라 임장 체크리스트를 만들어 역까지의 거리, 학교까지의 거리, 유해시설 유무 등을 꼼꼼히 직접 확인해 작성해야 한다고 강조한다. 기존에 우리가 알고 있는 가장 중요한 임장은 이런 과정을 모두 철저히 이행해야 할 일로 알고 있다.

과연 이렇게까지 임장을 해야 할까? 이렇게 물건 한 개의 임장을 위해 위와 같은 과정으로 조사를 했을 시 얼마나 많은 시간과 노력이 투입되어야 하는 것인가? 물론 위와 같은 임장을 통해서 입찰 전에 많은 정보를 얻어서 아주 완벽한 가격과 물건에 입찰해야 원하는 목표를 이룰 수 있을 것이다. 또한 임장을 통해서 예상할 수 있는 모든 리스크를 제거하는 게 이론상으로는 맞다. 하지만 위와 같은 임장이 지속 가능할까? 저렇게 시간과 노력을 들여 하나하나 임장을 하고 입찰을 했는데 한두 번 낙찰받지 못한다면 그래도 저렇게 임장할 힘과 의욕이 생길까? 지금까지 우리가 알고 있던 임장하는 방법은 싹 다 버려야 한다. 임장하는 방법을 완전히 바꿔야 한다.

 위와 같은 임장은 이상적인 임장이긴 하지만 우리의 본업은 직장인이다. 직장인으로서 휴일과 퇴근 후 시간을 쪼개서 임장하고 입찰하고, 부동산 경매 투자를 해보려고 하는 것이다. 전업 투자자가 아닌 이상 직장을 다니면서 투자한다는 건 최소한의 시간 투자로 최대한의 효과를 내야 한다. 전업 투자자와 비교 시 임장을 비롯한 부동산 경매에 시간을 투자할 여유가 많지 않다. 또한 안정적인 직장에서 월급이 나오기 때문에 한두 번 이상적이고 완벽한 임장을 실행하여 많은 시간을 투자하고, 입찰까지 하였는데 패찰을 거듭한다면 경매 도전에 대한 의지가 꺾이고 말 것이다. 이러한 임장은 지속 가능한 방법이 아니다. 우리는 직장을 다니면서 꾸준히 경매 투자를 해야만 한다. 그렇다면 직장인이자 투자자로서 바람직한 임장은 어떤 것일까?

날짜			지역명		
아파트명			입주연도		세대수
동/호수			기타		

	외부적 요소
☐	초품아 / 공품아 / 역세권/ 물세권 여부
☐	동 위치 (로열동: // 정문위치: /초등학교거리: /편의시설거리:)
☐	남향, 동향, 서향 방향 확인 (전망:)
☐	라인 (호수) /층수 (끝집/탑층)
☐	복도식/ 계단식
☐	지하주차장 연결 여부
☐	주차공간 확인 (세대당 몇 대)
☐	조경 수준(주거 만족도) 및 커뮤니티 시설
☐	경사도 여부
☐	단지 배치 (동간 거리)
☐	기타 특이사항

	내부적 요소
☐	거실 앞 베란다에서 뷰 확인(앞이 막혔는지, 일조권 상태)
☐	베란다 곰팡이 / 결로 확인
☐	누수 천장 확인
☐	수리 여부 (확장 및 새시 여부 확인)
☐	수리된 부분과 수리가 필요한 부분 확인
☐	욕실(UBR인지 확인 / 수리 여부)
☐	싱크대 ㄱ자/ ㄷ자/ --자
☐	신발장
☐	장판 및 바닥 상태
☐	도배 상태 및 몰딩 여부
☐	페인트 상태
☐	등과 스위치 상태
☐	기타 특이 사항

매물가격	
예상 전세금	
최종 결론	

앞으로 이런 임장리스트는 가지고 다니지도 말자.

에릭의 임장 : 앞으로 절대 이런 임장은 하지 말자

내가 하는 임장은 기존에 우리가 알고 있던 임장과는 전혀 다른 임장이다. 임장에 전혀 부담 갖지 말아라. 임장 가서 심지어 아무것도 하지 않아도 된다. 절대로 임장에 당신의 귀중한 시간과 노력을 쏟지 않아도 된다. 임장 가서 현지 부동산도 굳이 안 가봐도 된다. 임장은 최대한 힘 빼고 내가 입찰을 하고 싶은 물건인가 아닌가 판단만 하고 오면 된다. 그걸로 끝이다. 너무 쉽다고? 정말 이렇게만 해도 되냐고? 뭐가 많이 빠진 거 같다고? 이렇게만 해도 된다. 아무 문제 없다.

직장인으로 경매를 오랫동안 지속 가능하게 하기 위해선 모든 과정이 심플하고, 부담이 없어야 한다. 특히나 임장은 더더욱 그렇다. 임장도 심플하고 부담이 없어야 한다. 내가 투입하는 시간이나 노력이 많지 않고, 부담 없이 하기 쉬워야 앞으로도 지속해서 임장을 할 수 있고 꾸준히 경매에 입찰할 수 있는 원동력이 되는 것이다. 그래서 처음 물건 검색도 주변 주거지나 본인 생활 및 활동 반경 위주로 검색을 하라고 한 것이다.

본인 주거지 위주 관심 가는 경매물건이 나왔으면 그저 오다가다 경매로 나온 물건을 살펴보는 것으로 임장은 끝이다. 더 이상 할 것도 없다. 그게 임장이다. 보기도 힘든 임장 체크리스트 따위는 이제 잊어버려라. 저런 리스트는 몰라도 되고 작성할 필요조차 없다. 이제 임장하러 가서는 내가 입찰을 하고 싶은 물건인가 아닌가만 보고 판단하면 된다. 그걸로 임장은 끝이다. 입찰을 하고 싶은 물건이라면 이제 최저 입찰 가격을 보고 수익을 낼 수 있을 것인지, 아니면 한 번 더 유찰되기를 기다려야 하는 것인지 판단하면 된다. 그렇다면 무얼 보고, 어떠한 기준으로 입찰을 결정할 것인가?

빌라 외관

가 생각하는 빌라는 1세대 빌라부터 4세대 빌라까지 총 4가지로 구분한다. 각 세대별 특장점은 아래와 같다.

1세대 빌라

1세대 빌라의 경우 1990년대 많이 지어진 빌라로 준공 30년이 넘은 낡은 빌라이다. 흔히 말하는 빨간 벽돌 빌라라고 부르기도 하고 썩빌(오래된)이라고도 한다. 서울/ 수도권 구도심 지역에서 많이 볼 수 있다. 특징으로는 반지하 세대가 있으며 주차 공간이 거의 없거나 있더라도 주차면이 한정적이다. 이 빨간 벽돌 빌라의 경우 사용 가치보다는 재산 가치에 중점을 두고 시세나 물건 가치를 파악해야 한다. 재개발 구역이 지정된 곳이나 재개발 구역 인근 혹은 주변 노후도를 보고 재개발이 예상되는 지역이라면 미리 소액으로 투자하기가 좋고, 앞으로 주변에 획기적으로 교통이 좋아지는 곳(전철역 개통 등) 혹은 대규모 일자리가 생기는 지역이라면 투자 가치가 있다.

추가적인 투자 포인트로는 외관은 썩빌 즉 낡은 빌라지만 내부를 올 인테리어를 한다면 반전 매력이 포인트가 될 수 있다. 요즘 내부 인테리어 자재나 기술이 워낙 좋아서 이런 인테리어를 통해서 샷시까지 전체 교체를 한다면 요즘 짓는 신축 빌라처럼 내부를 꾸밀 수가 있다. 이렇게 외관은 노후화되었지만, 내부가 신축 빌라와 같이 인테리어가 잘 되어 있다면 매수자나 임차인으로부터 선택받을 확률이 높다.

예를 들어 지하철역이 가깝거나 대중교통 이용이 좋은 위치의 낡은 빌라이지만 새롭게 인테리어 한 집이 있고, 지하철역이나 대중교통 이용 가능 거리가 더 멀어 시간이 더 걸리는 위치의 신축 빌라가 있는 경우 가격이 조금 더 비싸더라도 위치가 좋은 노후한 빌라이지만 인테리어가 된 빌라가 선택 받는 경우가 더 많다. 노후한 빌라 전체를 새롭게 리모델링하려면 최소 1천만 원

이상의 비용이 지출되기 때문에, 최대한 저렴한 가격에 낙찰받아 인테리어를 새로 하는 것이 가장 좋은 방법이다.

2세대 빌라

2002년 이후 건축법과 주택법이 강화되면서 많이 건축된 빌라로 드라이비트라는 공법으로 지어진 빌라이다. 드라이비트 시공법은 외 단열 공법으로 단열이 좋은 스티로폼에 시멘트를 바르는 과정으로 비용 대비 효율적인 외벽 마감재로 시공법이 복잡하기 않고, 공사기간도 짧은 장점이 있다. 시공이 간편하고, 짧은 시간 안에 마감할 수 있어 많이 사용하고 있으며 다양한 질감과 색상 사용이 가능하여 인테리어나 디자인 측면에서도 손색이 없다. 또한 합리적인 비용으로 시공이 가능하다는 장점이 있어 다방면으로 많이 사용하고 있는 시공법이다. 단열이 우수하여 외벽에 결로 현상이 일어나지 않고, 여름에 뜨거운 햇빛을 차단하고, 겨울에는 열기가 밖으로 빠져나가지 않아 냉난방 비용의 절감 효과도 있어, 최근까지 많이 건축되는 빌라 유형이다.

단점으로는 화재에 취약한데, 내장이 스티로폼으로 되어 있어 화재가 날 때, 짧은 시간에 외벽이 불에 타 건물 전체로 옮겨붙어 피해를 볼 수 있다. 투자 포인트로는 1층은 필로티 구조로 주차 공간이 확보되어 있고, 주택법이 강화된 이후 많이 지어진 빌라로 가장 대중적이고 많이 지어진 시공법으로 지어진 빌라로 소소한 하자가 있을 순 있지만 예상하지 못한 큰 하자가 있는 경우는 거의 없다. 미래의 재산 가치와 현재의 사용 가치 모두를 만족할 수 있는 빌라이다. 외관과 빌라 내부를 보면 초보자도 투자를 하고 싶은 빌라인지 아닌지 쉽게 구분할 수 있다.

3세대 빌라

3세대 빌라의 경우 2010년 후반부터 많이 공급된 빌라로 외장부터 차이가 크게 나는데 외장이 대리석 혹은 노출콘크리트, 파벽돌로 고급스럽게 건축된 빌라이다. 이렇게 외관부터 고급스러운 자재로 마감할 때 프리미엄 이미지로 당연히 주변 빌라 대비 주목을 받게 된다. 노출 콘크리트와 파벽돌 역시 재료와 시공법 등이 까다로워 인건비 및 기타 비용들로 건축 원가가 올라갈 수밖에 없다. 이러한 비용들이 빌라 분양가에 포함 되어 주변의 일반적인 빌라보다 분양가가 높게 책정이 된다.

세대 내부 내장재 또한 고급스러운 자재와 최신형의 인테리어가 적용된다. 또한 프리미엄 이미지로 내부 가전기기 옵션(세탁기, 건조기, 냉장고, 스타일러, TV) 등을 제공하는 경우가 많다. 1층은 필로티 주차 공간으로 대부분 1세대 1주차 공간이 확보되어 있고, 엘리베이터도 기본으로 들어가 있고, 아파트 못지않은 관리 상태를 유지하고 있어 입주민들의 만족도도 높은 편이다.

투자 포인트로는 이런 깨끗하고 관리가 잘 되어 있는 프리미엄 빌라가 경매로 진행될 때 입찰하려는 경쟁자도 많고, 시세와 비슷한 가격에 낙찰되는 경우가 많다. 투자자의 관점에서 시세를 정확하게 파악하고 수익이 나는 가격에 낙찰받아야 의미가 있지 시세와 비슷한 가격에 낙찰받으면 경매로 낙찰받는 데 의미가 없으니 주의해야 한다. 또한 이러한 프리미엄 신축 빌라의 경우 주변으로 비슷한 빌라들이 지속해서 공급되는 경우 가격이 떨어질 우려가 있으니 임장 시 주변도 잘 살펴보아 건축 중이거나 빌라가 신규로 건축이 가능한 공급 예정인 땅들이 많이 있는지도 잘 살펴보아야 한다. 이런 빌라는 사용 가치가 있는 빌라로 현재 주변의 매매가와 전세가를 참고해서 입찰가를 산정하면 된다.

[4세대 빌라]

4세대 빌라의 경우 2020년 전후로 주로 공급되는 유형으로 흡사 나홀로 아파트처럼 보이는 고층 빌라의 유형이다. 이러한 조합은 주로 오피스텔(저층) + 다세대 빌라(고층), 혹은 근린생활시설(저층) + 다세대 빌라(고층) 이런 식의 구성이며 10층 내외인 경우가 많다. 엘리베이터는 기본으로 제공되고 건축주가 최대한 많은 세대를 공급하기 위해 주차면은 협소하여 기계식 주차장이 설치되어 있다. 30세대 안팎으로 경비원이나 관리사무소가 따로 없이 관리 업체가 정기적으로 방문하여 건물 관리를 하므로 관리비도 나홀로 아파트와 비슷하게 청구된다. 보통 전용 면적 15평

기준으로 기본 관리비가 10만 원 전후로 책정이 된다. 이 관리비에는 기계식 주차장 관리 비용/쓰레기 처리비용/ 엘리베이터 관리 비용, 전기/안전관리자 선임 비용 등이 포함되며 세대 전용 관리비(전기, 수도, 가스는 별도 납부)는 별도 납부하여 월 15만 원 전후로 일반 빌라 대비 관리비의 부담이 있지만 아파트같이 관리가 잘 되고 쾌적하여 특히 여성분들의 주거 만족도가 높다.

4세대 빌라의 투자 포인트로는 저층의 경우에는 오피스텔이나 근린생활시설로 분양하므로 될 수 있는 대로 투자하지 않는 것이 좋고, 고층의 다세대 혹은 아파트 위주로 투자하는 것이 좋다. 물론 오피스텔이나 근린생활시설의 경우 다세대보다 분양가가 저렴하기 때문에 좋아 보일 수는 있지만, 차후의 매매나 임대 시 그만큼 저렴한 가격에 내놔야 하고, 기간도 오래 걸릴 수 있어 그다지 추천하지 않는 편이다. 하지만 위층의 다세대 가격보다 현저하게 저렴한 가격 예를 들어 절반 정도의 가격 이하라면 투자로 고려해 볼 만하다.

막힘 여부

외관을 본 후 막힘 여부를 꼭 확인해야 한다. 집에서 생활하는 시간 동안의 일조권은 상당히 중요하다. 일조권은 삶의 질과 직접적인 연관이 있다. 만약 본인이 직접 거주하는 집이 사방이 막혀 있어 햇빛이 제대로 들어오지 않는다면 어떨 것 같은가?

하루 종일 해가 들어오지 않고, 어두 침침한 집에서 있다 보면 처음은 그러려니 하겠지만 나중에는 우울증에 걸릴 수도 있고 집에 있기가 싫어질 수도 있다. 그래서 빌라를 투자하는 데 있어서 일조권 여부는 꼭 확인을 해야한다. 또한 막혀 있는 집일 경우에는 환기의 문제도 있어 쾌적한 생활을 하는 데 많은 부분 제약이 따를 것이므로 막힘 여부는 꼭 확인하는 것이 좋다.

막힘여부도 외부에서 쉽게 파악이 가능하다.

외부에서 파악이 가능한 것들

공용 부분만 둘러봐도 전체적인 빌라의 상태와 관리 수준 등을 가늠할 수가 있다. 먼저 빌라 입구 부분의 주차장과 쓰레기 분리수거장을 확인 할 수 있다. 주차장의 주차선과 1층 기둥 벽, 쓰레기 분리 장의 청결 상태를 보면 빌라의 관리 상태가 어떤지 확인할 수 있고, 입주민들이 빌라에 관심을 가지고 관리를 하는지 아닌지 가늠할 수 있다. 내부 계단실에는 물이 혹시나 흐르지는 않는지, 벽에 금이 가지는 않았는지, 눅눅한 곰팡내가 나지는 않는지 등 건물의 전체적인 방수, 누수 상태를 확인해야 한다.

옥상에 올라가서는 옥상 바닥 방수 상태를 확인해야 한다. 옥상 에폭시 방수 도장이 깔끔하게 유지 관리가 되고 있는지 아니면 에폭시 한지 오래되어 갈라지거나 파인 부분은 없는지 확인해야 한다. 방수 도장을 한 지 오래되어 갈라지거나 파인 흔적이 많다면 최상층일 경우 이미 누수가 진행되고 있는 경우도 있고, 지금은 피해가 없더라도 앞으로 피해가 생길 우려가 있으니 투자 대상으로는 적절치 않다.

경매 투자를 고려할 때 내부를 보기가 어려운 경우가 많다. 거의 내부를 못 보고 입찰한다고 생각해야 마음이 편하다. 이럴 때 어느 정도 밖에서라도 입찰하려는 물건의 내부 상태를 짐작해 보아야 한다. 고층일 경우 반대쪽 건물 옥상이나 고층의 계단실 유리를 통하여 안을 볼 수 있는 방법이 있다. 내부 인테리어가 밝고 깨끗한지, 집 내부에 있는 짐들을 고려하여 최대한 집안의 짐이 빠졌을 때의 내부를 상상해서 예측해 봐야 한다. 샷시의 경우 깨끗하고 교체한 지 얼마 지나지 않았을 경우 내부도 인테리어를 새로 했을 가능성이 크다.

샷시 교체는 비용이 가장 많이 들어가는 인테리어 공사로 보통 내부 전체 인테리어를 진행할 때 함께 진행하므로 샷시를 통해 내부 상태를 예상할 수 있다. 채광 여부도 밖에서 예상해 볼 수 있다. 보통 임장을 주로 낮에 가기 때문에 오후에 가서 해가 어느 정도 들어오는지 주변 건물로 인하여 해가 들어오는데 제한은 없는지 확인한다면 채광 여부도 확인할 수 있다.

상기 사항으로 외부에서 파악이 가능한 것들을 최대한 파악하고 투자에 적합하다는 생각이 들면 이제 내부에서 파악이 가능한 것들을 확인하면 된다. 외부에서부터 투자하기 부적합하다고 생각되면 굳이 내부를 확인할 필요는 없다.

아래는 내부에서 파악이 가능한 것들이다.

누수

내부에서 가장 중요하게 확인해야 할 부분이다. 집에 누수가 발생하거나 문제가 있는 경우에 경매가 아닌 일반 매매로 살 때 6개월까지는 매도인에게 담보 책임이 있지만 경매로 취득하게 된 경우에는 그 책임은 오로지 낙찰자의 몫이므로 잘 확인을 해봐야 한다. 경매로 나온 물건의 내부를 보기는 쉽지 않다. 하지만 뜻이 있는 곳에 길이 있고, 두드리는 자에게는 문이 열리는 법이다. 가급적 경매로 나온 물건 입찰 전에 꼭 내부까지 확인하고 입찰하는 습관이 몸에 배야 실수가 없고 예상치 못한 손해 비용을 줄일 수가 있다.

아파트의 경우 굳이 내부를 확인하지 않아도 큰 리스크는 없지만 빌라의 경우 개별성이 강하고 생각지도 못한 하자도 많기 때문에 꼭 내부까지 확인하도록 노력해 보자. 보통 누수가 있거나 단열이 잘 안되어 결로가 자주 발생하는 경우 상단부의 몰딩과 테두리 주변으로 벽지의 색이 변색이 되어 있는 경우가 많다. 그러므로 내부를 확인할 수 있을 때는 내부 벽 쪽의 벽지와 몰딩 테두리 부분의 변색 여부를 확인해야 한다.

단열/결로

빌라를 처음 시공할 때 단열하기 위하여 단열재를 사용하지만 단열 시공 불량 혹은 자재 등의 문제로 단열이 잘 안되는 집은 결로 문제가 발생하면서 집이 눅눅하고 습한 느낌이 든다. 이런 환경은 금방 곰팡이가 퍼져 벽지 안쪽 구석구석 곰팡이 생기가 마련이다. 집 내부를 확인할 때 구석에 곰팡이가 있는지 벽지가 변색이 되어 있는지 확인 해봐야 한다. 결로가 발생하는 집은 내부가 습하고 눅눅한 곰팡이 냄새가 나게 마련이니 꼭 확인해 보도록 하자.

주방/거실 구조

주방과 거실의 구조까지 확인할 수 있다면 주방에 환기창이 있는지 확인하는 것이 좋다. 빌라의 경우 주변 빌라들과 인접한 경우가 많으므로 주방에 환기창이 있는지가 쾌적한 생활을 하는 데 중요한 요소가 된다. 주방 환기창이 있는 것과 없는 것의 차이는 삶의 질에 큰 영향을 미친다. 또한 주방과 거실이 일자로 마주 보고 있는 구조라면 좋다. 맞통풍이 되기 때문에 환기가 잘 되어 쾌적한 생활을 할 수 있으므로 임대나 매매 시에 더욱 유리한 조건에 거래할 수 있다.

부동산 시세 조사

　현지 부동산의 시세 조사의 경우 현실적으로 경매 투자자에게 정보를 주는 우호적인 부동산이 많지는 않다. 입장을 바꿔 생각해보면 부동산 사장님들의 비우호적인 응대도 이해가 된다. 이러한 이유로 초보자들은 현지 부동산에 직접 가서 시세 조사 하는 것에 부담을 많이 느끼고 어려워한다. 낙찰을 받는다면 고객이 되겠지만 아직 입찰도 하기 전이고 낙찰을 받은 입장도 아닌데 그저 임장 왔다가 시세 조사를 하러 이것저것 물어본다면 시간이 돈인 부동산 사장님들 입장에서는 친절하게 대해줄 수 있을까?!

 오죽하면 경매 문의는 사절한다는 안내문을 창문에 붙여 놓기까지 할까? 현지 부동산은 옵션 사항이다. 방문해서 시세를 문의해 봐도 좋고, 굳이 방문하지 않아도 된다. 위에서 기술한바 온라인으로 시세 조사하는 법에서 설명한대로 어느 정도 시세는 쉽게 파악할 수 있으므로 굳이 현지 부동산까지 방문해서 시세를 조사할 이유는 크게 없다.

 물론 경매 투자자에게 우호적인 부동산 사장님이 있다면 그분들의 이야기를 들어보는 것도 도움이 된다. 부동산에 들어가서 경매 투자자에게 비우호적이라면 시간 끌 것 없이 나와서 다른 부동산에 가서 문의해 보라. 전체적인 분위기가 비우호적이라면 굳이 그 부동산에서 시간을 보낼 이유는 없다. 부동산 시세도 본인이 직접 하다 보면 본인만의 스타일이 생길 것이고, 나름대로 노하우가 생기게 마련이다. 일단 한번 부딪혀 보자. 자신 있게 부동산 문을 열고 들어가 이야기를 나누다 보면 경매 투자자에게 의외로 우호적인 부동산도 많이 있어 정보를 들을 기회도 많이 있다. 현지 부동산에 방문할 예정이라면 최대한 깔끔한 옷으로 차려입고 가는 것이 에티켓이다. 그냥 집에서 그냥 나온 듯한 편한 차림으로 가면 본인 스스로가 부동산 사장님들을 대하는 것도 아무래도 소극적으로 될 것이고, 자신감이 붙지 않을 것이기 때문에 이왕이면 좀 깔끔한 차림으로 가서 적극적으로 문의하면 부동산에서 조금 더 정보를 줄 가능성이 높다.

입찰가 산정 및 입찰

　모든 조사가 끝났다면 이제 입찰할 일만 남았다. 모든 과정이 다 중요하지만, 이 모든 일에 결실을 보려면 이제 입찰을 해야 하고 낙찰을 받는 것이 가장 중요하다. 입찰을 받기 전까지는 본인의 소유가 아닌 그저 타인 소유의 부동산이다. 입찰에 참여하고 낙찰까지 받아야 본인의 소유로 소유권을 행사할 수 있는 것이다. 그럼, 입찰가를 어떻게 선정해야 할까? 부동산 경매가 좋은 점이 입찰가를 본인이 정할 수 있는 점이다. 일반 매매의 경우 매도자의 매도 호가에 따라 가격이 정해져 있고, 그 정해진 가격 내에서 협의해야 한다.

다만 부동산 경매의 경우, 최저가가 있긴 하지만 최저가는 말 그대로 최저 입찰가로 그 이상의 가격을 적어서 최고가를 적어낸 사람이 최고가 매수인이 되는 경쟁매매가 바로 경매인 것이다. 그래서 본인이 정한 수익률 혹은 수익액을 예상하여 본인이 직접 입찰가를 정할 수 있는 것이 가장 큰 장점이다. 물론 입찰가를 한없이 높게 쓴다면 낙찰받을 수 있지만 우리의 목적은 낙찰받기 위함이 아니고 수익을 내기 위함으로 수익을 낼 수 있는 가격에 받는 것이 가장 중요하다. 나의 경우 아래와 같은 방식으로 입찰가를 산정하여 입찰하고 있다. 아래는 나의 방법이니 참고만 하고 본인 각자의 투자 기준을 세워 입찰가를 산정하여 입찰하기를 추천한다.

나의 경우 입찰가는 전세 시세에서 예상되는 부대비용, 즉 세금과 인테리어 비용을 더한 금액이 입찰가보다 낮아야 한다. 즉 입찰가는 전세 시세+부대비용보다 조금이라도 낮은 금액으로 입찰가를 산정한다. 예를 들어 전세 시세와 부대비용이 1억이 예상된다면 입찰가는 9,990만 원으로 산정하는 식이다. 즉 전세 시세보다는 싸게 입찰하는 것이 핵심이다. 전세 시세 확인하는 법 등은 '빌라 온라인 시세 조사하는 법'을 참고해 보시길 바란다.

입찰가 < 전세 시세 + 부대비용(세금, 법무 비용, 예상 인테리어 비용 등)

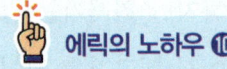 에릭의 노하우 ⑩

완벽한 빌라의 조건

 앞서 실전 임장을 통해 반드시 내가 입찰하려는 빌라에 하자가 있는지 또한 예상하지 못한 위험 요소가 있는지 확인을 해봐야 한다. 임장을 통해 잘 확인해야 하는 것이 공용부분이다. 공용부분만 잘 관리되어 있다면 내부도 하자 없이 좋은 빌라일 확률이 높다. 임장을 통해 이렇게 관리도 잘되고 잘 지은 훌륭한 빌라를 보는 것만으로도 너무 기분이 좋다. 아래 소개해 드린 빌라는 내 기준으로 가장 완벽에 가까운 빌라이기에 소개를 해볼까 한다. 공용부분을 확인할 때 아래 빌라 사진을 참고해서 확인하면 좋을 거 같다.

사거리 모퉁이에 있는 빌라로 외관부터 깔끔하게 관리가 잘 되어있다. 외부는 울타리까지 쳐서 관리하고 있다. 주변으로 막힘이 없고, 채광이 좋다.

1층 엘리베이터 내부 공간에 건물 주변에 설치된 CCTV들의 모니터링 화면이 설치되어 있고, 각종 게시판 및 대리석이 깨끗하게 관리되고 있는 모습이다.

내부 계단실도 깨끗하고, 등 센서도 잘 작동되고 있다. 계단과 벽 사이로 누수의 흔적이나 갈라짐도 전혀 보이지 않는다.

위의 빌라의 관리상태는 거의 완벽에 가까울 정도이다. 이렇게 관리가 잘된 빌라를 만나는 건 쉬운 것은 아니다. 심지어 신축 빌라도 이렇게까지 관리하는 것은 못 본 듯하다. 이렇게 공용 부분만 봐도 내부 상태를 짐작 할 수가 있는 것이다. 참고로 위의 빌라 준공년도는 2018년 7월로 올해(2024년 기준)로 6년 차이다.

옥상 도장 상태가 완벽에 가깝다. 이렇게 도장이 잘된 빌라는 드문 편이다. 물이 스며들어 갈 틈이 전혀 보이지 않는다.

에릭의 노하우 ⓫

빌라 투자 실전 노하우

 빌라 투자를 위한 먼저 고려해야 할 사항들이 많다. 역과의 거리, 연식, 층, 향, 엘리베이터 유무, 초등학교/중학교/고등학교와의 거리, 병원 및 편의시설 여부, 상권과의 거리, 시장 및 마트와의 접근성, 주차 가능 여부, 방 개수, 공원과의 거리 등 이렇게 많은 고려해야 할 사항 중에 위의 조건을 다 갖춘 그런 완벽한 빌라를 찾아 투자하기란 불가능에 가깝다. 그래서 위의 기준 중에 본인이 정말 꼭 충족해야 하는 조건을 몇 가지 선정하여 그 조건에만 부합한다면 투자해야 한다. 이것저것 재보고, 확인하고, 오래 생각해서 시간이 길어지면 길어질수록 투자하기는 더 어렵다. 점점 생각이 많아지고, 시간을 끌다 보면 단점이 더 많이 보이기 때문이다. 앞서 말한 대로 우리가 직접 거주하기를 원하는 집을 고르는 것이 아니라 우리는 투자할 집을 고르는 것임을 명심하자. 아래는 내가 우선으로 생각하는 순위이니 참고만 하고 본인이 생각하는 우선순위의 기준을 정하여 본인만의 순위를 정립하여 투자에 임하여 보자.

✔ **1순위: 역세권(역과의 접근성)**

 빌라를 찾는 수요자로서는 저렴한 주거지 마련을 위해 사회 초년생이거나 신혼부부 등 직장인들의 비중이 크다. 즉 이들에게는 직장으로의 출퇴근이 주거지를 선정하는데 가장 큰 영향을 미치는 고려 사항이다. 따라서, 지하철 이용 편의성 및 역까지의 거리가 가장 중요한 요소이다. 주변 지하철역과의 거리가 평균적으로 도보 10분 내외의 거리라면 가장 좋고, 언덕이나 고지대일 경우에도 마을버스를 타고 10분 내외로 도착할 수 있는 거리라면 입찰을 고려해 봐도 좋다.

✔ 2순위: 초등학교와의 위치

빌라가 많이 모여 있는 주거지에 가보면 유모차를 끌고 다니는 신혼부부들의 모습을 볼 수 있다. 이들의 자녀들은 곧 취학 연령이 되어 초등학교를 입학하게 될 것이다. 주변에 초등학교, 중학교, 고등학교가 전부 모여 있다면 가장 좋겠지만 그게 아니라면 초등학교라도 도보로 이동이 가능한 거리에 있다면 투자하기 좋은 빌라이다.

✔ 3순위: 전통 시장 혹은 대형 마트와의 접근성

대형 할인점이 내가 투자하려는 빌라 근처에 있으면 가장 좋겠지만 대형 마트의 경우 빌라 단지가 밀집된 주거지보다는 배후 세대가 많이 확보된 아파트 단지 위주에 주로 출점한다. 따라서 빌라 주변에는 대형 마트가 많이 없는 게 현실이다. 하지만 오래된 전통 시장 같은 경우에는 반대로 아파트보다는 빌라 단지 주변에 흔하게 볼 수 있어 전통 시장에 인접한 빌라의 경우 시장 상인의 수요는 물론 시장이라는 상권의 이용 가치 등으로 투자의 긍정적인 요소가 많아 3순위로 꼽는다.

이처럼 1, 2, 3순위 모두를 만족하는 빌라를 투자의 우선순위로 삼고 있긴 하지만 상황에 따라서 일부 만족하지 못하더라도 나머지 순위가 압도적인 장점이 있다고 생각하면 과감하게 투자를 결정한다. 내가 원하는 투자 조건을 모두 갖춘 완벽한 빌라는 없다. 있다고 해도 가격은 비쌀 것이고, 경매로 매물이 나온다 한들 시세에 맞게 낙찰이 되기에 투자자 입장에서는 예상되는 수익이 적을 수밖에 없다. 본인만의 투자 우선순위를 정해서 몇 가지라도 갖춘 물건이 있으면 과감히 투자해 보자.

5

남들이 꺼리는
무조건 수익 나는 물건
찾는 방법

5장

남들이 꺼리는
무조건 수익 나는 물건 찾는 방법

　권리 관계상 문제가 없고, 학교와 지하철역이 가깝고, 비교적 준 신축 건물이고, 건물 관리도 잘되어 있고, 모든 것이 좋아 보이는 물건은 다른 사람에게도 좋아 보이는 법이다. 이러한 물건은 조회수도 높고, 경쟁도 치열해서 시세와 비슷하게 낙찰이 되는 경우가 많아 투자자에게는 큰 메리트가 없다. 그렇다면 어떤 물건이 투자자에게 수익도 주고 낙찰될 확률까지 높일 수 있을까? 그것에 대한 답은 바로 남들이 꺼리는 물건을 찾아야 한다.

　남들이 꺼리긴 하지만 문제가 없고 우리는 직장인이자 투자자로서 입찰하러 가는 평일의 시간이 너무 소중하므로, 최대한 낙찰될 확률이 높은 물건에 입찰해야 한다. 투자할 물건은 실거주할 집을 고르는 것이 아니다. 내가 직접 거주할 집을 찾는 기준으로 투자할 물건을 찾는다면 위와 같이 누구에게나 좋은 물건만 보이게 마련이다. 이런 물건은 경쟁도 치열하고 설사 낙찰을 받는다 치더라도 이익을 보기는 어려울 것이다. 그렇다면 어떤 물건이 남들이 꺼리는 물건이고 어떻게 수익을 낼 수 있을까?

여러 개 동시 진행되는
물건을 노려라

한 건물에서 건물 전체 혹은 여러 개 호실이 한꺼번에 경매로 진행되는 경우를 종종 볼 수 있다. 아래 예를 통해 구체적으로 한번 살펴보도록 하자.

출처 : 옥션원

위 경매 사건은 인천시 미추홀구 도화동에 소재한 오피스텔로 총 같은 건물의 12개 물건이 진행된 경우이다. 이런 경우 물건마다 입찰자가 1명 단독입찰에서 10명까지 다양하게 입찰을 진행하였다. 이렇게 한꺼번에 많은 물건이 동시에 진행될 때 입찰자가 분산되기 때문에 운이 좋으면 단독입찰 혹은 경쟁률을 줄일 수 있어 낙찰될 확률이 높아지게 마련이다. 보통 이런 물건들은 수도권을 비롯하여 지방의 경우 아파트 한 동이 전체로 나와 수십 혹은 백여 개 이상의 물건이 동시에 진행되기도 하는데 이럴 때 입찰자가 분산되고, 치열한 경쟁 없이 낙찰받을 확률이 높다.

출처 : 옥션원

위의 물건은 전라북도 군산에서 진행된 아파트 물건인데 총 100여 개가 넘는 물건이 진행되면서 치열한 경쟁 없이 단독 낙찰도 많이 이루어진 물건이다. 지금도 그렇지만 앞으로도 위와 같은 많은 물건이 진행된다면 낮은 가격에 경쟁 없이 낙찰될 확률이 높다. 여기서도 누구나 선호하는 로열동 로열층에는 경쟁자가 많을 확률이 높다. 이럴 때는 차라리 저층 위주로 비선호층을 낮은 가격에 받아서 낮은 가격에 매도하고 나오는 방법도 좋다. 대다수가 로열층을 선호하긴 하지만 저층도 저층 나름의 수요가 있다. 그 수요를 찾아 경매로 싸게 샀으니 좀 더 싼 가격에 매도 하면 경쟁 없이 낙찰받아 수익을 낼 수 있다.

주택도시보증공사의
특별매각 조건의 물건을 노려라

최근 뉴스를 보면 서울시 강서구 화곡동, 인천 등 전세 사기 등으로 사회적인 쟁점이 되고 있다. 이러한 물건들의 경우 대다수가 빌라이다. 4~5년 전 신축의 빌라들을 주변 시세보다 비싸게 전세로 임차인을 맞추고, 그 임차인들은 거의 대다수가 주택도시보증공사(LH)의 전세 대출을 받아 들어온 임차인이다. 이제 계약기간 만료로 새로운 임차인을 구해서 대출을 상환해야 하지만 처음부터 주변의 시세보다 높은 전세금으로 들어왔고, 엎친 데 덮친 격으로 현재 부동산 시장의 상황이 좋지 않아 시세도 떨어지다 보니 매매가와 전세가가 동시에 하락하고 있는 상황이다. 상황이 이렇다 보니 전세금을 제때에 상환하지 못 한 집에 대해서는 LH에서 임차권등기명령을 진행한 이후 경매로 물건을 진행하고 있다.

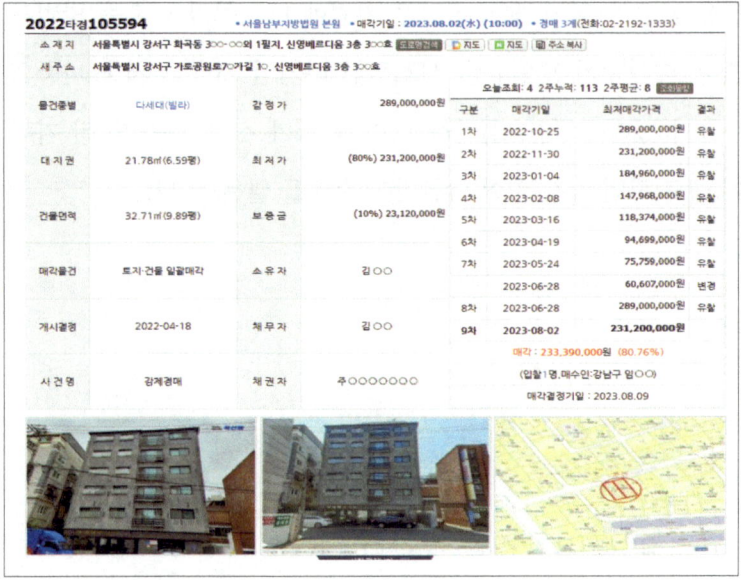

출처 : 옥션원

이렇게 진행되는 물건은 최초 감정가가 기존 전세가와 비슷한 수준이거나 오히려 전세가보다 낮게 감정가격이 책정되어 있다. 처음부터 신축 빌라에 터무니없이 높은 전셋값에 들어온 것이다. LH에서 전세자금 대출을 회수하기 위하여 경매를 진행하지만, 대항력이 있는 고가의 임차인으로 인해 지속해서 유찰되게 된다. LH에서는 특별 매각 조건으로 경매로 낙찰받는 매수인에 대해서 현재 임차인(LH)이 배당받지 못하는 보증금에 대해서 보증금 반환 청구권을 포기하고, 임차권 등기를 말소하는 조건으로 매각하는 물건들이 현재 서울을 비롯하여 인천, 경기도 등 많은 물건들이 나오고 있다.

이런 물건들은 앞으로 더 많이 나올 것으로 보인다. 이렇게라도 해서 채권을 회수하는 기간을 줄이고, 매수하는 사람들의 부담을 줄여줘야 경쟁도 올라갈 것이고, 조금이라도 매각가를 높일 수 있다는 판단하에 위와 같은 특별 매각조건으로 진행하는 것이다. 이런 물건들의 표시는 유료 경매 사이트 기타 사항에도 특별매각 조건으로 임대차 보증금의 반환청구권을 포기하는 확약서가 LH로부터 제출되었다는 내용이 기재가 되어있다. 또한 매각 물건 명세서 비고란에도 아래와 같이 특별매각 조건이 명시되어 있으니 꼭 확인하고 입찰해야 한다.

> **비고란**
> 1. 특별매각조건 : 채권자는 매수인에 대해 배당받지 못하는 잔액에 대한 임대차보증금 반환청구권을 포기하고, 임차권등기를 말소하는 것을 조건으로 매각
> 2. 주택도시보증공사 : 경매신청채권자이고, 임차인 박수영의 임대차보증금반환채권의 승계인임
>
> 주1 : 매각목적물에서 제외되는 미등기건물 등이 있을 경우에는 그 취지를 명확히 기재한다.
> 2 : 매각으로 소멸되는 가등기담보권, 가압류, 전세권의 등기일자가 최선순위 저당권등기일자보다 빠른 경우에는 그 등기일자를 기재한다.

위와 같은 물건은 지금까지 부동산 경매에서 진행이 된 적이 없는 생소한 경우로 입찰하는 인원이 적어 경쟁이 덜하다. 전세사기 물건으로 전반적으로 해당 지역의 부동산 분위기도 좋지 않고, 대항력이 있는 임차인으로 표시가 되기 때문에 초보자들도 입찰을 꺼리고 있다. 하지만 시세 조사를 잘하고 적당한 가격에 받는다면 비교적 신축에 역 근처에 있는 빌라들이 많아 수익을 볼 수 있는 물건이 많이 있다.

중요한 것은 최초 감정가가 높게 책정이 되어 있다 보니 반드시 시세 조사를 확실히 한 후에 이익이 날 수 있는 금액으로 입찰해야 한다. 이러한 물건은 권리관계도 특별한 문제가 없고, 기존 임차인이 다른 곳으로 이미 이사를 완료한 이후에 LH에서 임차권등기명령을 한 경우가 많아서 빈집인 상태로 명도가 완료된 경우가 대부분이다. 하지만 현장 임장을 통해서 점유자가 있는지 확인을 해볼 필요는 있다. 점유자의 경우는 대부분 대항력이 없는 인도명령/명도소송 대상자이므로 잘 협의해서 원만히 명도를 마무리하면 된다.

하자가 있어 보이지만
문제가 되지 않는 물건에 입찰하라

유료 경매 사이트에 보면 주의를 요구하는 빨간색 문구가 표시되어 있으면 누구나 입찰을 꺼릴 수밖에 없다. 이러한 물건 중에서도 하자가 있어 보이지만 문제가 되지 않는 물건이 있다. 이러한 물건의 경우 수익도 날 수 있고, 경쟁률도 낮아 낙찰될 확률이 높다.

선순위 임차인이 있는 경우

이런 경우 보통 기타 사항에 진입 일상 대항력이 있으므로 보증금이 있는 임차인일 경우 인수 여지가 있어 주의 필요로 함이라고 표시가 되어 일반인들이 쉽게 입찰하지 못하는 물건이다. 물론 진정한 선순위 임차인이라면 절대 입찰해서는 안 되는 물건이지만 아래 2가지의 상황이라면 철저하게 분석해서 입찰을 검토해봐도 좋다.

선순위 임차인이 있지만 보증금액을 배당받는 경우

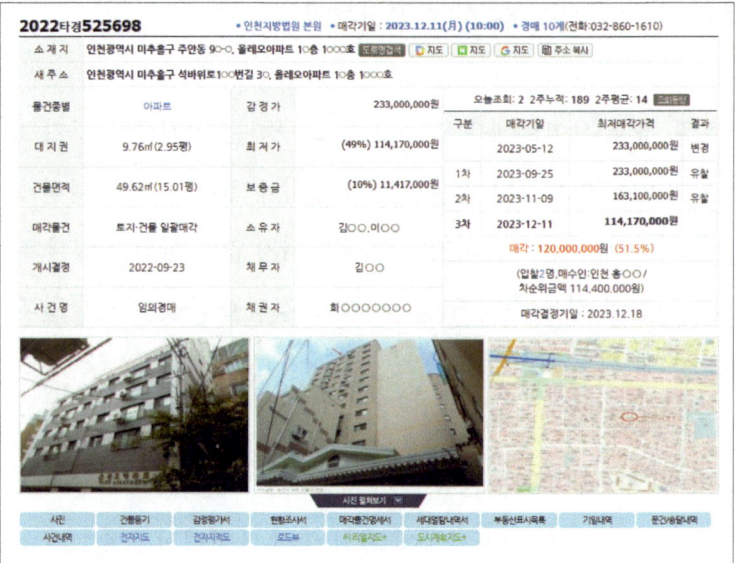

출처 : 옥션원

위 물건의 사례로 설명을 해보겠다. 경우 감정가 2억 3,300만 원에 2번 유찰이 되어 1억2,000만 원 감정가의 51%, 절반가격에 낙찰이 되었다. 입찰자도 단 2명밖에 되지 않았다. 어떻게 이렇게 싼 가격에 경쟁자도 거의 없이 낙찰이 되었을까? 권리분석상 임차인 현황을 보면 보증금 7,900만 원을 시고한 대항력이 있는 선순위 세입자가 있다. 전입일과 확정일이 2017년 4월로 말소기준권리인 근저당 설정일 2018년 4월보다 앞선 선순위 세입자로 보증금 7,900만 원을 전액 배당받지 못하면 낙찰자가 인수를 해야 하는 물건이다. 이런 선순위 대항력이 있는 물건으로 유료 경매 사이트에 빨간글씨로 표시가 되어 있어 초보자들은 선뜻 입찰을 못하지만 조금만 자세히 살펴보면 입찰하기 정말 좋은 물건이다. 즉 세입자 보증금 7,900만 원 이상으로 낙찰이 되면 보증금 먼저 배당이 되기 때문에 문제가 없는 물건인 것이다. 세입자 입장에서는 보증금을 받아야 하기 때문에 명도 또한 쉽게 해결할 수 있는 물건이다.

선순위 임차인이 소유자와 가족 관계일 경우

임차인이 소유자와 부부이거나 부모와 자식 간의 가족 관계라면 입찰을 검토해 봐도 된다.

유료 경매 사이트에서 제공하는 등기부 등본과 전입세대 열람 문서를 통하여 부부가 확인된다면 부부간의 임대차 관계는 성립이 되지 않아 인수해야 할 보증금이 없어 문제가 없는 물건이다. 부모와 자식 간이라면 상식적으로 부모와 자식 간의 임대차 관계를 맺어 보증금을 통장으로 주고받았다는 사실이 사회적인 상식과 통념상 이해하기 힘든 부분이다. 금융기관의 대출 이전 가족 간의 임대차 계약이 만약 있다면 이는 허위일 가능성이 높다. 대출을 받기 위해서 금융기관에 무상 임대차 각서나 가족 간으로 임대관계가 없다는 증빙자료를 제출했기 때문에 금융기관에서도 가족 간으로 임대차 없음을 확인한 이후 대출을 실행했을 것이다. 하지만 가족 간의 임대차 계약이 절대 성립이 안 되는 건 아니다.

정말로 가족 간이지만 보증금을 통장으로 주고받았다면 임대차 관계가 성립된다. 이런 경우는 흔하지 않은 경우이긴 하지만 작은 가능성이라도 있다면 입찰을 포기해야 한다. 우리는 많게는 수백만 원에서 수천만 원에 이르는 입찰보증금을 걸고 입찰하는 것이고, 자칫 잘못하면 한순간 판단의 실수로 입찰 보증금을 포기해야 하는 순간이 생길 수도 있다. 이처럼 큰돈이 들어가는 투자이기 때문에 다시 한번 철저히 확인해 보는 것이 중요하고, 확실하지 않다면 다른 물건을 찾아봐야 한다. 입찰이 가능한 안전한 물건은 얼마든지 많이 있다.

유치권자가 유치권 성립을 주장하는 경우

이런 유치권자의 유치권을 주장하는 물건 같은 경우에도 낙찰 확률을 높일 수 있는 물건이다. 예전에는 유치권을 남발하여 유치권을 주장하는 물건이 상당히 많았지만, 요즘에는 눈에 띄게 많이 줄었다. 하지만 종종 신축건물에서 유치권을 주장하는 물건들이 나오고 있다. 유치권 주장하는 물건이 허위 유치권인지 아닌지 임장을 통해 판단을 해봐야 한다. 진짜 유치권을 확인하는 방법은 해당 부동산을 온전히 점유하고 그 권리를 주장해야 하는 게 핵심이다.

해당 부동산에 유치권자가 유치권 행사 중임을 알리고, 누가 봐도 유치권자로서 정당하게 해당 물건을 점유하고 있는지 물건지에 가서 확인을 해봐야 알 수 있다. 그게 맞다면 유치권이 성립되므로 입찰하면 안 되는 물건이고, 그게 아니고 유치권 신고만 했지 해당 물건지에 아무런 표시도 없고, 유치권자에 의한 점유도 없고 다른 제삼자가 점유나 사용하고 있다면 유치권 성립이 안 될 가능성이 높으니 입찰 참여 검토가 가능하다.

또한 채권자로부터 유치권이 성립이 안 된다는 부존재 확인 소송을 통해 채권자가 승소한 때도 유치권 인정이 안된다. 이러한 물건도 유료 경매 사이트에 정보가 나와 있으니 입찰 검토가 가능하다. 아래 물건을 예시로 보면 경기도 파주시에 있는 빌라 건물인데 건물 전체에 유치권이 걸려 있어서 해서 최초 감정가에서 49% 즉 절반까지 가격이 떨어졌다.

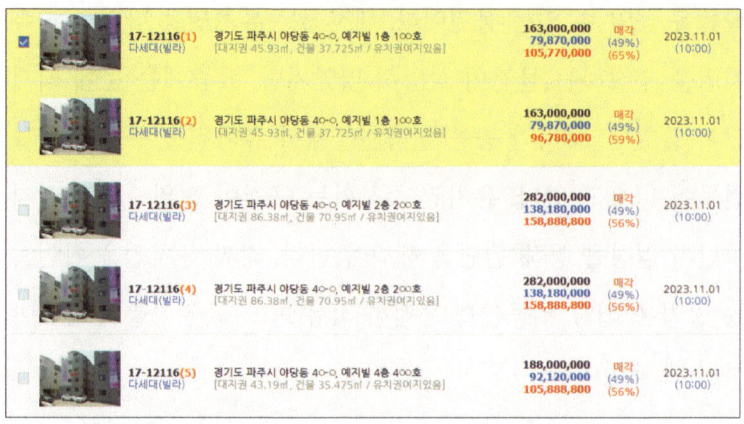

　이 건물도 유치권으로 인하여 입찰을 꺼리는 물건이 되어 가격이 반값으로 떨어졌다. 하지만 유료 경매 사이트의 추가 정보로 유치권 행사 중이라는 현수막은 걸려있지만, 채권자가 유치권자를 상대로 유치권 부존재 확인의 소송을 제기하여 유치권이 존재하지 않는다는 원고 승소 판결이 확인되었다고 부연 설명이 추가되어 있다. 이런 경우에는 사전에 점유자와 유치권은 인정이 안 되니 원활한 협상이 가능한지 미리 의사를 타진해 보고 적당한 가격이라고 생각이 들면 입찰 검토가 가능한 물건이다. 이 물건도 절반까지 떨어져서 시세 대비 가격 경쟁력이 있어 11월 1일에 전부 다 낙찰이 되었다.

　그러나, 유치권 금액을 인정하고 변제하여 해결하는 경우도 있다. 건물 전체로 공사 대금 문제로 유치권을 주장하는 경우, 예를 들어 100세대 물건이 진행되는데 유치권 금액이 10억이라면

1세대당 1,000만 원꼴이다. 세대당 유치권이 1,000만 원 정도면 해결해 볼 수 있는 금액으로, 이 금액을 고려하여 입찰가를 산정한 후 수익이 날 수 있다면 입찰을 검토해도 괜찮다. 공사를 하고 대금 지급을 못 받은 경우, 전체 금액에서 세대별로 나누어 내기 때문에 내가 낙찰받고 내야 할 금액을 예상해 볼 수가 있는 것이다. 경쟁은 적고 낙찰 확률을 높일 수 있는 물건이다.

대지권 미등기

주의 사항으로 대지권 미등기 물건도 종종 볼 수 있다. 대지권 미등기 물건은 집합 건물(아파트, 다세대, 오피스텔, 근린상가 등)은 법에 따라 전체 토지를 토지의 소유권 비율대로 나누어 대지권 형태로 건물의 소유권 이전에 따라 대지권도 같이 이전하는 것이 원칙이지만 이러한 정리가 되어 있지 않고, 아직 토지 등기부가 별도로 존재한다는 의미로, 그 원인으로는 토지의 소유권이 건물 소유권과 같이 이전하지 않은 경우와 집합건물의 소유권과 일체로 대지권을 이전하지만, 대지권 정리의 미비로 같이 정리되지 못하는 상황이 발생할 수 있다.

경매 과정에서는 위의 사항을 사전에 조사하여 대지권이 없으면 건물만 매각하고, 대지권이 있으면 대지권이 미등기 되어 있으나 대지권 가격도 같이 감정하여 매각하는 것이 일반적으로 공동주택(아파트, 다세대)의 경우 현장에서 일반 거래로 문제가 없으면 경매로도 문제가 없는 경우가 대부분이다. 이런 물건 검토 시 유료 경매 사이트의 정보나 매각물건 명세서에 대지권 포함하여 감정평가를 하였고, 문제가 없다는 것을 확인 후 입찰한다면 경쟁을 피하고 낙찰받을 확률을 높일 수 있다.

주안동 빌라 낙찰 사례도 대지권 미등기 건물이었지만 해당 건의 별도 등기는 도시철도법에 따른 지하철을 보호하기 위한 지하의 일정 부분을 훼손하지 못하게 하는 구분 지상권으로 소유권 행사에 지장이 없는 사항이었고, 감정 평가 시에도 건물과 대지권이 같이 감정 평가가 되어 있어서 문제가 없다고 판단하였다. 임장 시 부동산에서 일반 매물과 같이 거래되는 것을 확인하고 입찰하였고, 현재 아무런 문제가 없이 전세나 매매가 이루어지고 있다. 이런 대지권 미등기 건물도 남들이 입찰을 꺼리는 물건이지만 문제가 안 되는 경우가 많다.

불법(위반) 건축물로 등재가 되어 있는 경우

불법(위반) 건축물일 경우 건축물 대장상 오른쪽 상단에 노란색 음영으로 해당 부동산은 위반 건축물로 등재가 됨을 고시하고 알린다. 이러한 하자가 있는 건물로 인하여 남들이 입찰을 꺼려 경쟁률이 떨어지게 되는 요인이 된다. 건축물의 위반 사항은 다양하다. 무단 증축, 가설 건축물 축조, 무단 대수선, 불법 용도 및 구조 변경, 베란다 확장 등 다양한 위반 사항이 있다. 이런 위반 사항 중에 비교적 경미한 위반은 집의 사용상의 가치를 높여 주는 경우가 있다.

  이런 물건이라면 입찰을 검토해 봐도 좋다. 물론 정해진 건축법 내에서 건물을 짓고, 사용하여야 하지만 사용상 베란다 확장 같은 위반의 경우에는 빌라 최상층의 경우 대부분 내부 사용 공간 확장을 위해 베란다를 확장하여 사용하고 있는 것이 현실이다.

위와 같이 대부분 빌라 최상층부의 베란다 부분은 확장하여 사용하고 있는 경우가 많이 있다. 이런 베란다 확장은 육안상으로도 밖에서 보았을 때 건물 아래층의 자재와 전혀 다른 자재로 시공하므로 표시가 날 수밖에 없다. 그렇다면 아래에서 조금 헷갈리는 개념인 베란다와 발코니, 테라스의 차이와 왜 베란다를 확장하면 위반 건축물로 등재되는지 설명해 보겠다.

 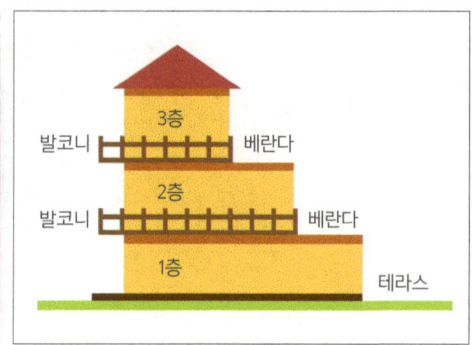

상기 그림과 같이 발코니는 건축물의 외벽에 접하여 부가적으로 설치되는 공간으로 건축물의 내부와 외부를 연결하는 완충 공간이다. 이곳은 대체로 전망이나 휴식 등을 목적으로 설치한다. 베란다의 경우 보통 빌라를 건축할 때 일조권 및 사선 제한으로 위층이 아래층보다 면적이 좁게 마련이고, 위층과 아래층의 면적 차로 생긴 부분, 즉 아래층의 지붕 쪽에 생기는 여유 공간을 말한다. 테라스는 실내에서 직접 밖으로 나갈 수 있도록 방의 앞면으로 가로나 정원으로 연결되어 나온 곳을 뜻하는 용어이다.

건축법 시행령 2조 1항 15호에는 발코니는 국토교통부 장관이 정하는 기준에 적합할 경우 필요에 따라 거실, 침실, 창고 등의 용도로 사용할 수 있다고 기재되어 있으며, 지난 2006년 도입된 공동주택의 발코니 설계 및 구조 변경 업무 처리 지침에 따라 발코니는 1.5m 이내에서 확장이 합법화된 공간이며 발코니에 임시 벽을 세우거나 지붕, 샷시 등의 시공은 합법적으로 인정받고 있다. 이러한 이유로 신규로 분양하는 아파트의 경우 발코니 확장 비용을 분양가와 별개로 책정하여 분양자의 선택에 따라 발코니 확장 공사를 하여 실내 공간 사용 면적을 확대해 주고 있다.

그러나 베란다의 경우에는 그렇지 않다. 베란다는 확장하는 경우 불법 증축이 된다. 베란다는 아래층의 지붕 면적으로 위층 거주자가 이를 활용하기 위해 창문 및 기타 구조물을 설치하고 창만을 달아 실내 공간으로 확보하게 되면 불법 증축으로 간주하게 되고 항공 비행 촬영 및 주변 민원 신고로 담당 구청 공무원들이 적발하여 건축물대장에 등재하고 매년 이행강제금을 부과하게 되어 있다. 또한, 최근 각종 사건 사고등의 사회적인 이슈로 위반 건축물에 대한 지자체들의 특별 단속 등으로 인하여 이행 강제금 부과도 점점 엄격히 집행을 하고 있는 추세이다.

연 2회씩 무조건 부과되는 사회적인 분위기라 낙찰받기가 선뜻 겁나기도 하지만 베란다 불법 확장의 경우에는 빌라의 최상층부는 많이 위반하는 부분이고, 또 앞으로 법이 어떻게 바뀔지 모르는 부분이라 사용상의 큰 이 점이 있다면 도전해 봐도 좋다. 또한 이런 물건은 입찰자 수가 적어 낙찰받을 확률이 높은 물건이다.

베란다 확장으로 인한 위반 건축물의 경우에는 확장으로 인하여 실내 내부 사용 공간이 넓어지는 사용상의 이점 때문에 경매로 물건이 진행되어도 입찰하는 사람들이 전혀 없는 것이 아니다. 일반 정상적인 물건보다 경쟁이 덜할 뿐이지 실사용자 입장에서 내부 전용 면적이 넓어지는 효과가 있어 장점도 있다. 이런 점들을 아는 투자자들은 오히려 이런 건물에 입찰하여 낙찰받고, 수익을 내고 있다.

또 한 가지 중요한 사실은 2019년 4년 23일 이전에 적발된 소규모 주택(85㎡ 이하)의 경우 이행강제금을 5회만 내면 더 이상 이행강제금이 부과되지 않기 때문에 납부가 끝난 물건이라면 적극적으로 입찰을 고려해 봐도 된다. 건축물대장을 열람해 보면 아래쪽 변동사항에 보면 위반 건축물로 최초 언제 등록이 되었는지 일자와 어떤 사유로 등재 되었는지 자세히 적혀져 있기 때문에 쉽게 파악할 수 가 있다.

하지만 주의해야 할 점은 진세 세입자를 구할 때 위반 건축물로 인하여 금융권 전세대출이 불가능한 경우가 대부분이니 이런 물건에 입찰할 때는 낙찰 후 향후 계획을 매매나 월세로 임대를 진행 해야한다.

중대한 위반이 있는 물건은 대출이 안 되거나 조금 나올 수도 있고, 이행 강제금도 많이 나오기 때문에 애초에 입찰을 검토해서는 안 된다. 불법 구조 및 용도 변경 등 중대한 하자가 있는 물건은 가격이 아무리 저렴해 보여도 입찰해서는 안 되는 물건이다.

지상층 부럽지 않은
반지하 물건

 반지하 물건도 경매에 자주 나오는 물건이다. 특히 서울과 인천 등 수도권의 구도심에서 반지하 물건이 자주 나오는데 이는 예전 2000년 이전에 지은 빌라의 경우 대부분 반지하까지 빌라를 지었기 때문이다. 준공 이후 20~30년이 지난 노후도가 높은 반지하 빌라가 경매로 나오게 된다. 잘 고른 반지하 하나가 번듯한 지상층 빌라 부럽지 않은 경우도 있다. 반지하 빌라의 장단점에 관해 설명해 보겠다.

반지하 빌라 경매의 장점

소액으로 투자가 가능하다
 반지하 빌라의 경우 감정가 자체가 지상층 대비 절반 이상 저렴하여 경락잔금 대출을 받으면 소액(1,000만 원 이내)으로도 투자할 수 있다. 그 투자금마저 전세나 월세 보증금으로 전부 회수가 되기에 무피나 플피 투자가 가능하다.

구도심에 위치하여 교통이 좋고, 생활 인프라가 다 갖추어져 있어 주거 편의성이 좋다

조성된 지 오래된 구도심에 있어, 지하철 등이 가까운 역세권에 있는 경우가 많고, 주변에 학교와 병원 상권이 잘 갖추어져 있어 주거 편의성이 높은 경우가 많다.

경쟁자가 적어 낙찰 확률이 높다

반지하의 경우 관리상의 어려움, 누수 등의 우려로 인하여 지상층 빌라보다 입찰자가 확연히 적어 낙찰 확률이 높다. 반지하만 전문적으로 저렴한 가격에 낙찰받아 임대나 매매를 하는 사람만 있을 정도로 반지하 경매는 이쪽 분야 투자를 해본 사람이 반복하는 경우가 많다.

기대 수익이 높다

반지하 빌라는 건축된 지 20년이 넘은 빨간 벽돌이라고 칭하는 오래된 빌라들이다. 이러한 빌라들 주변에는 오래된 빌라 주거지가 밀집되어 있다. 이런 곳은 재개발 기대가 높고, 역 근처에 있는 곳들이 많아 저렴한 가격에 받아 월세나 전세를 놓아도 투자된 금액이 소액이기 때문에 투자금이 적게 묶이고, 재개발지로 선정이 되면 그야말로 거의 준 로또 수준의 수익도 기대되는 매력적인 부동산이다.

반지하 빌라 경매의 단점

집안 하자의 위험이 있다

완공 후 20~30년이 넘는 낡은 빌라인 데다 반지하 빌라로 집 내부 하자의 위험이 있다. 가장 큰 하자는 바로 누수의 위험이다. 누수의 경우 한 방울씩 떨어지는 비교적 가벼운 누수도 있지만 직선으로 물이 면으로 떨어지는 비교적 심각한 누수도 있다. 누수의 경우 명확한 원인의 파악도 어렵고, 원인을 파악한다고 하더라도 위층 바닥 콘크리트를 철거하고 공사를 해야 하는 큰 공사이다. 또한 누수 된 곳의 방수와 도배 등을 새로 해야 하는 등 예상치 못한 큰 비용이 지출되는 공사이다.

또한 건물 및 배관의 노후화로 인해 문제가 되는 곳에 누수 공사를 완료해서 문제가 없어졌다고 하더라도 내일 당장 다른 곳에서 다른 원인으로 누수가 발생할 위험이 있다. 누수는 공사 범위와 비용도 많지만, 거주하는 사람에게도 큰 피해를 입힐 수 밖에 없다. 다음으로 큰 하자는 결로이다. 반지하의 특성상 환기나 통풍에 취약하고, 습하여 집안과 밖의 온도 차로 인하여 결로 현상이 발생하기 쉽다. 이에 따라 집안에 곰팡이가 생길 우려가 크다. 이러한 하자도 조치하기가 쉽지 않다. 그러나 최근에 나온 곰팡이 방지 페인트/벽지 등을 활용하여 이전보다 조금이나마 개선할 여지는 있다.

임대 및 매도가 수월하지 않다

청년과 서민층을 대상으로 정부에서 지원하는 매매 및 전세(월세) 자금 대출로 인하여 주거지에 대한 기대 수준이 많이 높아졌다. 대출이 잘 나오기 때문에 반지하를 사용하려는 수요층들이 많이 줄어들고 있다. 기존에는 반지하를 사용하는 대상이 형편이 어려운 사람들을 대상으로 일반 지상층보다 훨씬 저렴한 가격이 가장 큰 메리트였고, 그에 맞는 수요층이 있었다. 하지만 최근에는 이자율이 낮은 정부 지원 대출도 가능하여 지상층에 거주할 수 있는 여건이 되니 당연하게도 지상층을 찾는 수요가 많다. 이러한 이유로 최근의 반지하는 잘못하면 매매나 임대도 시간이 오래 걸릴 수 있고, 원하는 시기에 매도가 안 될 위험이 있다.

임대관리에 어려움이 생길 우려가 있다

아무래도 반지하를, 임차를 놓을 때 형편이나 상황이 좋지 않은 분들이 들어올 확률이 높다. 물론 주거비를 저렴한 가격에 해결하고, 돈을 모아 지상으로 빨리 올라가려고 열심히 사는 분들은 단 한 번도 연체를 안 하는 경우도 많이 있다. 하지만, 그렇지 못할 때 장기간 월세의 연체 및 갑자기 연락이 끊긴다든지 예상치 못한 임대관리의 어려움이 생길 우려가 크다.

입찰해도 괜찮은 반지하 임장하는 방법

반지하에서 가장 큰 하자이자 수리하기도 어렵고 수리하더라도 가장 돈이 많이 드는 것은 바로 누수! 집의 방수 여부이다. 그렇다면 어떻게 반지하 집이 누수가 없는 집일지 알아볼 수 있을까? 또한 등기상 반지하로 되어 있지만 실제로 반지하가 아닌 건물이 있는데 어떤 경우일까?

등기 및 건축물대장의 공적 장부상으로는 반지하(B01호, B02호 등)로 등재되어 있지만 사실은 반지하가 아닌 물건

어떤 물건을 말하는 것일까?! 건축물대장이랑 등기상 반지하이지만 실제는 반지하가 아니다?! 경사지 (언덕) 주택의 반지하로 앞쪽으로는 평지로 1층으로 되어 있어 통상 1층으로 보이지만 뒤쪽으로는 경사지로 땅에 접하여 있거나 묻혀 있는 빌라가 있다. 등기나 건축물대장상으로는 반지하로 되어있지만, 실제 사용은 1층과 다름이 없어서 실제 반지하보다 임대나 매매 시에 더 높은 시세를 받을 수 있다. 이런 사항은 매각물건 명세서나 유료 경매 사이트에는 해당 정보가 구체적으로 나와 있지 않기 때문에 실제 현장에 가서 직접 확인을 해봐야 알 수가 있다. 이러한 물건도 반지하와 마찬가지로 감정가격도 낮게 책정되고, 남들이 꺼리는 물건으로 입찰하려는 사람도 적어 좋은 가격에 낙찰받을 확률이 높은 물건이다.

완전히 묻혀 있지 않은 반지하

반지하에도 몇 가지 종류가 있는데 가장 안 좋은 것은 땅 아래 완전히 다 묻혀 있는 반지하이다. 아무래도 땅 아래에 완전히 묻혀 있으면 습기에도 취약하고, 채광의 문제나 곰팡이 등이 잘 생길 수 있는 구조이기 때문에 최대한 땅에 덜 묻혀 있는 반지하 빌라가 좋다. 이러한 반지하는 외관을 보고 바로 판단할 수가 있다.

경사지를 따라 살짝 경사가 있으면서 지면에 덜 묻혀 있는 빌라도 실제 현장에 가서 직접 확인해서 판단해야 하는 사항이다. 이러한 반지하도 완전히 땅 아래로 묻혀 있는 반지하보다 채광도 좋고, 외부로부터 누수 될 우려도 적은 빌라이다.

외부 샷시 수리가 되어 있는 빌라

반지하도 외부 샷시 수리를 했을 경우 내부도 전체 인테리어를 했을 확률이 굉장히 높다. 외부 샷시가 깨끗하고, 새로 교체한 지 얼마 안 된 반지하 빌라라면 적극적으로 입찰을 검토해 봐도 좋다.

빌라 공용 부 관리가 잘 되어 있고, 뽀송뽀송한 느낌이 드는 빌라

빌라 입구부터 주차장, 계단실, 옥상 등 공용부가 쾌적하게 관리가 잘 되어 있고, 외벽과 옥상의 에폭시 도장이 잘되어 있는 빌라는 외부 방수가 잘 되어 있어 외벽으로 타고 들어오는 누수는 발생하지 않을 확률이 높다. 또한 반지하로 내려갔을 때 눅눅한 느낌이나 퀴퀴한 곰팡이 냄새가 나는지 여부도 확인해야 한다. 채광이 잘되고 환기가 잘되는 곳이라면 쾌적하고, 뽀송뽀송한 느낌이 나지만 그렇지 않은 곳이라면 입찰하지 말아야 하는 반지하 빌라이다.

위와 같이 남들이 꺼리지만 무조건 수익이 날 수 있는 물건 사례들에 관해 설명해 보았다. 물론 권리상 하자도 없고, 가장 좋은 물건을 싸게 경쟁 없이 낙찰받는 게 가장 좋지만, 현실적으로 그렇게 되는 것은 쉬운 일이 아니다. 위의 사례처럼 초보자들이나 일반인들이 접근하기에는 약간 부담스러워 보여 남들이 꺼리는 물건을 공부해보자. 입찰하려는 사람도 적어 낙찰받을 확률도 높고, 충분한 수익을 예상할 수 있는 보물같은 물건을 찾을때까지 도전해보자.

주택도시보증공사 특별매각조건 물건 낙찰 사례(서울 강서구 화곡동)

서울 강서구 화곡동은 2000년 초반 화곡 뉴타운 바람이 불어 재개발에 대한 기대감이 한껏 고조되었다가 뉴타운이 무산되면서 빌라들이 많이 지어졌다. 현재는 빌라 주거지 밀집 지역으로 서울 내에서는 시세가 저렴한 편으로 직장인 사회 초년생과 처음 지방에서 올라와서 서울에 주거지를 마련하려는 수요가 많은 지역이다. 나도 역시 서울에서 첫 직장생활을 하면서 화곡동에 전셋집을 구해서 거주했던 경험이 있다. 지하철 5호선 화곡역과 2호선 지선인 까치산역을 이용하여 여의도, 종로, 마포, 강남으로의 이동이 가능하다. 역 주변으로는 상가도 많고 편의시설도 잘 갖추어져 있어 주거하기에 좋은 환경이다.

현재 화곡동에서만 경매로 진행되는 빌라 물건의 개수만 500여 건으로, 5년 전후로 신축 빌라를 많이 지으면서 시세보다 높게 주택도시보증공사 전세 대출로 들어간 물건들이 문제가 생겨 경매로 진행이 되고 있다. 전세대출의 빠른 회수를 위하여 현재 특별매각조건으로 주택도시보증공사의 대항력을 포기하는 물건들도 늘어나고 있는 상황인데, 현재 이러한 전세 사기와 맞물린 생소한 건들로 인해 대항력 포기로 권리 관계상 문제가 없지만 남들이 꺼리는 물건으로 입찰 경쟁이 적은 상황이다. 감정가 자체가 높게 책정된 경우가 많아 주변 시세를 꼭 확인해 보고 낮은 가격으로 받아야 수익을 낼 수 있으니 대항력 포기 물건 입찰 검토 시 반드시 시세 조사를 꼼꼼히 해보고 진행해야 한다.

위 물건은 정규 수강생이 입찰하여 낙찰받은 사례로 2019년 준공이 완료된 신축 빌라이다. 최초 감정가 2억 3,000만 원으로 시작하여 1번 유찰되어 2억 500만 원에 단독 입찰하여 최고가 매수인으로 낙찰을 받았다. 경매 유료 사이트의 주택도시보증공사에서 특별매각 조건으로 임대차 보증금 반환 청구를 포기하고, 임차권등기를 말소하는 조건으로 매각한다는 내용이 기재되어 있어 입찰하여 낙찰을 받은 물건이다. 입찰을 결정한 이유는 아래와 같다.

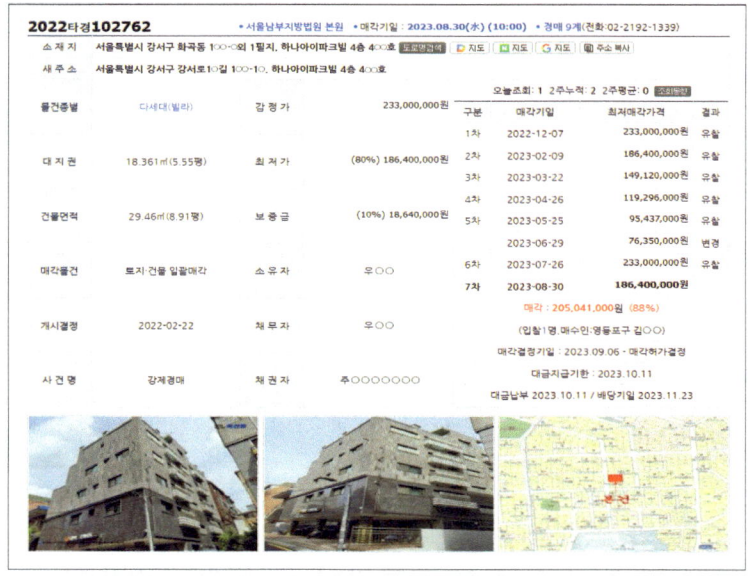

출처 : 옥션원

임차인현황	말소기준권리 : 2022.02.22 / 배당요구종기일 : 2022.05.25					
임차인	점유부분	전입/확정/배당	보증금/차임	대항력	배당예상금액	기타
주○○○○○	주거용 제4○○호 전부	전입일자: 2019.06.26 확정일자: 2019.05.27 배당요구: 2022.02.21	보230,000,000원	없음	예상배당표참조	경매신청인
황○○	주거용 본건 전부	전입일자: 2019.06.26 확정일자: 2019.05.27 배당요구: 2021.07.07	보230,000,000원	있음	예상배당표참조	임차권등기자

임차인수: 2명, 임차보증금합계: 460,000,000원

기타사항:
※ 현지출장 방문시 아무도 만나지 못하여(폐문부재), '경매현황조사 안내문'을 현관문틈에 남겼으나 연락이 없고 전입세대 열람 내역상 '해당주소의 세대주가 존재하지 않음'으로 등재자가 없으나 등기사항전부증명서와 같이 주택임차권자 황란미가 등기되어 있어 임차인으로 등록한 것이니 그 점 유관계 등은 별도의 확인을 요함.
※ 등기사항전부증명서 주택임차권 등기사항에 의하여 작성하였음

※ 주택도시보증공사 : 경매신청채권자도 임차인 황란미의 임차보증금반환채권을 전부 승계하였으며 권리신고 및 배당요구일자는 경매신청일임
※ 특별매각조건 : 채권자는 매수인에 대해 배당받지 못하는 잔액에 대한 임대차보증금 반환청구권을 포기하며, 임차권등기를 말소하는 것을 조건으로 매각
※ 세대열람내역상 송**(전입일:2022-09-21) 전입되어있음.

출처 : 옥션원

✓ 역세권 신축 빌라에 대한 수요를 기대

서울지하철 2호선 까치산역을 도보로 약 10분 내외의 거리로 이용할 수가 있었고, 주변은 지은 지 20~30년이 지난 노후된 빌라 밀집 지역으로 신축 빌라가 많이 없었다. 이에 따른 신축에 대한 수요를 기대할 수 있다. 최근에 지은 신축 빌라에는 무인택배함, 주차장, 엘리베이터의 공용부분과 전용 부분에 시스템 에어컨, 세탁기 등 각종 옵션이 있고, 별도의 인테리어 소요가 없어 비용과 시간을 절약할 수 있는 장점이 있다.

✓ 도보 3분 거리 초등학교

해당 빌라 아래로 도보 3분 거리에 신정초등학교가 있어 초등학생 자녀를 둔 부모가 있으면 선호할 만한 지역에 있었다.

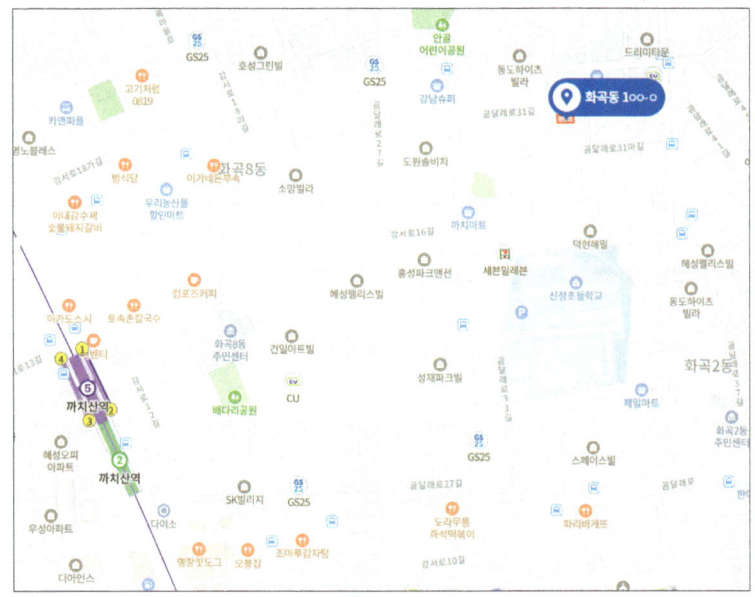

출처 : 네이버 지도

✔ 권리행사가 바로 가능한 물건

특별매각조건으로 권리에 전혀 문제가 없고, 명도 문제가 없는 주택도시보증공사에서 임차권 등기를 한 이후 현재 점유자는 없는 상태로 명도가 완료된 물건으로 낙찰받고, 잔금을 치른 후 비밀번호를 받아서 바로 권리 행사가 가능한 물건이었다. 내부 청소만 완료한 상태로 수강생분께서는 부동산을 통해 월세로 임대를 맞춘 상황이다.

에릭의 노하우 ⑬

위반건축물 낙찰 사례(인천 서구 검암동)

 인천 서구 검암동은 공항철도와 인천지하철 2호선 이용이 가능한 더블 역세권으로 인천공항과 서울로 출퇴근하는 사회 초년생, 직장인 및 젊은 신혼부부 등이 주로 찾는 지역이다. 아라뱃길 이용이 쉽고, 빌라 단지가 넓게 분포되어 있고, 초/중/고등학교까지 주변에 다 몰려 있어 주거지로 선호하는 지역이다. 이 지역에 경매로 진행 중인 물건이 있어 낙찰받은 사례인데 5층 건물에 5층으로 베란다 확장을 진행하여 건축물대장에 위반건축물로 등재되어 있었다. 2011년 준공된 빌라로 2016년에 위반 건축물로 적발이 되어 5회 이행강제금을 납부 완료하였다. 앞으로 부과되는 강제금은 없다고 판단하여 입찰을 결정하였고, 총 8명 입찰하였고, 최고가 매수인으로 낙찰을 받은 물건이다.

 감정가 1억 5,800만 원의 다세대 빌라가 2회 유찰되어 진행되었는데 1억 300만 원(65.7%)에 낙찰을 받았다. 입찰을 결정한 이유는 아래와 같다.

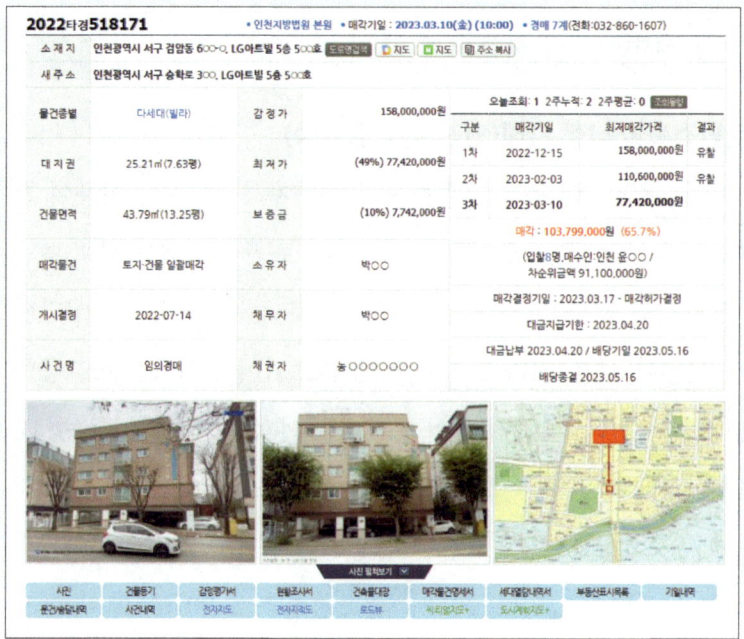

출처 : 옥션원

출처 : 네이버 지도

✔ 대중교통 이용이 좋음

공항철도 검암역과 인천지하철 2호선 검바위역을 이용할 수 있고, 집 앞의 버스 정류장을 통해서 두 정거장 정도(5~7분)면 검암역에 도착할 수 있는 거리였다.

✔ 초등학교/중학교/고등학교 이용 가능

간재울초등학교가 도보로 5분 거리로 통학할 수 있었으며 간재울 중학교와 서인천 고등학교까지도 도보 10분 이내로 이용이 가능한 위치에 있었다.

✔ 쓰리룸으로 주변 젊은 층/신혼부부 수요가 많다

전용면적이 약 44㎡ 쓰리룸 구조로 젊은 1인 가구와 신혼부부의 수요가 가장 많은 구조였으며 베란다 확장을 통해 약 두 평 정도 실면적이 넓어 사용 가치가 더 증대되었다고 판단하여 입찰을 결정하였다.

✔ 위반건축물 등재로 경쟁률이 적을 것이라 예상

위반건축물로 초보자들은 입찰을 안 할 것이라는 예상 하에 경쟁이 적을 줄 알았는데 8명이나 들어왔다. 이 물건은 2번 유찰이 되어 반값(49%)에 최저 매각가로 진행해서 8명이나 입찰을 하게 된 것이다. 이처럼 큰 문제가 없는 빌라를 경매로 싸게 취득해서 산 가격보다 비싸게 다시 팔거나 임대한다면 전혀 손해 볼 게 없는 그런 구조가 바로 경매인 것이다.

  낙찰을 받고 현재 점유자를 만나러 집으로 가서 현황을 확인해 봤더니 위의 사진과 같이 베란다를 창고와 세탁실로 쓸 수 있게 확장해 놓았다. 이의 경우, 위의 지붕을 철거하고 원상복구하여 위반 건축물 등재를 삭제하고, 정상 건물로 다시 환원할 수 있다.(철거비 150만 원 내외) 그렇지만 실사용자 입장에서는 현재의 상태로 활용하는 것이 좋은 점이 많다. 지금과 같이 외부와의 노출이 막힌 상태로 세탁실 혹은 창고로 사용 해도 좋은 것이다.

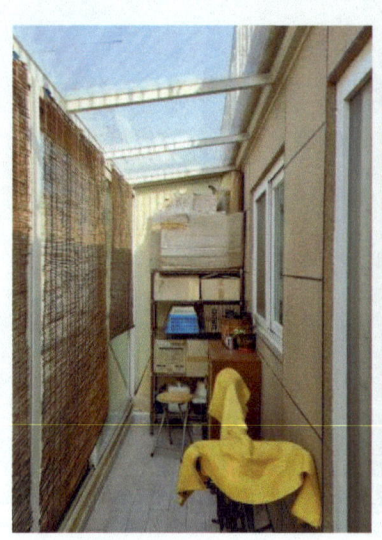

 에릭의 노하우 ⑭

반지하 빌라 낙찰 사례(인천 계양구 작전동)

아래는 저자가 낙찰받은 인천시 계양구 작전동에 소재하고 있는 반지하 빌라이다.

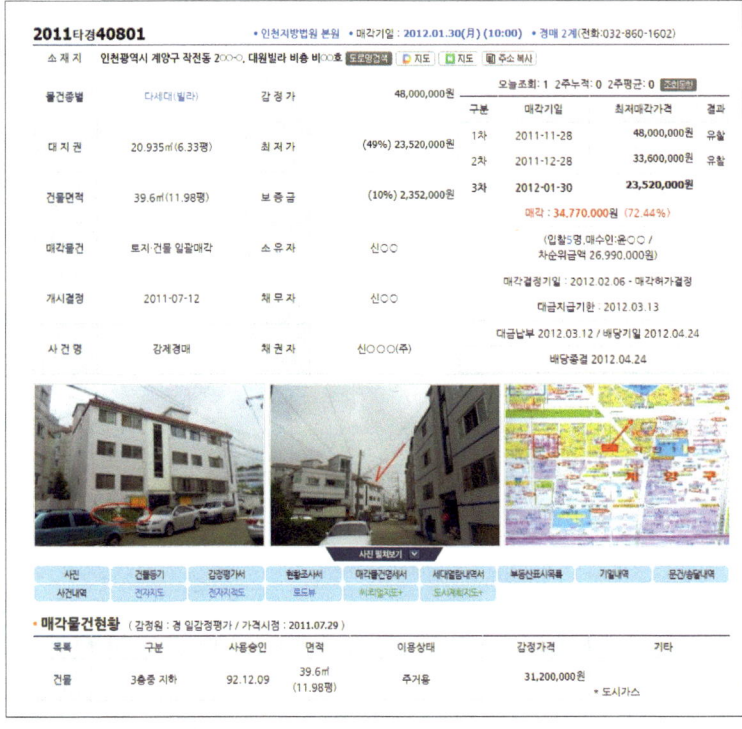

출처 : 옥션원

최초 감정가 4,800만 원에서 2회 유찰되어 3,400만 원으로 입찰하여 최고가 매수인이 되었다. 입찰을 결정하게 된 이유는 첫 번째, 인천지하철 1호선 작전역까지 도보 10여 분 거리로 지하철 이용이 가능하였고, 집 앞의 BRT 버스를 이용하여 서울 화곡역까지 직행으로 갈 수 있다. 버스전용 차로로 화곡역까지 약 30~40분 정도 소요가 되어 서울 접근성이 좋았다.

건물이 출입문 주변 및 계단실 등을 둘러봤을 때 깨끗하게 잘 유지 관리되고 있다는 느낌을 받았다. 지하층이긴 하지만 눅눅하거나 곰팡이 냄새가 나지 않고, 뽀송뽀송한 느낌이 들었고, 환기가 잘되고 채광도 양호해 보였다. 또한 대로변의 지하층이면 자동차들로 인한 먼지와 분진 등이 집 안으로 들어올 우려가 크지만, 이 집은 대로변이 아닌 이면도로의 조용한 주택가로 주거하기에도 문제가 없어 보였다. 전용 면적이 약 39㎡로 방 3개, 거실 겸 주방 화장실 구조로 1~2인이 주거하기에 적합해 보여서 최종 입찰을 결정하게 되었다.

낙찰가	34,770,000원
대출(72%)	25,000,000원
취득세 및 리모델링	3,000,000원
임대 보증금	10,000,000원/230,000원
투자금	2,770,000원

낙찰을 받고 집안을 둘러보았는데 예상대로 뽀송뽀송한 느낌 그대로를 유지하고 있었다. 집 내부에는 누수나 결로 등의 흔적이 전혀 없었고, 채광도 좋고, 바람도 잘 통하는 구조였다. 소유

자와 원활히 협상하여 명도를 완료하였고 그 후에 화장실 수리와 도배, 전등 수리 등 간단한 인테리어를 진행하였고, 좋은 조건으로 임대를 놓을 수 있었다.

월세로 처음 집을 임대하신 세입자분이 집을 2020년 매도하기까지 거의 8년간 이사를 하지 않으시고 끝까지 사시면서 월세 한번 밀린 적이 없었다. 그동안 누수라든지 기타 하자도 전혀 없는 그런 물건이었다. 이렇게 실제 내 돈은 대출받고, 임차인 보증금 받으니 실제 들어간 돈은 300만 원 정도였고, 월세를 받아 대출이자를 내니 매월 15만 원 정도의 현금 흐름을 만들어 주었다. 이 물건은 2020년 서울 지하철 2호선을 연장하여 작전역을 거쳐 청라까지 건설한다는 기사가 나오고 작전역에 투자자들이 들어오는 시점에 6,500만 원에 매도 처리를 하여 약 3,000만 원(양도소득세 공제전)의 수익을 낼 수 있었다.

이처럼 반지하 물건이라고 무조건 피하기보다 남들이 보지 못하는 장점을 찾아내어 수익이 날 수 있다면 도전해 봐야 한다. 역세권인지 주변에 개발 계획이 있는지 서울과 가까운 거리에서 출퇴근이 가능한 거리인지 먼저 온라인을 통해 확인한 뒤 입찰해 볼 만한 물건이라면 임장을 통해 구체적으로 파악하는 것이 좋다. 가장 중요하게 봐야 할 것은 지상층 대비 가격이 얼마나 저렴한지를 파악해야 한다. 경쟁력 있는 가격에 낙찰받는다면 전세나 월세를 줘도 되고, 반지하를 매매하기를 원하는 매수자에게 저렴한 가격에 매도 또한 가능하니 경쟁률은 낮고, 소액으로 투자할 수 있는 돈 되는 반지하 물건도 눈여겨보면 높은 수익을 낼 수 있다.

6

입찰 그리고 드디어 낙찰!
이제부터가 시작

6장
입찰 그리고 드디어 낙찰!
이제부터가 시작

입찰

 이제 입찰하기 위한 모든 준비가 끝났다. 우리는 지금까지 어떤 물건에 투자할지 검색하였고, 유료 사이트를 통해 온라인으로 편하게 많은 정보를 확인하는 방법에 대해 간단히 소개해 보았다. 권리분석에서 문제없는 물건을 선별하였고, 손품으로 시세 조사까지 마쳤다. 내가 하는 아주 간단하면서도 명료한 임장을 통해 입찰해야 할 물건인지 말아야 할 물건인지 확인을 하였고, 투자가치가 있는 물건이라면 이제 남은 것은 바로 입찰이다.

 입찰은 어떻게 해야 하고 준비해야 할 것은 무엇인지 한번 알아보자. 먼저 본인이 직접 갈 때는 입찰 보증금(최저 매각가의 10%

혹은 20%)과 본인 신분증, 도장(막도장 가능)이 필요하다. 본인이 직접 못 가는 경우 대리인 입찰도 가능하다. 대리인이 입찰할 시에는 본인의 인감증명서, 도장이 날인된 위임장(아래 참고, 인감도장 날인)을 가지고 대리인(신분증 지참) 입찰이 가능하다.

그렇다면 법원 입찰일에는 어떤 서류로 어떻게 입찰해야 할까? 대법원 경매사이트에 접속하여 경매 지식, 경매 서식에 들어가면 부동산 경매 관련 서류들을 확인할 수 있으니 처음 하는 입찰이라면 미리 확인해 보고 가는 것을 추천한다. 가장 좋은 것은 시간이 된다면 입찰 전 실제 입찰하려는 법원에 직접 가서 입찰은 몇 시에 마감하는지 서류는 어떻게 작성하는지 실제 입찰하는 모습을 보는 것이 가장 좋다. 법원에 가면 입찰 서류들이 구비되어 있으니 몇 장 가지고 와서 연습해 보는 것도 좋은 방법이다.

기일 입찰표 및 위임장(대리 입찰 시)

입찰할 때 모든 서류가 중요하지만, 그중에서도 가장 중요한 서류가 바로 기일 입찰표이다. 기일 입찰표에 내가 희망하는 매수가를 적어야 하고, 만약 희망 매수가를 변경할 때는 수정이 불가하고 다시 작성해야 한다. 입찰가를 잘못적어 실수하는 순간 입찰 보증금이 몰수되는 경우가 있으니, 주의 해야 한다. 1년간 기일 입찰표 작성 실수로 몰수되는 보증금만 해도 수백억이라고 하니, 절대로 방심하면 안 되고, 본인이 직접 작성한 후 반복 확인을 해야 하는 것은 필수이다.

실제 내가 작성해야 하는 기일 입찰표이다.

1. 사건번호: 내가 입찰하려는 사건번호를 그대로 적으면 된다. 보통 예) 2022(경매 최초 진행 년도) 타경 xxxxx호로 표시된다.
2. 물건번호 : 사건번호에 연속순번이 있는 경우이다. (2), (3), (4) 등. 한 건물에 여러 건 물건이 진행되거나 채무자의 경매 물건이 2개 이상인 경우 이렇게 몇 번째 순번인지 물건 번호가 있다. 물건 번호를 기재하지 않은 경우에 무효 처리가 되니 꼭 본인이 입찰하려는 물건에 물건번호가 있는지 확인하고 있다면 물건 번호를 반드시 적어야 한다.
3. 본인 개인정보 : 본인의 이름 주민등록번호, 전화번호 주소를 적는 곳이다. 본인 이름 옆에 도장 날인을 해야 한다. 대리인이 입찰 시 대리인 정보도 기재를 해야 한다.
4. 입찰가격 : 본인이 매수하고자 하기는 희망 가격을 아라비아 숫자로 적어야 한다. 예를 들어 내가 일억 사천오백에 매수를 희망한다면 입찰가격에 145,000,000원을 기재를 해야

한다. 실수로 십억 단위부터 잘못 적어 1,450,000,000원이 되어 십사억 오천만 원으로 기재하여 입찰한다면 당연히 최고가 매수인으로 낙찰이 되면 잔금을 치를 수가 없다. 이때는 보증금을 포기해야 하는 것이다. 입찰 가격 작성은 꼭 주의하고, 쓴 금액을 확인하고 또 확인해 봐야 한다. 한번 쓴 입찰가격은 수정할 수 없으니 혹시 잘못 작성하였거나 입찰 금액을 변경하려면 다시 처음부터 새로운 용지에 다시 작성하여야 한다.

5. 보증 금액 : 보증 금액은 최저가의 10% 혹은 20%로 금번 진행되는 사건의 최저가가 1억이라 면 1억의 10%인 1,000만 원을 보증금으로 가져와야 한다. 1,000만 원에서 백 원이라도 적은 금액을 넣으면 무효 처리가 되니 주의해야 한다. 보통 법원의 은행 혹은 근처 은행에서 자기앞 수표 1장으로 입찰 보증금을 미리 준비해 오면 간편하다. 입찰 당일에 사람이 몰려서 입찰 마감 시간이 촉박하면 실수할 우려가 있기 때문에 전날 수표로 미리 준비를 해놓던가 입찰 시간보다 넉넉히 일찍 와서 미리 보증금을 준비하는 것을 추천한다.

참고로 보통의 경매 사건의 경우 보증금은 최저가의 10%이지만 재매각 사건의 경우 보증금은 최저가의 20%이다. 사전에 유료 경매사이트에서 확인할 수 있는 내용이다.

대리인 입찰 시(본인 입찰 시에는 필요 없음)

(뒷면)

위 임 장

대리인	성 명		직 업	
	주민등록번호	-	전화번호	
	주 소			

위 사람을 대리인으로 정하고 다음 사항을 위임함.

다 음

지방법원   타경   호 부동산

경매사건에 관한 입찰행위 일체

본인1	성 명	(인감)	직 업	
	주민등록번호	-	전화번호	
	주 소			
본인2	성 명	(인감)	직 업	
	주민등록번호	-	전화번호	
	주 소			
본인3	성 명	(인감)	직 업	
	주민등록번호	-	전화번호	
	주 소			

* 본인의 인감 증명서 첨부
* 본인이 법인인 경우에는 주민등록번호란에 사업자등록번호를 기재

지방법원 귀중

본인이 직접 입찰하지 못하고 대리인 입찰 시 위임장을 첨부해야 한다. 대리인의 개인 정보를 작성하고, 본인의 개인정보와 인감도장을 날인한 후 본인의 인감증명서를 첨부해야 한다.

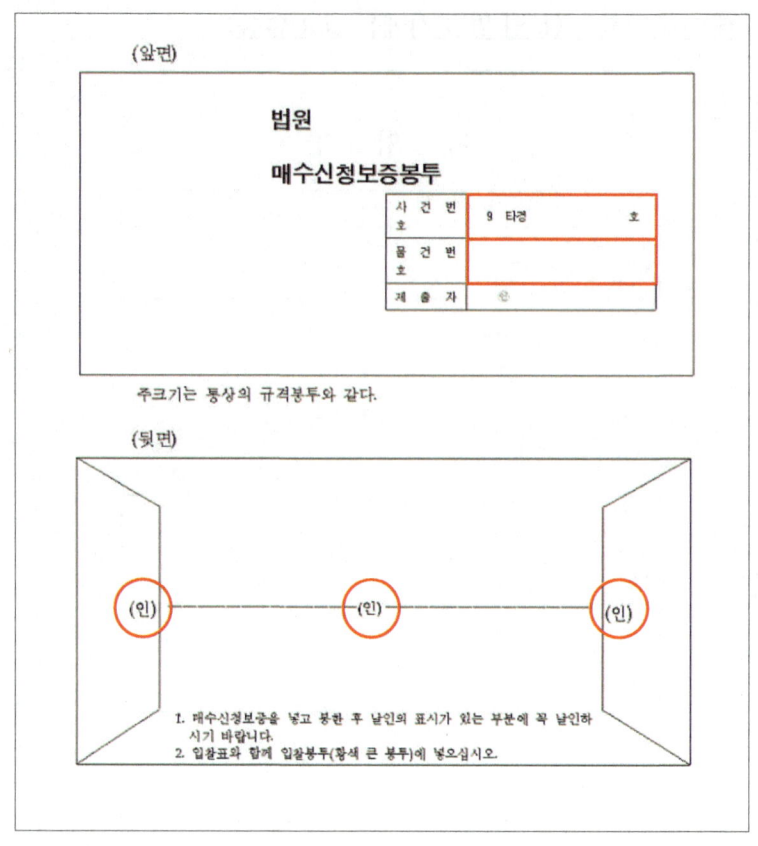

다음은 입찰 보증금 봉투이다. 우리가 흔히 자주 볼 수 있는 하얀색 돈을 넣을 수 있는 봉투이고, 앞면과 뒷면이 있다. 앞면에는 사건 번호를 적어주고 앞서 말한 물건번호가 여러 개 있는 경우 몇 번 물건인지 물건 번호도 같이 적어 주어야 한다. 본인의 이름을 적고 날인을 하면 된다. 뒷장은 (인)이라고 쓰여 있는 3곳에 도장 날인을 하고 보증금을 넣으면 된다.

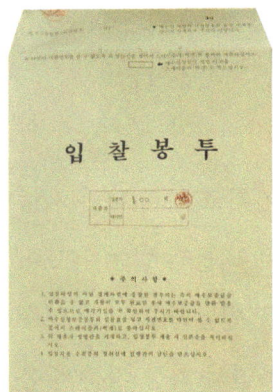 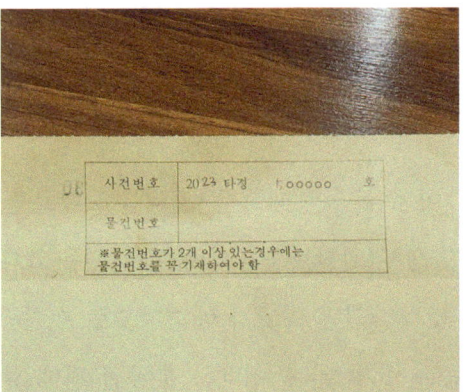

　마지막으로 황색의 입찰 봉투이다. 입찰 봉투에는 입찰자의 이름을 적고 도장 날인을 하면 된다. 대리인일 경우 입찰자와 대리인을 기재하고, 도장 날인을 하면 된다. 접는 선 반대쪽에도 반드시 사건 번호와 물건 번호를 기재 해야 한다. 기재를 완료하였으면 입찰 봉투 안에, 위에서 언급한 서류인 기일 입찰표, 입찰 보증금 봉투를 넣으면 되고, 대리인일 경우 입찰자 본인 인감증명서와 위임장을 추가로 넣어야 한다. 모든 서류가 제대로 들어갔는지 마지막으로 확인하고 가장 윗부분인 접는 선을 접어 빨간색 네모 안에 스테이플러로 찍으라는 표시에 찍고 집행관에게 신분증과 함께 제출하면 집행관은 본인이 맞는지 확인 후 입찰자용 수취증을 되돌려 줄 것이다. 이 수취증을 받으면 이로써 모든 입찰 과정은 끝난다.

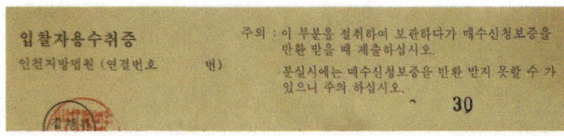

   이 수취증은 패찰시 내 이름을 부르면 가지고 가서 내가 제출한 봉투(입찰보증금이 들어있는)를 그대로 되돌려 받는 용도이다. 낙찰되면 최고가 매수인으로 수취증을 반납하고 낙찰 영수증을 받게 된다. 이때는 부동산 경매를 하면서 가장 기분 좋은 순간이자 짜릿한 순간이다.

입찰 과정에서 가장 많이 하는 실수 TOP 3

   최고가 매수인으로 낙찰을 받았지만, 잔금 납부를 할 수 없는 상황으로 소중한 입찰 보증금을 포기해야 하는 경우, 또는 낙찰받았지만, 입찰표 기재 작성 실수 및 서류 미 첨부로 낙찰이 취소되는 경우가 종종 있다. 아래는 가장 많이 하는 실수이니 반드시 유념하고 입찰에 참여하도록 하자.

입찰가격을 밀려 써서 단위가 틀리는 경우

   예를 들어 입찰가격을 100,000,000(일억)을 쓸 것을 0을 하나 더 붙여 1,000,000,000(십억)을 쓰는 경우가 있다. 이렇게 되면 당연히 최고가 매수인이 될 것이고, 잔금을 납부하지 못하는 것은 당연한 일. 수백만 원에서 수천만 원에 이르는 입찰보증금을 포기해야 하는 상황이 발생한다. 이런 어이없는 실수가 없을 거 같은가?! 은근히 많이 있다. 절대로 방심해서는 안 된다.

물건번호가 있는데 기재를 안 한 경우

 내가 입찰하려는 물건이 2023타경12345(예) 사건에서 물건번호가 10번인 사건일 경우 기일 입찰표, 보증금 봉투, 입찰 봉투 모두에 사건번호를 기재하고, 물건번호도 함께 반드시 기재를 해야 한다. 하지만 사건번호는 잘 적지만 물건번호 적는 것을 누락하여 입찰 취소가 되는 경우도 있다. 만약 가장 높은 금액을 적어 최고가 매수인이 되었지만 물건번호를 기재하지 않으면 최고가 매수인 자격이 취소되고 다음 가격을 써낸 사람이 낙찰자가 된다. 이러한 일이 발생하지 않도록 꼭 주의하자.

대리인 입찰 시 서류를 미첨부한 경우

 본인이 아닌 대리인 입찰 시 본인의 인감증명서와 위임장이 반드시 첨부되어야 한다. 하지만 가끔 이런 서류를 첨부하지 않아 취소되는 경우가 많으니 대리인 입찰 시 꼭 위의 서류를 확인해야 한다.

낙찰 이후 과정

낙찰되면 신분증을 가지고 가서 낙찰자임을 확인하고 입찰할 때 제출하였던 입찰 보증금(최저 매각가의 10% 혹은 20%)은 계약금이 되고 계약금 영수증을 받게 된다.

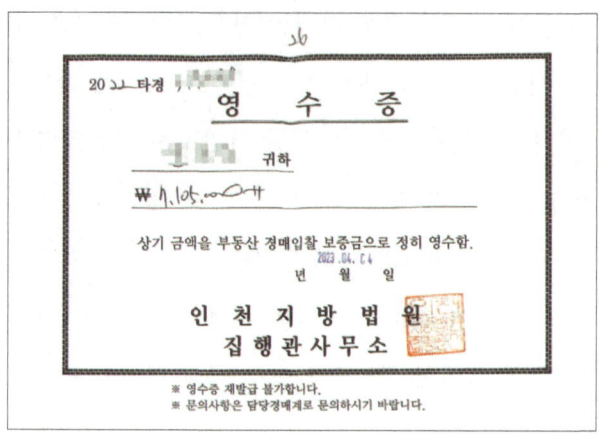

이 영수증에는 사건번호, 낙찰자 이름, 입찰보증금이 적혀 있으며, 법원별로 양식은 조금씩 차이가 있지만 기본적으로 표기되는 사항은 위와 같다. 낙찰 후 일주일간 매각과 관련하여 특이사항은 없는지, 법률적으로 문제가 없었는지 다시 한번 검토한 뒤 법원에서 최종 매각허가결정을 진행한다. 매수자도 낙찰 후 일주일이 정말 중요한데 낙찰받은 물건에 중대한 문제가 있거나 매각 명세서와는 다른 사항이 있을 시 매각 허가 불허가 신청서를 접수하여 매각에 대한 불허가 즉 취소를 요청할 수 있는 것이다. 취소 요청을 한다고 해서 법원이 다 승인을 해주는 것은 아니나, 내용을 검토한 후 취소할 사유가 있을 시 승인과 함께 입찰 보증금을 환불해준다. 하지만 취소 승인이 나지 않으면 그대로 매각허가결정이 된다. 매각허가결정 후 아래와 같은 매각 허가결정문이 도착하게 된다. 모든 경매 절차나 물건에 문제가 없어 최종 매각을 허가하겠다는 문서이다.

수원지방법원 성남지원
매각허가결정

사　　　건　　　2023타경○○○○○부동산임의경매

최고가매수신고인　○○○

매각가격　　253,999,999 원

별지 기재 부동산에 대하여 최고가로 매수신고한 위 사람에게 매각을 허가한다.

2023. 12. 26.

사법보좌관　　○○○

매각 허가결정문을 받고 난 후 또 약 일주일정도가 지난 뒤에는 아래와 같은 대금 지급 기한 통지서를 받게 된다. 잔금 납부를 언제까지 하라는 통지문으로 보통 30일 후 잔금을 납부하라는 내용이다.

위의 내용을 정리해 보면, 예를 들어 1월 1일에 낙찰 받는다고 가정 시 1월 7일경 매각허가결정이 나고, 매각 허가결정문을 우편을 통해 받게 되고, 그 후 일주일이 경과 한 뒤 대금 지급 기한 통지서를 받게 되는 것이다. 잔금 납부 마감일은 2월 14일 전후가 되는 것이다.

　잔금 납부는 납부 마감일 전에 납부를 해도 상관이 없다. 만약 잔금 납부일이 지나서 납부를 하게 된다면 어떻게 될까? 잔금 납부일이 지난 뒤부터는 지급일까지 연 12%의 지연 이자를 내면 된다.

　잔금 납부의 기한은 잔금 미납으로 다시 경매 진행 절차를 개시하는 재매각 기일의 3일 이전까지 위의 지연 이자를 합친 금액을 납부하면 소유권을 취득할 수 있다. 잔금 납부는 최대한 잔금 납부 마감일이나 마감일 전날까지는 납부하는 것이 가장 좋다. 대금 지급 기한 통지서를 받고 잔금을 납부하면 진정한 내 소유의 부동산이 되어 사실상 법적으로 잔금 납부 시점부터 소유권을 행사할 수 있게 된다. 부동산 경매 관련하여 법원에서의 진행 상황 및 증빙은 우편 및 문서로 진행하는 것이지 핸드폰 문자로.따로 연락이 오거나 알람이 오지 않으니 주의하도록 하자. 대법원 경매 정보 사이트 또는 유료 경매사이트에 접속해서 현재 사건 진행 현황을 확인할 수 있다.

　법원 경매 정보 사이트에 접속하여 경매물건의 경매사건 검색을 누른 후 사건 번호를 검색하면 위와 같은 화면이 뜬다. 기일 내역을 확인하면 매각 한 날짜와 매각 결정 기일 대금 지급 기한(잔금 납부일)까지 조회가 되고 결과까지 한눈에 확인을 할 수 있다. 해당 사이트에서 정보가 먼저 등록된 후 우편으로 그 결과를 받아 볼 수 있는 구조이다. 그러니 법원에서는 절대 낙찰자에게 사건 진행 관련하여 핸드폰 문자로 메시지를 보내지 않으니 기다리지 말자. 낙찰 후 진행상황이 궁금하면 직접 대법원 경매 사이트에 접속해서 사건번호를 입력하고 확인해 보면 된다.

대출받기

　낙찰을 받고, 최고가 매수인이 되어서 보증금 영수증을 받고 당당히 법정을 빠져나오면 대출을 중개해 주시는 수많은 아주머니가 나를 둘러싸는 신기한 경험을 할 수 있다. 이분들은 대출을 소개해 주고 수수료를 받는 분들이다. 내가 직접 대출을 알아봐야 할 수고를 대신해 주고, 나에게 유리한 좋은 조건의 대출을 알선해 주시는 분들이라고 생각하면 된다. 이분들을 최대한 활용해야 한다. 낙찰받은 물건번호와 연락처를 알려 달라고 할 것이다. 이분들에게 거리낌 없이 나의 연락처를 알려주고 최대한 좋은 조건의 대출을 알아봐 달라고 당부의 말까지 전한다. 그리고 그분들의 명함도 하나하나 다 받아서 가지고 온다. 대출을 받기 위해서는 이분들에게 나의 현재 부채와 소득 정보를 최대한 알려 줘야 정확한 대출 금액을 산정할 수가 있어서 최대한의 정보를 줘야 한다. 핸드폰 문자 메시지로 낙찰받은 물건번호와 주택 소유 여부, 연 소득, 현재 부채 정도 등을 작성하여 보내 준다면 대출 가능 금액과 조건들을 회신받을 수 있다.

핸드폰 문자 발송 예시

```
1. 물건번호 2022타경XXXX
2. 주택 소유여부: 인천 서구 아파트 1채 소유
3. 연 소득: 5천만 원(원천징수 영수증 신고 기준)
4. 부채: 1억(주택담보 7,000만 원/신용대출 3,000만 원)
```

이렇게 나의 현재 정보를 작성하여 문자를 보내면 아마 아래와 같은 대출 가능 조건의 문자를 회신 받을 수가 있다.

대출 중개사분들로 오는 답문 예시는 아래와 같다.

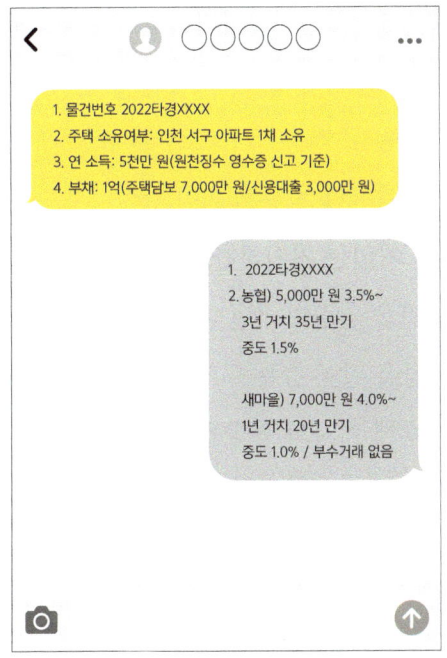

이렇게 대출 조건을 문자로 회신받을 수가 있다. 이런 암호처럼 오는 대출 조건을 하나씩 살펴보자. 사건 번호는 내가 낙찰받은 사건 번호의 물건을 기준으로 대출을 산정한 것이고, 앞부분에는 대출을 취급하는 은행명을 보통 적는다. 대부분 농협이나 새마을금고, 단위 신협, 수협의 은행에서 경매 잔금 대출 상품이 많아서 이쪽의 은행들이 대부분이다. 우리가 흔히 알고 있는 은행인 국민, 신한, 우리은행 등은 경매 잔금 대출을 대부분 취급하지 않는다. 5,000만은 대출 가능 금액이고, 3.5%~는 이자율을 표시한 것이다. 3.5%~라고 표시된 것은 이자율이 3.5%로 고정된 것이 아니고 3.5%부터 시작한다는 의미이다. 여러 가지 부수 조건(급여 이체, 보험 가입 등 상품 가입 등)을 충족하지 못할 시 3.5% 이상의 이자율이 적용된다. 모든 부수 조건을 다 만족했을 때 3.5%의 이자율을 적용받는 것이다.

1년 거치 / 3년 거치는 거치기간으로 대출 원금은 그대로 두고 이자만 내는 기간을 말한다. 1년 거치는 1년간 이자만 내고 1년 이후 이자와 원금을 같이 갚는 구조이고, 3년 거치는 3년간 이자만 내고 3년 이후에 이자와 원금을 같이 갚는다는 의미이다. 본인의 자금계획에 따라 거치기간을 선택하면 된다. 중도 1.0%라는 것은 중도 상환 수수료율이다. 중도에 대출을 상환할 시 내는 수수료이다. 대부분 대출을 받아 잔금을 납부하고, 전세나 매매를 진행할 시 대출을 상환해야 하는데 내가 만약 대출금액이 1억이고 중도 상환수수료가 1년 이내 1.0%라면 대출을 1년 이내 일시 상환할 시 이자와 별개로 1억의 1%인 1백만 원을 수수료로 추가로 내야 한다는 것이다. 그러므로 중도 상환 수수료는 없는 것이 가장 좋고, 있더라도 기간이 짧거나(3개월/6개월) 수수료율이 적은 것이 대출 받는 입장에서는 유리한 것이다.

부수 거래 없음은 대출에 따른 부수되는 거래 즉, 대출을 실행하는데 주택 화재 보험 가입 및 저축성 보험 가입 등 부수적으로 거래를 해야 대출을 해주는 상품도 있다. 이런 경우 부수 거래가 없는 것이 대출자로서는 유리하다. 이러한 부수 거래도 있는지 없는지 사전에 확인하고 대출을 결정하자. 최종 결정을 하고 대출 서류를 준비해서 금융기관에 대출 서명을 하러 갔는데 이러한 생각지도 못한 부수 거래를 은행에서 안내받으면 기분이 좋지 않다. 대출에 필요한 서류를 준비하고, 시간을 내서 은행에 찾아갔는데 이러한 부수 거래 때문에 은행을 다시 알아봐서 변경하자니 번거롭기도 하고, 잔금 납부 기한이 얼마 남지 않아 대부분 그냥 대출 자서를 하고 오지만 사전에 이런 부수 거래를 알고 가는 것과 모르고 가는 것은 차이가 있다.

 나도 최근에 대출받은 은행의 부수 거래를 확인하지 않고 갔는데 주택 화재 보험에 가입 해야 승인을 해준다는 사항을 자서하러 간 은행에서 듣고 울며 겨자 먹기로 보험에 가입해야만 했다. 그렇게 가입했지만, 대출은 3개월 만에 전세가 맞춰져서 대출을 갚아야만 했다. 그냥 화재 보험료만 내 돈에서 나간 것이다. 대출을 위해서 아깝지만, 어쩔 수 없는 돈이 아니라 미리미리 대출 상담사분들에게 확인하고 아낄 수 있는 금액은 한 푼이라도 아끼자. 이렇게 여러 명의 대출 중개사분들에게 대출을 의뢰한 후 각각의 대출 금액 및 조건, 부수 거래 등을 비교하여 나에게 가장 맞는 유리한 조건의 대출을 선택해서 진행하면 된다.

 보통의 대출이 나오는 금액은 대략 아래와 같다.

1. 비규제지역 아파트/빌라	감정가의 70%, 낙찰가의 80% 중 작은 금액
2. 규제지역 아파트/빌라	감정가의 60%, 낙찰가의 70% 중 작은 금액
3. 오피스텔 / 상가	감정가의 70%, 낙찰가의 80% 중 작은 금액

위의 금액은 대략적인 대출 금액이고 대출은 정부 규제에 따라 자주 변동이 되는 부분으로 언제든지 변경 사항이 생길 수가 있다. 최근에 정부 대출 규제에서 조금 자유로운 P2P대출, 클라우딩 대출 등도 있다. 이들의 대출은 은행권 대출보다 이자율은 좀 높지만 여러 가지 규제로 은행권 대출이 막혀 있거나 여의치 않을 때 유용하게 사용 할 수 있다. 즉 대출이 안 나올 것을 미리 염려하여 입찰도 못 하는 그런 우는 범하지 말자.

어떻게든 대출은 나온다. 우리가 받는 대출은 나의 신용으로 받는 대출이 아닌 부동산을 담보로 받는 담보 대출이기 때문에 나와는 상관없이 부동산(물건)만 정상적이고 문제가 없는 물건이라면 어디서든 대출은 나온다는 생각으로 적극적으로 입찰하고 낙찰받아서 수익을 내보자. 고정적인 소득이 있고 연말에 소득금액이 신고되는 직장인의 경우 대출을 받기가 좋은 조건이긴 하지만 고정적인 소득 증빙이 안 된다고 하더라도 대출이 아예 불가능한 것은 아니다. 고정적인 소득이 없는 경우에는 추정 소득을 통해 대출 받을 수가 있다. 추정 소득은 신용/체크카드 사용액, 지역 의료보험 납입액 등을 통하여 소득을 추정하여 대출을 승인해 주는 방법도 있다.

　대출을 받기 위한 가장 기본적인 전제조건은 바로 본인의 신용점수이다. 본인의 신용점수는 본인 스스로 관리를 해줘야 한다. 네이버페이나 카카오페이에서 핸드폰으로 손쉽게 신용점수 확인이 가능하므로 평소 신용 관리를 잘해 두어야 대출받는 데 문제가 없다.

　대출을 결정하기 전 반드시 확인해야 하는 중요한 사항이 있다. 바로 등기 관련 법무 비용이다. 보통 대출 중개해 주시는 분들 혹은 대출을 해주는 은행에서는 등기 업무를 대신해 주는 법무사들이 지정된 경우가 많다. 대출 하기 전 등기이전에 따른 비용을 미리 받아 보고 그 비용이 적정한지 과도한지 따져보는 일이 남은 것이다. 등기 이전 비용 내에서 정해진 가격(취득세, 채권 금액 등)도 있지만 정해지지 않은 가격 (보수액, 각종 서류 발급 비용, 교통비 등)이 많이 있어 세부적으로 잘 따져보지 않으면 수십만 원 이상 비용을 지급하는 때도 있으니 항목 하나하나 잘 검토해 보아야 한다. 대출을 어느 정도 결정을 하였고, 해당 대출로 진행하기로 마음을 먹었다면 대출을 중개해 주시는 분에게 의사를 전달하고, 등기 이전 비용 내역서를 보내 달라고 하면 아래와 같은 내역서를 보내줄 것이다.

※등기비 세부 내역서

사건 명/과목	촉탁이전신청	비고
취득세/등록세	1,077,900	세금으로 고정금액임
교육세	107,790	
농특세	0	
증지대	15,000	증지 및 인지대 발급 비용
인지대	0	
국민주택채권	261,600	채권금액도 고정금액임
법원제출대행	100,000	법원에 문서를 제출을 대행 하는 비용
완납증명서	50,000	완납 증명 하는 비용
인도명령신청	0	인도 명령 신청에 따른 비용
제증명	50,000	제 증명서 발급 비용
세무대행 및 납부	60,000	증명서 대행 및 납부 비용
등기원인 작성	50,000	등기 원인 작성비용
보수액	150,000	법무사 보수액
교통비 / 일당	90,000	교통비 및 일당
부가가치세	15,000	보수액에 따른 10% 부가세
말소비용	60,000	기존 등기 말소 비용
총 비용	2,087,290원	

* 낙찰금액 1억 700만원 기준 등기비 세부 내역

　위의 내역서를 보면 취득세/등록세 및 국민주택채권 비용만 고정된 비용이고 나머지 비용은 법무 비용이라고 생각하면 된다. 고정된 비용 외의 비용은 얼마든지 네고할 수 있는 비용인 것이다. 위의 등기 비용은 낙찰금액 1억 700만 원(공동주택가격 1억 이하) 인천 기준으로 대출액 8,400만 원일때, 총등기 비용은 208만 원(취등록세 포함)이다. 이는 낙찰금액의 1.9% 수준이다. 통상 낙찰금액의 2% 내외의 금액이 등기 비용으로는 적당한 금액이다.

그렇다고 무작정 등기비를 깎아 달라고 억지를 부리면 업무를 중간에서 조율하고 진행하는 대출 상담하시는 분들도 난감해 할 수 있으니 위의 내역서를 바탕으로 최대한 협상을 해보는 것이 좋다. 대출을 좋은 조건으로 유리하게 받는 게 최우선 목표이지 등기 비용을 제일 저렴하게 하는 게 우선순위가 아니다. 정말 좋은 대출 조건이라면 법무 비용이 조금 비싸다는 생각이 들어도 진행 하는 것이 맞다. 하지만 대출 조건도 비슷한데 등기 비용이 과도하다고 생각되어 협상을 요청했음에도 불구하고 받아들여지지 않는다면 대출 은행 변경도 고려해 봐야 한다. 등기 비용까지 검토한 이후 대출 은행을 결정하면 된다. 대출을 결정했다면 이제 마지막 순서인 대출 받는 은행에 가서 자서를 해야 한다.

자서란 말은 본인 스스로 서명한다는 의미이다. 대출에 필요한 서류(소득 증빙 관련 서류, 세금 납부 여부 증명 서류, 주민등록증/초본 등)를 지참하여 은행에 가서 대출 관련 서류들에 도장을 찍고 서명 해야 한다. 해당 은행의 거래가 없었다면 통장 및 간편한 이자 이체 등을 위하여 인터넷 뱅킹도 새로 만들어야 한다. 대출 관련 서류가 복잡하여 은행직원의 설명도 있고, 서명할 것도 많아서 최소 1시간은 예상해야 하니 참고하기를 바란다.

자서까지 완료하고 잔금 날을 법무사와 조율하여 대출을 제외한 나머지 잔금과 등기 비용을 법무사 통장에 이체하면 해당 법무사에서 은행 대출과 잔금을 받아 법원에 가서 잔금을 납부하고 등기를 이전 하는 절차를 밟게 된다. 등기 업무를 마무리하고 등기부등본에 나의 이름이 소유자로 등록이 되면 해당 등기 권리증 및 기타 서류들을 법무사에서 나에게 우편으로 보내준다. 이렇게 되면 서류상 모든 절차는 마무리 되고, 내 이름이 새겨진 등기권리증을 받게 되면 왠지 모를 뿌듯함이 밀려온다.

명도하기

잔금까지 납부하였다면 이제 진정한 소유권자로 정당하게 본인의 권리를 행사할 수 있다. 이제 남은 것은 바로 명도이다. 잔금까지 납부 완료하였지만, 명도협의가 잘되지 않아 점유자(임차인, 채무자)가 아직 해당 물건을 점유하고 있다면 재산상의 손해뿐만 아니라 앞으로 명도 관련 부담이 생기고 스트레스를 받기 마련이다.

그렇다면 어떻게 명도를 잘 마무리 할 수 있을까? 명도에 왕도는 없다. 사실 명도는 어려운 것이 아니라 시간이 걸리는 일이다. 사람과 사람 사이의 일이라 언제 어디서 변수가 생길지 모른다. 그 변수로 시간이 걸리는 일이지 절대로 어려운 것은 아니다. 나의 예상대로 순리대로 순조롭게 되는 명도는 정말 없다. 마지막 이삿짐 빠지기 전까지는 낙찰자도 긴장하고, 점유자도 긴장하기 마련이다. 하지만 이렇게 마냥 시간이 무한정 길어지는 것이 명도일까? 또 그렇지만도 않다. 정말 저항이 심하고 시간도 오래 걸릴 것이라 예상하고 단단히 준비했지만 의외로 쉽게 풀리는 경우도 많다. 명도를 칼로 무 자르듯이 딱딱 명확한 기준이 있을 순 없다.

하지만 예상할 수 있는 시나리오와 통제할 수 있는 범위 내에서 법원에서는 낙찰자에게 법적으로 해결 할 수 있도록 모든 권한을 준다. 낙찰자 신분으로 명도에 있어서 시간을 단축하기 위한 법적인 장치들이 충분히 마련되어 있다. 많은 명도를 경험하였지만 지금도 나는 명도가 제일 부담이 되는 부분이다. 하지만 사람과 사람 사이의 일인지라 마음을 터놓고 대화하다 보면 어느새 점유자의 이사짐이 빠지는 순간이 다가온다. 또 한 번의 명도에 한숨을 크게 내쉴 수 있는 것이다. 낙찰을 받게 된다면 최대한 빨리 명도 대상자(점유자, 임차인, 채무자 등)와 직접 만나서 이야기를 나누든지 전화 통화를 하든지 의사소통하는 게 우선이다.

낙찰을 받게 되면 나 같은 경우 즉시 찾아간다. 그 순간부터 이제 시간싸움이다. 물건지에 대상자가 있으면 연락처를 주고받고 간단한 낙찰자 대리인이라고 소개하거나 회사 직원이라고만 소개하고 나오는 편이다. 가장 중요한 것은 명도 대상자의 연락처를 확보하는 일이기 때문이다. 만약 집에 사람이 없어 만나지 못하는 경우 내 연락처를 포스트잇에 적어서 비밀번호 누르는 키패드나 손잡이에 떨어지지 않게 붙이고 온다. 내용은 이번 경매 진행 관련 낙찰자 대리인입니다. 앞으로 진행 관련해서 상의드리고자 하오니 연락해 주시기를 바란다는 내용으로 연락처를 붙여 놓고 오면 빠르면 당일, 늦어도 일주일 이내 점유자로부터 연락이 온다.

> 안녕하세요.
>
> 2023년 2월 1일, 인천지방법원 「사건번호 2023 타경 123456」 낙찰자 대리인입니다.
>
> 경매절차 진행과정 안내 및 협의를 위해 아래 연락처로 연락 부탁드립니다.
>
> 감사합니다.
>
> 청솔부동산컨설팅
> ◆ 휴대전화 : 010-1234-1234 ◆
> (평일 근무시간 이후에는 문자 부탁드립니다)

위의 내용을 정리하여 출력한 문서도 좋고, 직접 포스트잇에 수기로 작성하여도 좋은데 위와 같이 출력한 문서의 경우 점유자가 더 공적인 이미지를 느끼기에 명도 협상에서 조금이나마 유리한 점이 있어 출력한 문서를 사용하기를 추천한다. 최대한 빨리 점유자를 확인하고 연락해야 앞으로 어떻게 명도를 해야할지 계획이 나오고 대응을 할 수 있는 시간을 그만큼 벌 수 있다. 연락이 닿는다면 그때부터 협상을 진행하면 된다.

낙찰이 된 순간부터 시간이 돈이다. 잔금전에 빨리 명도를 하는 조건으로 이사비를 조금 넉넉히 주더라도 나는 명도를 빨리 끝내는 방법을 선호한다. 이러한 방법으로 잔금전에 명도를 완료한 상태에서 인테리어도 하고, 시간을 버는 것이다. 시간을 끌수록 나도 이자를 내야하는 비용 부담이 생기기 때문에 그 이자 비용을 이사비에 준다는 생각으로 협상을 진행한다.

나 같은 명도 스타일이 있는가 하면 나와는 정반대도 있다. 낙찰 이후 아무런 연락을 하지 않은 채 그저 기다린다. 이렇게 되면 오히려 점유자가 현재 상황을 답답하게 여기고, 현재 상황에 대해 궁금함을 못 참고 해당 경매계로 문의를 해 낙찰자의 연락처를 문의한다. 거꾸로 점유자가 낙찰자에게 연락을 유도하여 그때부터 협상을 진행하는 경매 고수분도 보았다. 명도에 정답은 없으니, 본인에게 잘 맞는 방향으로 진행하면 된다.

본격적으로 협상을 하게 될 때는 3자화법이 가장 중요한 전략이 된다. 나는 회사 직원 혹은 낙찰받으신 분의 대리인으로 법률사무소 직원으로 소개하면 된다. 협상 과정에서 이사 일시, 이사비 등의 요구사항을 잘 들어주되, 모든 결정은 내가 할 수 있는 것이 아니라 대표님 혹은 의뢰인에게 보고한 이후 결정이 된다고 알려주면 된다.

그사이 나는 점유자가 요구하는 사항이 적당한지 다시 한번 검토하고 시간을 번 뒤 점유자와 협상 하는 중간 역할을 하면 된다. 3자 화법이 좋은 이유는 내가 결정권자가 아님을 상대방도 알고, 은근히 상대방 편도 들어주면서 나는 도와주려는 입장임을 인식시키고, 최종 결정은 대표에게 미루면 된다. 무리한 요구를 할 때에는 보고를 드렸더니 그렇게 할 수는 없다고 선을 그어주면 되는 것이다.

예를 들면

> 점유자 : 저도 알아보고, 이야기를 들어 봤는데 보통 이사 기간은 3달, 이사비는 최소 300만 원 정도는 받고 나간다고 하던데요?
> 낙찰자 : 아 어디서 그러시던가요?! 낙찰자의 경우 이사비를 지급할 아무런 법적인 근거도 없거니와 저희 회사 대표님께서는 이사 기간을 그렇게 오래 드린 적을 이때까지 근무하면서 한 번도 본 적이 없습니다.
> 점유자 : 그렇다면 이사 기간과 이사비는 얼마까지 가능한가요?!
> 낙찰자 : 그건 제가 결정할 수 있는 사항이 아니고 대표님께 현재 점유자님의 상황이나 배당 여부를 보고 드려보고 대표님이 결정하시는 사항입니다. 저는 그저 점유자 분의 요구사항을 대표님께 보고드리고 중간에서 의견을 전달 하는 역할입니다.
> 점유자 : 그렇군요. 그러면 제 사정 잘 아시니 팀장님께서 대표님께 잘 보고드려봐 주세요.
> 낙찰자 : 네 저도 최대한 점유자님 상황을 알고 있으니 잘 보고 드려 보겠습니다.

이렇게 협상을 끌어 나가야한다. 때로는 점유자 편에서 때로는 회사입장에서 내어줄 건 내어주고 취할 건 취하면서 협상 해야지 어느 한쪽으로 치우쳐서는 감정만 상할 우려가 있으니 적당히 조절하면서 명도 협상에 임해야 한다.

나 같은 경우에도 아직까지는 협상을 통해서만 명도를 경험해 봤고, 강제집행까지 가본 적은 한 번도 없다. 명도 협상 시 점유자에게 가장 중요한 첫 번째는 이사비용이고, 두 번째는 바로 이사 기간이다. 입장을 바꿔 생각을 해봐도 이사비는 이사비대로 많이 받고 싶고, 이사 기간은 기간대로 늘려서 최대한 늦게 이사를 하고 싶을 것이다. 점유자가 원하는 것을 잘 알고 그것을 활용해야 한다. 이사비 협상을 할 때 보통 통상적인 협상의 기준은 전용 평당(10~15만 원/강제집행 수수료 기준)이되 이사 기간을 빨리 당긴다면 플러스로 50~100만 원 많으면 200만 원까지 추가로 주는 방안도 고려해야 한다.

예를 들어 통상적인 이사 기간은 잔금 납부 후 1달 정도가 보통 기준이다. 하지만 내가 잔금 납부를 하기도 전에 이사비를 주고 명도를 할 수 있다면 나로서도 시간을 버는 것으로 유리하다. 잔금 납부는 최대한 잔금 납부 마감일까지 하면 되므로 그 기간 동안 인테리어도 하고 부동산에 매물로 내놓아 잔금을 납부하기 전에도 임대나 매도를 할 수 있으므로 점유자는 이사비를 좀 더 받아서 나갈 수 있고, 나도 잔금을 내기도 전에 명도를 완료했기 때문에 은행 대출이자 등을 아낄 수 있어서 서로 윈윈인 것이다. 그러므로 추가적인 이사비 제안을 통해 잔금 납부 전 명도를 할 수 있으면 가장 좋은 케이스이다.

점유자가 가장 필요로 하는 것은 바로 돈! 이사비이다. 제대로 명도 협상이 안 되어 점유자가 시간을 끌어 점유이전금지가처분에 강제 집행까지 하게 되면 최소 3개월 이상 소요 된다. 그렇게 시간이 길어지게 되면 명도는 되겠지만 낙찰자는 낙찰자대로, 점유자는 점유자 대로 불만이 쌓이게 되고, 결국에는 서로 감정적으로 얼굴을 붉히며 손해를 보기 마련이다. 그럴 이유가 뭐가 있는가. 이사비는 이사비대로 주되 기간을 더 빨리하도록 유도하고, 인센티브로 이사비를 추가로 더 준다고 협상을 해보자. 내가 명도 협상을 하면서 자주 사용한 협상 방법이다.

협상 관련 팁을 몇 가지 더 설명을 해보겠다. 점유자로 하여금 원하는 바를 잘 들어야 한다. 예를 들어 내가 먼저 이사비를 100만 원으로 제안을 했다면 이사비가 최소 100만 원 부터 시작을 하는 셈이고, 점유자가 이사비로 100만 원을 요구했다면 최대 100만 원인 것이다. 즉 내가 제시하면 기준이 최소치가 되는 것이고, 점유자가 제시하면 그 제안이 최대치가 되는 셈이다. 절대로 내가 먼저 이사비용과 기간을 먼저 말하지 말고, 상대방이 먼저 이야기를 꺼내게끔 유도를 하자. 원하는 바를 이야기를 잘 안 해주고, 빙빙 돌려서 시간을 끈다는 생각이 된다면 단도직입적으로 물어봐도 좋다.

  이사비협상의 또다른 팁은 시간이 갈 수록 이사비는 깎일수 있다는 점을 알려주는 것이다.

  예를들어

점유자 : 이사비를 300만 원 정도 받아서 나가고 싶은데요. 가능할까요?

낙찰자 : 저희 대표님이 그렇게 이사비를 많이 준적은 없는데 회의 시간에 한번 논의는 해보겠습니다.

점유자 : 네 잘 말씀드려봐 주셔요.

(2~3일 뒤)

낙찰자 : 점유자님 요청하신대로 이사비 300만 원을 대표님께 말씀드려 봤습니다.

점유자 : 네 어떻게 되었나요?!

낙찰자 : 2월 28일까지 명도를 완료하시면 그 비용을 드리는 걸로 최종 허가를 받았습니다. 대신에 2월 28일에서 일주일씩 명도가 늦어지면 20만 원씩 이사비용을 차감하는 조건입니다.

  점유자가 요청하는 이사비가 적정하다고 생각이 된다면 명도를 빨리 하는 조건으로 협상에 임하라. 만약에 이사기간이 조금씩 늦어진다면 이사비에서 일정부분씩 계속 깎여 나갈 수 있다는 점을 명확히 알려주는 것이 좋다. 점유자도 본인이 이사를 나가야 하는 사실을 잘 알고 있다. 그렇기에 이사 기간이 늦어져서 이사비용이 차감된다면 좀 더 서둘러 이사 갈 곳을 알아볼 확률이 높다. 위의 협상 방법들은 명도시 꼭 활용해 보기를 바란다. 그리고 다시 한번 강조하지만, 제 3자 화법으로 내가 결정할 권한이 있는 사람은 아니고 나는 그저 회사 직원으로 말을 전달해 주는 사람이고 모든 결정은 대표님이 하시는 것으로 해야 시간도 벌고, 나름대로 대응 전략을 세울 수 있는 좋은 방법이니 적극적으로 활용해 보길 바란다.

강제집행

　강제집행은 법원에서 집행관들이 명도를 거부하는 점유자의 모든 물건을 강제로 이동시키는 법적 절차이다. 강제집행까지 하게 되는 이유는 여러가지가 있다. 처음부터 무리한 이사비를 요구하거나 명도를 거부하거나 법대로 하라고 막무가내로 나온다면 할 수 없이 강제집행까지 진행을 해야 한다. 하지만 이런 경우는 흔하지 않고, 대부분의 점유자의 경우 이사비는 많이, 이사는 최대한 늦게 가고 싶어 하기에 협상을 통해 해결해 나가야 한다. 협상은 끝까지 해야 한다. 강제집행까지 하게 되면 낙찰자나 점유자 모두에게 돌이킬 수 없는 경제적, 정신적 피해가 상당히 크다. 강제집행까지 갈 정도면 이제는 감정싸움이 된다. 낙찰자 입장에서는 점유자와 협상을 하면서 최대한 점유자 편에서 이야기를 들어주고 그들과 한 약속이 이행되기를 바라지만, 점유자 또한 나름의 사정이 있다. 그들도 계획대로 되면 좋으련만 일이 잘못되면 본인이 했던 약속을 번복하게 되고 오랜 시간 참아준 낙찰자 입장에서도 그때부터는 감정 싸움이 시작되면서 강제집행이라는 절차를 진행하게 된다. 협상은 협상대로 하되 강제집행 신청은 신청대로 같이 하시기를 추천한다. 협상이 잘되는거 같아 보여도 마지막에 점유자가 무리한 요구를 하거나 막무가내로 명도를 거부한다면 미리 강제집행을 신청했기 때문에 협상에 우위를 점할 수 있다. 그리고 정말 협상이 안된다면 실제 강제집행까지 진행을 해야 하는 것이다. 그렇다면 어떻게 강제집행을 신청하는지 설명해 보겠다.

인도명령신청

인도명령은 낙찰자에게 해당 부동산을 넘겨주라는 법원의 공식적인 명령이다. 잔금을 납부하면 통상적으로 등기를 대행해주는 법무사 사무실에서 잔금 납부와 동시에 인도명령도 함께 신청을 해주는 것이 보통 절차이다. 등기비 내역서에도 인도명령

항목에 비용이 책정되어 있는데 보통 5만 원 정도 비용으로 신청을 해준다. 혹시 내역서에 없으면 꼭 인도명령 신청을 해달라고 요청을 해야 한다. 잔금 납부와 함께 인도명령을 신청하면 대게 10일 내외로 인도명령 결정문이 낙찰자와 점유자 집 등기로 배달이 된다. 인도명령 결정문을 근거로 강제집행 신청이 가능하다. 꼭 잔금 납부 시 인도명령 신청을 확인해서 반드시 진행하도록 하자. 참고로 인도명령 신청은 잔금 납부 후 6개월 이내 신청이 가능한 것으로, 6개월이 경과하면 명도 소송을 통해 진행해야 한다.

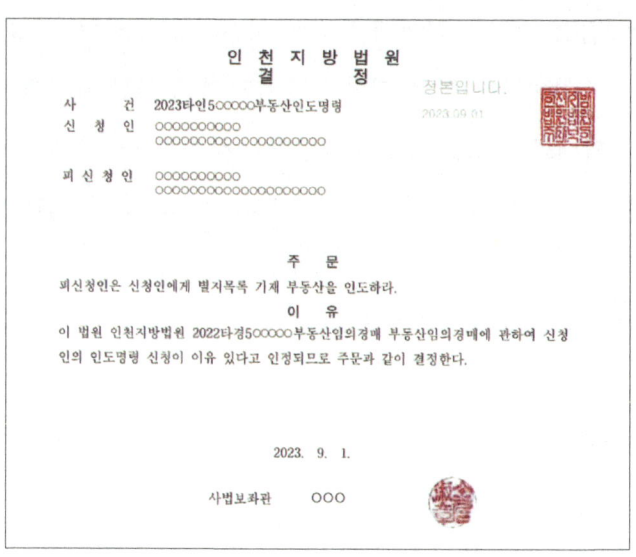

강제집행 집행문 부여신청

 위의 인도명령 결정문을 가지고 낙찰받은 물건지의 법원으로 가서 강제집행 집행문 부여 신청을 해야한다. 준비물은 신분증과 인도명령 결정문 그리고 수입인지(1,000원)가 필요하다. 수입인지는 법원내에 있는 은행에서 구매 가능하다. 신청서를 작성하면 집행문은 바로 발급이 된다.

강제집행 신청서 작성

 집행문을 가지고 법원내에 있는 집행관 사무실로 가서 강제집행 신청서를 작성해야 한다. 신청서를 작성할때 필요한 준비물은 방금 받은 집행문과 인도명령결정문, 점유자의 주민등록 초본이 필요하다. 점유자의 주민등록 초본은 미리 주민센터에 가서 인도명령결정문을 가지고 가서 발급받아 가면 시간을 절약할 수 있다. 집행비용(20만 원)을 예납하면 강제집행 신청이 전부 완료 된 것이다.

00지방법원 00지원
강제집행신청서

00지방법원 00지원 집행관사무소 집행관 귀하

채권자	성 명		주민등록번호 (사업자등록번호)		전화번호 우편번호	
	주 소		(전화번호 :)			
	대리인	성 명 : 주민등록번호 :			전화번호	
채무자	성 명	진병길	주민등록번호 (사업자등록번호)		전화번호 우편번호	
	주 소		(전화번호 :)			

집행목적물소재지	(※다른 경우는 아래에 기재함)
집 행 권 원	
집행의 목적물 및 집 행 방 법	동산압류, 동산가압류, 동산가처분, 부동산점유이전금지가처분, 건물명도, 철거 부동산인도, 자동차인도, 기타( )
청 구 금 액	원(내역은 뒷면과 같음)

위 집행권원에 기한 집행을 하여 주시기 바랍니다.

※첨부서류
1. 집행권원 1통
2. 송달증명서 1통
3. 위임장 1통

20   .   .   .
채권자   (인)
대리인   (인)

※ 특약사항
1. 본인이 수령할 예납금잔액을 본인의 비용부담하에 오른쪽에 표시한 예금계좌에 입금하여 주실 것을 신청합니다.

예금계좌	개설은행	
	예 금 주	
	계좌번호	

채권자(신청인)   (인)

2. 집행관이 계산한 수수료 기타 비용의 예납통지 또는 강제집행 속행의사 유무 확인 촉구를 2회 이상 받고도 채권자가 상당한 기간 내에 그 예납 또는 속행의 의사표시를 하지 아니한 때에는 본건 강제집행 위임을 취하한 것으로 보고 완결처분해도 이의 없음

채권자(신청인)   (인)

주 : 1. 굵은 선으로 표시된 부분은 반드시 기재하여야 합니다(금전채권의 경우 청구금액 포함).
    2. 채권자가 개인인 경우에는 주민등록번호를, 법인인 경우에는 사업자등록번호를 기재합니다.

강제집행 신청서

강제집행문 예고

강제집행 신청후 1~2주내 법원으로부터 강제 집행 예고를 언제 하겠다는 연락이 온다. 이때는 낙찰자와 증인 3명, 그리고 열쇠 수리공도 시간에 맞춰 약속을 잡아야 한다. 점유자가 안에 있으면 강제집행 관련 사항들을 집행관이 설명을 하고 거실에 예고장을 붙이고 돌아온다. 집에 아무도 없는 경우에는 함께한 열쇠수리공이 강제 개문을 한 뒤 집 안 거실에 예고장을 부착하고 돌아온다.

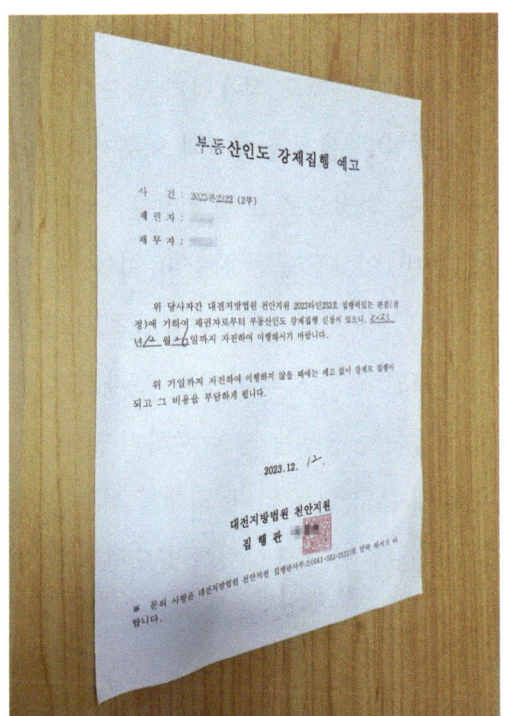

집안 거실 벽면에 잘 보이는 곳에 예고장을 부착한 모습

강제집행 예고를 하게 되면 이때까지 버티던 점유자도 거의 90% 이상 포기를 한 상태로 대부분 협의가 종결이 된다. 더이상 시간을 끌어봤자 강제집행 되는 것을 안다면 조금이라도 이사비라도 받아 나가는 것이 유리하기 때문에 조금의 이사비라도 받고 나가기를 원한다. 낙찰자도 강제집행까지 오기까지 많은 우여곡절과 시간적인 손해등이 있었지만, 여기서는 최소한의 이사비로 점유자를 명도하는게 최선이다.

강제집행 실시

강제집행을 예고하였는데도 점유자가 명도를 거부하는 경우 마지막은 강제집행이다. 실제 집행관과 노무자들이 점유자의 짐을 빼서 이동시키는 과정으로 모든 비용은 낙찰자가 부담해야 한다. 노무자 인건비, 이삿짐 운반 차량비, 화물 보관료등의 비용이 발생한다. 보통 전용 평당 15만 원 정도로 32평형(전용면적 25평 기준) 약 375만 원 정도의 비용이 추가로 들어간다. 실제 강제집행까지 진행하는 경우는 정말 흔하지 않다. 나도 아직 강제집행까지 진행해 본 경험은 없다. 최대한 서로 원하는 바를 얻고 윈윈할 수 있도록 끝까지 협상하여 명도하는게 가장 좋은 방법임을 명심하자.

인테리어 및 입주청소

　명도를 완료했으면 이제 인테리어를 해야 한다. 아무리 신축 건물이라고 해도 최소한의 인테리어를 해야 할 요소가 발생하는 법이다. 인테리어는 반드시 하는 것이 좋다.

　인테리어로 투자되는 금액 대비 얻을 수 있는 가치가 더 크다. 예를 들어 인테리어 비용으로 1,000만 원이 들었다면 최소 1,000만 원 이상의 전세금 혹은 매도 시 그 이상의 가치를 인정받을 수가 있고, 또한 매매나 임대에 소요되는 기간도 줄일 수 있다. 가끔 부동산 사장님이 인테리어에는 개인 호불호가 있으니 실거주 할 사람이 직접 원하는 스타일로 할 수 있게 당장 하지 말고 인테리어에 들이는 비용만큼 가격을 좀 더 깎아서 매도나 임대를 내놓자고 하는 경우가 많다.

　지금까지 내 경험은 그렇게 하는 것보다 그냥 호불호 없이 누구나 좋아할 만한 인테리어를 해놓는 경우 더 좋은 결과로 돌아온 적이 많았다. 실거주를 할 사람의 경우라도 인테리어에 정말 큰 관심이 있는 사람이 아니라면 대부분 인테리어가 되어 있는 집을 더 선호하는 법이다. 가격이 좀 싸다고 처음부터 본인이 직접 인테리어를 해야 되는 집을 선호하는 사람은 그다지 많지는 않다. 그렇다면 인테리어는 어떻게 해야 할까? 먼저 전체 인테리어 기준으로 각 인테리어 공정을 알아보자.

철거 및 폐기물 배출

전체를 인테리어 한다고 가정 시 철거 작업을 진행해야 한다. 보통 20년이 넘은 아파트나 빌라를 기준으로 한 번도 인테리어를 하지 않은 노후 된 집 내부 전체를 철거해야 한다. 내부 철거 시 폐기물의 양도 엄청나다. 가장 밑바닥의 콘크리트가 보일 때까지 위에 있던 자재들을 다 철거한다고 생각하면 된다. 소음과 먼지, 분진 등도 가장 많이 발생하기 때문에 아파트일 경우에는 관리사무소에 미리 일정을 알려야 하고, 일정을 아파트 내부 엘리베이터 등에 고지를 하여 주민들에게 양해를 구해야 하는 것이 원칙이니 참고하시길 바란다. 폐기물의 종류도 벽지부터 타일, 목재, 콘크리트, 유리 등 다양하고, 많은 쓰레기와 폐기물이 발생하기 때문에 폐기물을 전문적으로 처리하는 곳에서 진행해야 한다.

샷시 시공

인테리어 비용 중에 가장 큰 금액이 들어가는 공정으로 샷시는 집 외부와 내부의 경계라고 생각하면 된다. 오래된 샷시는 인테리어 측면에서도 집안 전체 분위기를 좌지우지할 만큼 노후화되어 미관상 보기 좋지 않고, 또한 단열, 보온 등 제 기능을 발휘하지 못해서 열 난방 및 냉방 효율이 떨어지게 마련이다. 최근에 나오는 이중샷시, 알루미늄 샷시 등 샷시의 종류와 가격대도 큰 차이가 있으니 잘 비교해 보고 선택해야 한다. 가성비가 있는 샷시를 선택하는 것도 본인의 몫이기에 사전에 종류와 특성에 대해 알아보는 것도 선택에 큰 도움이 된다.

이렇게 자재 비용이 큰 항목은 인테리어 업체에서는 본인들에게 마진이 큰 제품을 먼저 추천하기 마련이기에 그런 점에 휘둘리지 않으려면 본인이 어느 정도 관련 정보와 지식을 알고 있어야 업자들이 하는 말을 잘 분별하여 들을 수 있고 본인에게 가장 유리한 판단과 결정을 할 수 있는 것이다.

목공 / 전기 시공

샷시를 마무리한 후 본격적으로 집안 내부 인테리어를 시작하게 되는데 가장 기본이 되는 공사가 바로 목공과 전기 공사이다.

목공은 보통 흔히 우리가 익숙하게 알고 있는 목수가 하는 일이라고 생각하면 된다. 집안의 전체적인 인테리어 컨셉에 맞게 기둥 뼈대를 나무로 세우는 작업인데 목재를 재단하고 틀을 짜서 집안의 큰 틀을 세우는 작업이다. 천장, 기둥, 문틀 등 인테리어의 가장 기본이 되는 공정이다. 그 후 집안 전체의 기본적인 전기 배선 작업을 진행하게 된다.

화장실 공사 / 인테리어 필름

화장실 인테리어와 인테리어 필름 작업이 그 다음 공정인데 화장실 인테리어는 내가 인테리어 공정에서 가장 중요하게 생각하는 포인트이다. 화장실은 매수자 혹은 임차인이 집을 선택하는 가장 중요한 요소이다. 투자자 입장에서도 전체 인테리어 공정에서 화장실에 차별화 포인트를 두어 최고급으로 리모델링을 한다면 투자한 비용을 매도 가격 혹은 임대 가격에서 그 이상을 받을 수 있는 가장 확실한 방법이다.

대부분 투자자들의 경우 화장실 공사를 할 때 업자들이 말하는 '임대용' 즉, 가장 기본적인 수준으로 공사를 진행을 한다. 이는 가장 기본형으로 무난한 화이트색 도기에 화이트 조명으로 깔끔하고 밝게 리모델링 하는 컨셉이다. 그 전 화장실이 워낙 오래되고 낡았기 때문에 이렇게만 해도 깔끔하고 밝게 보여서 대부분은 만족하는 편이다. 그리고 중요한 비용도 기본형이기 때문에 가장 저렴하여 가성비가 있다고 생각을 한다. 하지만 나는 화장실만큼은 기본으로 인테리어 한 적이 없다. 화장실은 고급형을 넘어 최고급형으로 인테리어를 하고 변기나 세면대도 인테리어업자가 가성비로 권유하는 중소기업 제품이 아닌 최고급 브랜드 제품으로 선정해서 그 브랜드 제품으로 시공을 해달라고 한다.

또한 타일도 화이트의 밋밋한 타일이 아닌 조금 더 고급스러운 타일을 사용한다. 두께도 조금 두껍고 크기도 큰 타일을 사용하면 기본형 화장실 리모델링과는 차이가 크게 난다. 화이트의 기본형 화장실 인테리어와 최고급 호텔형의 화장실 인테리어의 차이라고 생각하면 이해하기 편하다. 이렇게 하면 당연히 금액이 올라간다. 추가되는 비용은 생각보다 크지 않다. 시공하는 인건비는 기본형이나 최고급형이나 동일하다. 다만 사용되는 자재를 고급으로 쓰기 때문에 자재비가 추가되는 정도이다. 화장실에 들어가는 자재만 최고급으로 변경하는 경우 기본형 화장실 인테리어 비용에서 약 50~100만 원 정도 추가 되는 수준이다. 이렇게 화장실에 투자한 금액은 그 이상의 가치를 낸다. 나는 다른 방이나 거실 주방의 인테리어는 가장 가성비 있는 기본형 인테리어를 선호하지만, 욕실의 경우에는 최고급형 인테리어를 해서 사용한 금액 이상 이득을 봤으면 이득을 봤지 손해를 본 적은 한 번도 없다. 가장 돈은 적게 쓰면서도 효과는 최대로 누릴 수 있는 방법이 최고급 화장실 인테리어이기에 적극 추천한다.

　인테리어필름의 경우에는 집 내부 전체를 리폼한 효과를 낼 수 있다. 붙박이장부터 문과 문틀, 싱크대까지 거의 내부 모든 부분을 시트지로 붙여서 시공 하는 방법이다. 기존의 오래되었고, 색이 바랬거나 전체적인 부분에서 변화를 주고 싶을 때 사용하면 되는데 보통 인테리어 필름도 화이트로 하는 것이 가장 무난하고, 공간도 넓어 보이고 깔끔한 면에서 가장 선호하는 색상이다. 비용은 작업 범위와 인테리어 필름지 종류에 따라 편차가 있다. 인테리어 필름만을 전문으로 하는 업자에게 요청하는 것이

품질이나 사후 A/S 받는 측면에서 유리하니 참고하길 바란다.

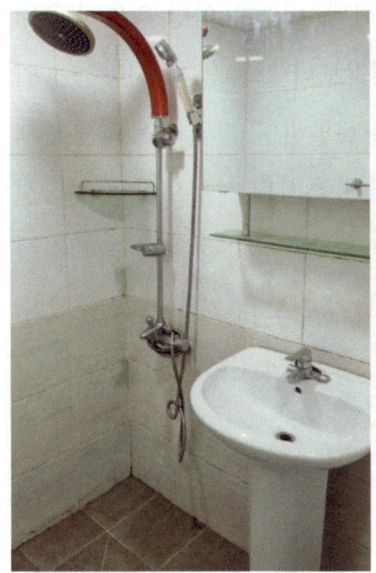 

인테리어 전 화장실　　　　　최고급 인테리어 후 화장실

도배/장판

　도배와 장판 인테리어는 가장 적은 비용으로 최대의 효과를 낼 수 있는 공정이다. 도배와 장판 공정은 투자 초보자라 해도 눈에 바로 보이는 부분이기 때문에 가장 이해하기도 쉽고 선택하기도 쉽다. 조금 더 과장하면 도배장판의 경우는 색상과 종류만 정하면 끝난다. 도배의 경우 보통 실크벽지와/광폭합지/소폭합지로 나뉜다. 가격은 오른쪽으로 갈수록 저렴하다. 실크벽지는 보통 실거주 하는 아파트에 주로 시공하는 벽지로 서로 잇대는 시공 방법으로 까다로운 시공법이다. 금액은 광폭합지 대비 2배 이상 비싼 편이고, 질감 자체가 굉장히 고급스러운 소재인 PVC 소재이다. 기본적으로 내구성이 강해서 관리가 쉬운 장점이 있지만 단점으로는 통기성이 떨어져 공간이 습하거나 결로현상이 있으면 곰팡이가 생길 수 있다.

  광폭합지와 소폭합지는 말 그대로 벽지 폭의 길이에 따라 구분이 된다. 광폭합지의 경우 벽지 폭이 넓은 합지(보통 90㎝내외)이고 소폭합지는 광폭에 비해 폭이 절반 가량인 합지이다. 합지의 시공방법은 도배지를 살짝 겹쳐서 벽에 바르는 작업으로 진행이 된다. 광폭이 폭이 넓어 이음새 부분이 거의 보이지 않는 장점이 있다. 소폭 합지의 경우 이음새가 상대적으로 더 보인다는 점이 있으나 가격이 가장 저렴하다. 대략적인 가격은 전용면적 15~20평 기준으로 실크벽지의 경우 200만 원 이상이고, 광폭합지의 경우 100만 원 내외 소폭 합지의 경우는 70만 원 내외의 비용이 든다. 단기매매나 임대를 줄 경우 화이트 색상의 소폭합지로 진행하는 것이 가장 경제적이고 대중적인 방식이다.

  도배를 하는 경우 도배사와 어느정도 시공 방법에 관해 이야기를 하고 시공 전에 몇 가지 정해야 할 것이 있다. 그중 가장 중요한 것은 기존에 붙은 도배지를 다 철거해야 할지 말아야 할지, 도배를 하기 전 기본 초배 작업은 어떻게 할지 정해야 한다. 개인적으로 철거와 초배작업 두가지 다하는 것을 원칙으로 삼고 진행하는 편이다. 기존에 붙은 도배지를 다 철거하고 깨끗한 상태로 도배를 해야 도배지 안에 혹시 곰팡이가 있으면 제거 후 작업을 할 수 있다. 그렇게 하지 않고 기존 도배지 위로 덧방을 하게 되면 속에 있는 곰팡이가 나중에 새로 한 도배지 위로 올라올 수 있는 문제가 생긴다.

그렇기에 기존 도배지는 무조건 철거해달라고 요청 하고, 철거 시 곰팡이가 조금이라도 보이면 곰팡이 제거를 한 뒤 도배해야 한다. 그리고 도배를 하기 전에도 초배 작업 즉 1차 도배를 하고 합지 도배 작업을 해달라고 요청 하는 것이 내구성이나 사용상에 문제를 최소화하는 방법이니 2가지는 꼭 시공을 해달라고 요청해야한다. 또한 본인이 직접 확인 하기에 시간이 여의치 않거나 현장에 갈 여건이 안 된다면 꼭 시공 전/후 사진을 요청 해야 한다.

장판의 경우 가장 기본이 되는 장판으로 시공하면 된다. 보통 장판이라고 하면 대중적으로 쓰고 있는 페트(PET)라고 하는 장판이다. 가격이 가장 저렴하고 단기매매나 임대용 주택으로 사용하기 적당하다. 두께만 선택하면 된다. 장판의 두께는 보통 T 단위를 사용한다. 두께가 두꺼울수록 가격은 올라간다. 시공하기 적당한 두께는 2.0T 정도로 가장 많이 사용하는 두께이다. 장판의 경우 디자인과 색상 등 선택의 폭이 다양하니 예산을 고려해서 선택하면 된다.

조명/스위치공사

　조명의 경우 도배를 진행할 때 도배사분들에게 일정 부분 추가 금액을 드리고 새로운 조명과 스위치를 달아 달라고 하면 그분들이 잘 달아 주신다. 도배를 하기 위해서 조명과 스위치를 어차피 철거하고 진행하기 때문에 새로 달아야 하는 것인데, 이때 새 제품으로 교체 하는 것이다. 형광등과 LED 조명의 경우 비용적인 면에서 큰 차이가 없다. 디자인상으로도 세련되어 고급스러워 보이고, 전기 사용량도 덜하고, 형광등보다 내구성도 좋아 교체에 대한 번거로움도 없다. 조명은 무조건 LED 조명으로 교체하기를 추천한다. 또한 주방의 경우 포인트를 주기 위해 포인트 조명으로 교체하기를 추천한다.

　이렇게 조명은 적은 비용으로도 큰 효과를 볼 수 있는 인테리어 품목이다. 조명 하나가 내부 인테리어를 확실히 차별화할 수 있는 포인트가 된다. 조명의 경우 구매 방법은 오프라인의 조명 업체에서 구매 해도 되지만 온라인에서 구매하는 것이 훨씬 저렴하다. 조명 검색을 하면 온라인으로 수많은 업체가 있으므로 미리 조명과 콘센트, 스위치 등을 구매해서 도배사 분들에게 도배 작업 후 설치를 일정 비용을 내고 추가 작업으로 요청한다면 적은 비용으로 만족할 만한 인테리어 효과를 얻을 수 있다. **도배, 장판, 조명, 이 3가지는 가장 적은 비용으로 최대의 효과를 낼 수 있는 인테리어라고 생각한다.**

싱크대/가구

싱크대는 굳이 브랜드 제품으로 선택할 이유는 없다. 싱크대는 국내 중소기업 제품이나 브랜드 제품이나 품질이나 디자인의 차이가 크지 않으므로 적당한 가격의 제품을 선택하면 된다. 다만 내부 공간에 따라 싱크대를 어떻게 배치할지 고민해야 한다. 일자로 할지, 공간을 넓게 활용할 수 있는 'ㄷ'자 형태로 할지 주방에 따라 설치해야 하는데 최근의 추세는 주방 공간도 넓게 사용하는 추세라 공간에 여유가 있다면, 싱크대 공간을 최대한 넓게 활용한 제품으로 하기를 추천한다.

가구공사는 내부 방문과 문틀 교체. 붙박이장, 몰딩, 신발장 등의 공사 공정으로 문과 문틀, 상하단부 몰딩의 경우 전체 리모델링 진행 시 보통 포함하는 공정으로 집 전체 분위기나 컨셉에 맞게 교체를 진행하게 된다. 붙박이장들은 기존에 있으면 그냥 두고 사용하면 되고, 없다면 굳이 만들 필요는 없다.

입주 청소

이제 어느 정도 인테리어 공사가 마무리가 되었다. 마지막으로 입주 청소가 남았는데 어떤 분들은 큰돈이 들지 않는 입주 청소 비용이라도 아껴볼 요량으로 마지막 입주 청소를 셀프로 하시는 분들도 가끔 보았지만, 이것만큼은 꼭 청소 전문업체를 통해 진행하기를 추천한다. 전용평당 약 2만 원 내외로 전용 15평의 경우 30만 원 내외의 가격이면 적당하다. 크게 부담되는 금액이 아니고, 청소 자재와 도구를 구입하는데도 추가 비용이 들고, 무엇보다도 몇 시간 동안 열심히 한 것에 비해, 제대로 청소가 되지 않고 몸만 힘들다. 입주 청소 전문 업체들은 청소에 최적화된 전문 장비를 동원하여 집안의 구석구석 모든 곳을 한 팀으로 일정 인원이 들어와서 약 3시간 동안 집중적으로 청소를 해주기 때문에 작업 전후의 차이가 확연하다. 입주 청소는 꼭 청소 전문가들에 맡기도록 하자.

수익화 하기

인테리어까지 완료가 되었다면 이제 수익화하는 단계만이 남아있다. 수익화 단계는 이제 나의 부동산을 임대(전세, 월세)를 놓거나 매도 하는 일이다. 결국에는 수익화를 해야 투자했던 돈이 회수되므로 가장 중요한 단계이다. 어떻게 하면 이 단계를 조금이라도 빨리 할 수 있을까? 최대한 많은 채널에 나의 매물이 노출되어야 한다. 물건을 거래해 주시는 공인중개사 뿐만 아니라 온라인상으로도 내 물건이 최대한 많이 노출이 되어야 조금이라도 기간을 단축 시킬 수 있다. 인터넷으로 집에서 편하게 매물을 노출할 수 있는 아래 방법을 참고해 보길 바란다.

네이버 부동산

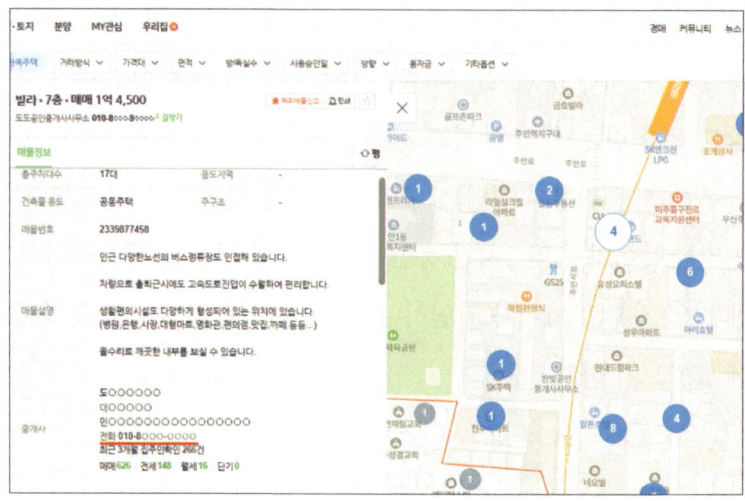

네이버 부동산은 가장 많이 사용하는 플랫폼이자 손쉽게 매물을 광고할 수 있는 수단이다. 네이버 부동산에 매물을 올리는 방법은 공인중개사분들이 네이버 부동산에 올리는 방식이다. 이분들은 부동산을 운영하며 네이버에 광고비를 내면서 나를 대신해서 매물을 올려주고 매수자 혹은 임차인을 대신 구해주는 역할을 한다. 그 대가로 우리는 부동산 중개 수수료를 지불하는 것이다. 그렇다면 어떻게 나의 매물을 의뢰할 수 있을까?

첫번째로 내가 임대 혹은 매도하려는 부동산 주변의 매물을 검색해 볼 수 있다. 위 그림처럼 매물을 클릭하면 아래쪽에 중개사 정보가 확인된다. 내 물건 주변으로 최대한 많은 중개사 전화번호를 확보한 뒤 이들에게 단체로 나의 매물을 홍보하면 그것으로 끝이다. 나의 매물을 홍보하기 위해서는 아래 내용정도가 들어가면 좋다. 중요한 것은 바로 집 내부 사진이다. 입주 청소까지 마친 집 내부를 방, 거실, 화장실 등 여러 장 찍어 보내주면 더 효과가 좋다. 아래 내용으로 단체 문자를 보내면 관심 있는 중개사분들은 연락이 온다. 추가 정보를 요구하거나 본인들이 직접 방문해서 사진을 찍거나 동영상을 촬영하여 광고를 올리는 등 중개를 적극적으로 하게 된다.

두번째로 내가 매물을 내놓으려는 지역의 중개사 정보를 직접 확인해서 매물을 의뢰해 볼 수 있다. 아래 그림과 같이 내이버 부동산에 접속하여 오른쪽에 중개사를 클릭을 하면 붉은색으로 공인중개사 사무실 위치가 표시가 된다. 해당 위치의 사무실을 클릭하면 왼쪽으로 연락처 정보를 확인할 수 있다. 물건지 주변의 중개사분들에게 매물을 의뢰할 때 사용하면 좋다.

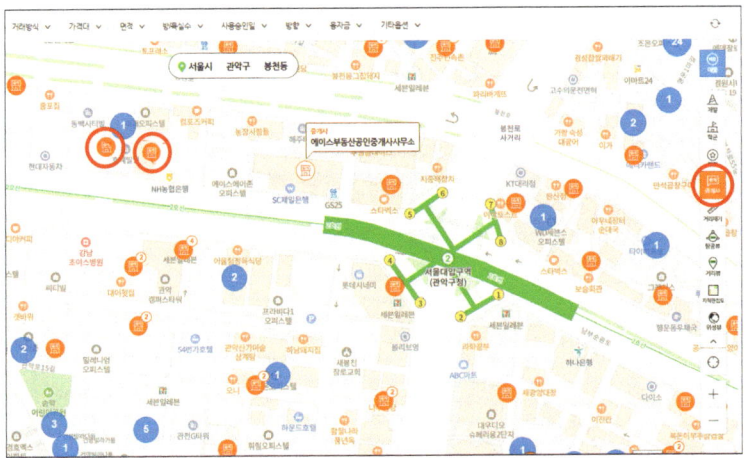

그렇게 네이버에 매물을 등록하면 내 매물이 네이버 부동산에 올라 온 것을 확인할 수 있다. 이렇게 2~3주 해보고 거래가 성사되지 않는다면 주변으로 더 확대하여 추가로 나의 매물을 홍보해야 한다. 한번 했다고 손 놓고 기다리기보다는 주변으로 범위를 확대하여 더 많은 중개사 분에게 의뢰하는 게 좋다. 그렇게 하다 보면 물건 주변에 있는 부동산이 아닌 전혀 나도 생각지도 못한 먼 곳에 있는 부동산과도 거래하게 된다. 꼭 나의 물건지 주변에서만 거래해야 하는 법은 없다. 기간이 지나도 거래가 되지 않는다면 적극적으로 주변으로 중개 의뢰를 확대해 보자.

매물의뢰 요청 문자 발송시 작성 예시

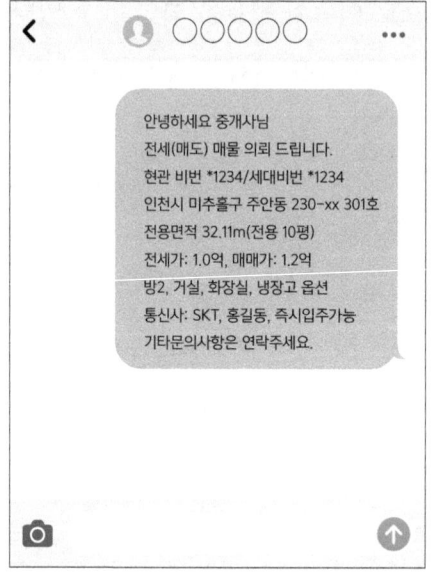

피터팬의 좋은 방 구하기

네이버 카페인 피터팬의 좋은 방 구하기에 나의 매물을 홍보하는 방법이 있다. 국내 1위 부동산 직거래 커뮤니티로 본인이 직접 사진과 매물에 대한 소개 글을 등록하는 방법이다. 가입된 회원 수만 약 3백만 명으로 하루에도 수많은 매물이 올라온다. 카페의 회원가입이나 매물을 올리는 절차가 크게 복잡하지 않으니 꼭 해보도록 하자.

사진을 찍을 때는 해가 잘 들어오는 시간에 조명을 켜고 최대한 밝게 찍어야 한다. 또한 집 내부가 커 보일 수 있도록 핸드폰으로 찍을 시 사진을 기본설정인 1.0 배율로 찍지 말고 0.5 혹은 0.7배율로 같은 화면에 더 많은 곳이 나올 수 있도록 집이 더 커 보이게 사진을 찍는 게 포인트이다. 카페는 매물을 구하는 개인이 보는 것뿐만 아니라 수많은 공인중개사도 같이 매물을 보고 있으니 그만큼 내 매물이 많이 홍보되는 것이다. 개인들이 보고 마음에 들면 매물을 보고 거래하는 경우도 많으니 꼭 이 방법도 같이 진행해 보자.

사진 기본 설정(1.0배율)

사진 설정(0.5배율)

사진 기본 설정(1.0배율)

사진 설정(0.5배율)

사진 기본 설정(1.0배율)   사진 설정(0.5배율)

직방, 다방, 공실클럽(전세/월세 의뢰 시)

　전세/월세로 임대를 놓을 시 직방, 다방, 공실클럽 같은 부동산 전문 사이트에 매물을 등록하는 방법도 있다. 최근에 젊은 층들은 핸드폰 앱으로 위의 사이트를 통해 집을 구하는 경우가 상당히 많다. 직방, 다방, 공실클럽의 경우 광고도 굉장히 많이 하고 있어, 젊은층의 유입이 많다. 임대인의 경우 회원가입 후 무료로 매물을 등록할 수 있고, 매물 중개를 희망하는 부동산에서는 유료로 돈을 지불하고 임대인이 등록한 매물을 볼 수 있는 방식이다. 임대인은 따로 지불해야 할 비용은 없다.

다만 이곳은 매매가 아닌 전세나 월세 위주의 거래만 하므로 매도 의뢰는 불가하니 참고하길 바란다. 이곳에서도 매물 정보를 얻기 위해 많은 부동산에서 유료로 서비스를 이용하고 있으니 등록하면 나의 매물 홍보에 많은 도움이 된다. 등록하는 방법도 어렵지 않으니 꼭 해보길 바란다.

그 밖의 방법들

위의 방법처럼 적극적으로 최대한 많은 채널에 나의 매물을 의뢰하였는데도 보러오는 사람도 없고, 거래가 이루어지지 않는다면 그동안 조금 적극적이었던 부동산에 전화 하거나 직접 방문하여 원인이 무엇인지 물어보도록 하자. 그렇다면 그들은 가격에 문제가 있는지 인테리어에 문제가 있는지 옵션이 필요한지 등 어떤 부분에 문제가 있는지를 이야기 해줄 것이다. 서너 군데 전화를 돌려보면 무엇이 문제인지 감을 잡을 수 있을 것이다. 문제점을 확인했으면 이제 적극적으로 해결하면 된다. 해결 한 뒤에 전 후 사진을 찍어 다시 의뢰를 해보자.

입찰 노하우

　법원의 입찰 마감 시간은 전국 법원이 조금씩 다르긴 하지만 보통 입찰 시작 시각은 10시부터 시작하여 마감은 11시부터 11시 30분 사이에 마감하는 경우가 대부분이다. 본인이 입찰하려는 법원의 입찰 시작 시각과 마감 시간은 미리 확인하고 가야 한다. 입찰일에는 경매 입찰하려는 사람, 경매 교육 기관에서 나온 수강생, 컨설팅하는 업자들, 대출을 중개해 주시는 실장님 등 많은 사람이 모이게 되어 혼잡스럽고 분주하기 마련이다.

　입찰표 작성은 보통 경매가 진행되는 법원 안의 별도 칸막이가 있는 부스에서 작성하는 사람들이 많다. 하지만 나의 경우에는 정신없고 산만한 법정 안에서 작성하지 않고 법원 내부 커피숍이나 식당을 이용한다. 아침 시간이라 이용하는 사람이 거의 없어 차분하게 마음을 가라앉히고, 최종 입찰가를 산정하고, 입찰표를 작성하기 안성맞춤인 곳이다.

　나의 경우에는 10시 이전에 도착하여 경매법정에서 입찰 서류들을 여러 장 여유 있게 챙겨서 법원 내에 있는 커피숍이나 식당으로 이동한다. 이곳에서 여유 있게 입찰표 작성과 서류들을 점검한다. 법원 내에서 작성 할 경우 사람들이 많아 보이면 입찰 경쟁률도 높을 것 같다는 생각에 내가 기존에 생각했던 입찰가격보다 조금 올려서 적고 싶은 마음이 든다. 하지만 자리를 옮겨 커피숍이나 식당의 경우 집중하기에도 좋고 사람들이 많이 없기 때문에 주변 사람들에게 휩쓸리지 않고, 최초에 내가 생각했던 입찰가를 적기에 좋다. 여기서도 주의할 점은 혹시 근처에서 나와 같은 물건에 입찰하려는 경쟁자가 지나가면서 볼 수 있는 경우가 발생할 수도 있으니 내가 입찰하려는 물건이나 정보를 최대한 오픈하지 않은 채로 적는 것이 중요하다.

 에릭의 노하우 ⓰

인테리어 노하우

어떻게 하면 인테리어를 최소의 비용으로 가장 최대의 효과를 낼 수 있을까? 인테리어를 할 수 있는 방법은 다양하다. 그렇기에 본인에게 가장 적합한 방식으로 인테리어를 해야 한다. 어떤 방식으로 인테리어를 하는 것이 본인에게 가장 유리할지 먼저 판단 하고 나서 접근해야 한다. 인테리어에 투자할 수 있는 자금과 시간 등을 종합적으로 판단한 뒤 본인에게 가장 적합한 방식으로 해야 하는 것이지 직장 일로 엄청 바쁜 사람이 셀프 인테리어가 싸다고 해서 셀프 인테리어를 고집할 수는 없는 노릇이 아닌가? 그렇다면 인테리어의 종류와 방법은 어떤 것이 있는지 한번 알아보자.

✔ 턴키(종합) 공사

턴키(종합) 공사는 보통 1층 상가에서 xx인테리어 상호를 쓰고 있는 인테리어 가게에 서 주로 하는 공사로 종합 인테리어라고 생각하면 된다. 모든 부분의 인테리어 공정이 가능하다. 전체 인테리어부터 부분(도배, 장판, 싱크대 등) 인테리어도 가능하다. 인테리어를 공정별로 재하청을 주는 구조로 비용이 가장 많이 소요되는 단점이 있다.

장점으로는 전체적으로 통일된 인테리어 컨셉 구현이 가능하고, 인테리어를 계약한 한 곳과 소통하므로 간편하며, 하자 보수 등 A/S 처리가 빠르다는 장점이 있다. 보통 본인의 주업으로 인테리어에 시간이 내기 어려울 때 사용하면 좋고, 올 리모델링(철거부터)을 하는 경우 시간과 본인의 노력을 절감할 수 있다. 보통 올 리모델링의 경우 전용 평당 100~150만 원 내외의 금액이 소요된다.(전용 면적 10~15평 기준 1,500만 원 내외)

✔ 반 셀프 공사

반 셀프 공사는 본인이 직접 시공업자를 섭외해서 공사를 진행하는 것을 말한다. 도배 /장판/화장실/목공/전기 등 해당 분야의 기술자를 직접 섭외하여 각 부분을 시공하는 것인데 업자의 실력이 가장 중요한 요소이다. 업자를 찾는 방법은 해당 지역의 공인중개사 사장님을 통해 소개받는 방법이 있고, 네이버 지도를 통해 업자를 직접 찾는 방법이 있다. 예를 들어 화장실 공사를 하고 싶을 때 네이버 지도에 해당 지역을 위치하고 타일공사, 화장실 공사 등으로 검색하면 업체 정보가 나온다. 그 업체에 문의하면 된다. 또 다른 방법으로는 숨고 어플을 이용하는 방법이다. 가장 합리적이고 좋은 방법으로 숨고 어플에 해당 지역에서 진행하려고 하는 인테리어 공정을 올리면 시공이 가능한 업자가 직접 본인 소개 및 견적 등의 정보를 보내는 방식이다.

해당 업자가 시공한 사진도 확인할 수 있고 실제 시공을 받은 고객들의 후기까지 자세히 나와 있어 실력이 있는 업자인지 아닌지 쉽게 확인할 수 있다. 후기만 잘 보고 골라도 절반은 성공한 셈이다. 이렇게 2~3명 정도 업자와 만나서 견적을 받고 이야기를 해보면 어느 정도가 적정한 가격이고, 원하는 품질이 나올지 아닐지 감이 온다. 꼭 방문 비교 견적을 진행하고 업체를 선정해라. 반 셀프 공사는 부분부분 다른 업자가 시공하므로 자칫 잘못하면 통일된 컨셉의 구현이 어렵고, 스케줄 조정 등으로 인해서 공사 기간이 늘어나고, 본인이 신경 써야 할 부분도 있는 편이다. 하지만 몇 번 진행해 보면 가장 합리적인 비용으로 우수한 작업 결과물을 얻을 수 있는 방법이니 도전해 보시기를 적극 추천해 드린다.

✔ 셀프 공사

본인이 인테리어 감각이나 시공에 관심이 있고, 앞으로 이런 쪽에 일을 하고 싶다면 적극 권장하는 방법이다. 앞으로 이런 인테리어 분야의 수요는 점점 늘어날 것이고, 기술자는 한정되어 있기 때문에 한번 기술을 배워 놓으면 평생 은퇴 없이 돈을 벌 수 있는 방법이다. 본인이 투자한 집을 인테리어 할 수도 있고, 일을 받아서 타인의 집을 해주고 돈을 벌 수도 있다. 처음부터 여러 가지 인테리어를 하려고 하지 말고 차근차근 본인이 잘할 수 있는 분야부터 접근해서 셀프로 해보기를 추천한다.

인테리어는 전문적인 지식과 노하우, 경험이 필요한 부분으로 인테리어에 필요한 전문 기기와 공구 등도 필요해서 초기에 어느 정도 투자비가 들어간다. 각 공정별로 필요한 인테리어 기술만을 교육받을 수 있는 전문기관들도 많으니 부족한 부분은 이런 교육 전문 기관을 이용하자. 셀프로 인테리어를 하면 본인의 취향에 맞는 공사가 가능하고, 비용도 가장 저렴하다.

본인이 직접 셀프로 공사하게 되면 가장 저렴한 가격에 할 수 있다. 그만큼 매도 가격도 다른 매물 대비 저렴한 가격에 내놓을 수 있어 빠른 시일내 거래될 가능성이 높다. 하지만 시간이 오래 걸리고 여러 가지 작업기술이 있어야 하는 힘든 공정으로 직장을 다니면서 병행하기에는 무리가 있고, 어느 정도 시간이 확보되거나 확실히 이쪽으로 전향 할 생각이 있으면 도전해 보길 바란다.

인테리어 공사 전

인테리어 공사 후(셀프공사)

 에릭의 노하우 ⑰

화곡동 빌라 가격에 마포구 신축 빌라를 산다?

　법원의 감정가를 주의 깊게 살펴보자. 보통 80% 이상 법원의 감정가격은 전문 감정 평가사나 감정기관에서 부동산의 가격을 평가한다. 감정가격으로 최초 매각을 진행하고 입찰자가 없으면 유찰된 가격으로 낙찰자가 나올 때까지 가격이 떨어지는 구조이다. 대부분 감정평가는 채권 회수를 조금이라도 더하기 위해서 시세와 비슷하거나 조금 더 높게 감정을 하기 마련이다. 그렇다면 감정 평가는 누가 하는 것일까? 그렇다! 바로 사람이 한다. 여기에 포인트가 있다. 컴퓨터나 AI가 하지 않는 이상 사람이 하는 일에는 실수가 있게 마련이다. 우리는 바로 사람이 실수하는 부분에 포인트를 잘 찾아 수익으로 연결을 시켜야 한다. 어느날 물건 검색을 하다 경매 진행중인 마포구에 있는 신축 빌라를 보게 되었다. 그런데 이상한 점이 강서구 화곡동에 있는 빌라보다 마포구에 있는 신축 빌라 가격이 더 싼 것이 아니겠는가. 누가 봐도 강서구 화곡동보다 마포구 성산동이 상급지임은 분명한 사실이다. '이거 뭔가 실수가 있구나' 싶어서 자세히 물건을 들여다보았다.

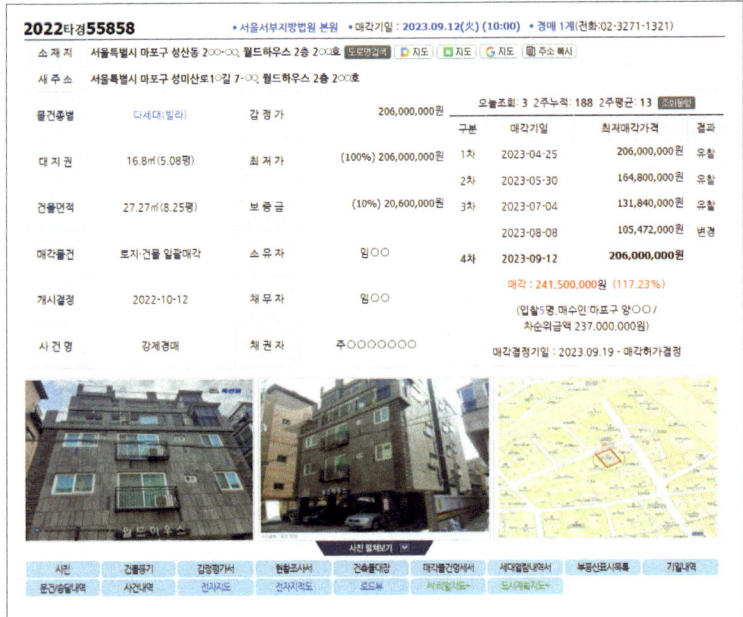

출처 : 옥션원

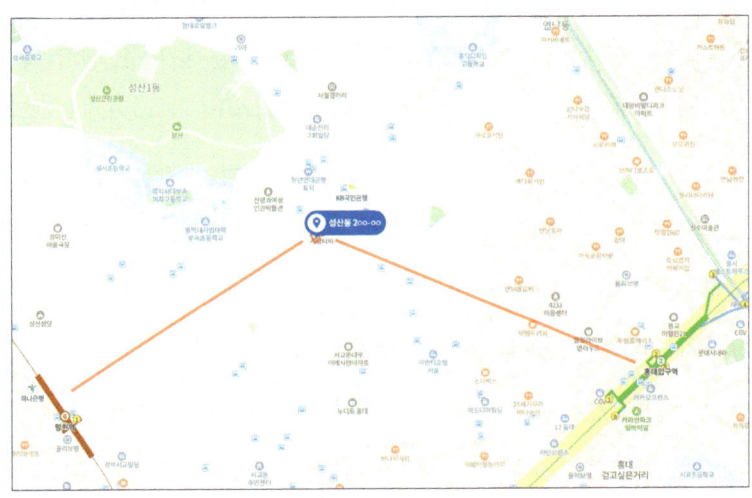

출처 : 네이버 지도

　마포구 성산동에 있는 신축 빌라였고, 유료 경매 사이트상으로 봤을 때도 신축에 가까운 고급스러운 빌라였다. 17년 12월 건축승인이 나서 현재 5년 정도 된 준 신축빌라였다. 지도검색을 통해 해당 물건지의 위치를 파악해 보았다. 위치는 지금 서울에서도 가장 핫한 지역을 양쪽에 두고 있었다. 바로 홍대 입구와 망원역 사이에 위치한 빌라였다. 감정가격이 낮게 평가된, 감정평가사가 감정가격을 실수한 그런 물건이었다. 강서구 화곡동 빌라보다 가격이 싸게 책정된 것이었다.

　돈 냄새가 강하게 밀려와서 수강생분들에게 연락해서 바로 현장으로 가보았다. 해당 물건은 경매 사이트에서 본 것보다 더 관리도 깔끔하고 외관도 고급스러워 보였다. 건축업자가 나름 신경을 써서 지은 품질이 우수한 빌라였다. 물건지 주변으로는 학교가 있어 유흥 및 유해시설이 전혀 보이지 않았고, 전형적인 주거지역으로 쾌적한 환경을 갖추고 있었다. 다만 역과의 거리가 조금 있었지만, 그 정도는 얼마든지 도보로 이용이 가능한 수준이었다.

주변 부동산에 들어가 시세 조사를 해보았다. 현재 비슷한 면적의 신축 투 룸 분양가가 4억 중반에서 후반까지 나온다고 하였다. 아무리 보수적으로 잡아도 감정가가 1억 이상 낮게 평가된 것이었다. 이건 무조건 신 건에 입찰해야 한다. 공동주택가격도 무려 1억 7,700만 원으로 전세만 놓아도 2억 2,300만 원(126%)까지 받을 수 있는 너무나 좋은 물건이었다. 전세가에서 1,000만 원 정도 더 높게 쓴다는 생각으로 수강생분에게 그 정도 가격으로 입찰을 권유하였고, 입찰을 결정하였다. 신건이긴 하지만 이렇게 눈먼 물건을 나만 본 것은 아닐 터, 최초 감정가 보다 약 3,000만 원을 더한 가격을 입찰가로 정하고 입찰하였다.

하지만 총 5명이 들어왔고 입찰하신 수강생분은 너무나 아쉽게도 2등을 하고 말았다. 2억 4,100만 원으로 최고가 매수인이 낙찰을 받았다. 약 400만 원 차이로 아깝게 놓친 물건이었다. 이처럼 감정가에 실수는 늘 생길 수밖에 없다. 사람이 하는 일이기 때문이다. 감정가를 다시 꼼꼼히 살펴보자. 이렇게 돈 될 만한 눈먼 물건이 언제든 있음을 명심하자. 우리가 해야 하는 일은 관심

지역에 대해서 꾸준히 임장을 통해 해당 지역의 전반적인 시세를 기억하고 있다가 물건을 검색하면서 조금이라도 가격이 낮게 감정이 된 물건에 대해 이상하다고 느낄 수 있는 그런 감이면 충분하다. 이런 물건을 통해서도 많은 수익을 기대할 수가 있는 것이다.

 에릭의 노하우 ⑱

테라스 신축 빌라 낙찰 사례(인천 계양구 병방동)

아래는 낙찰 집중반 정규 수강생이 직접 낙찰받은 물건 사례이다.

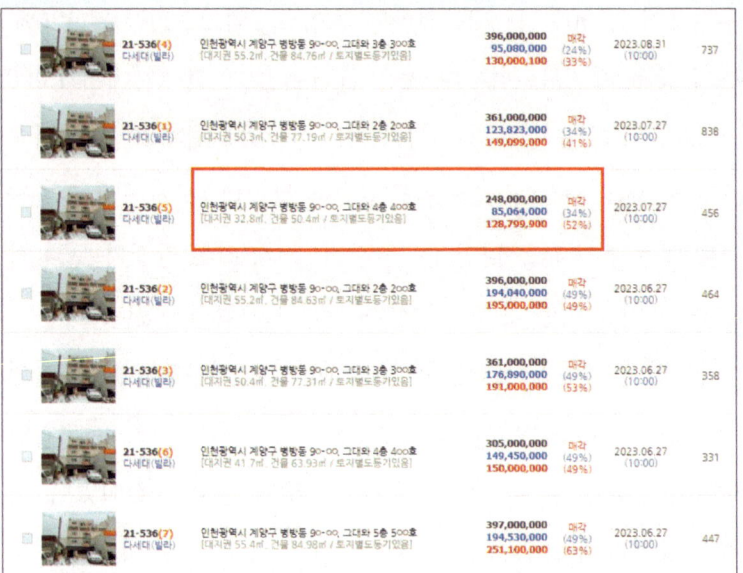

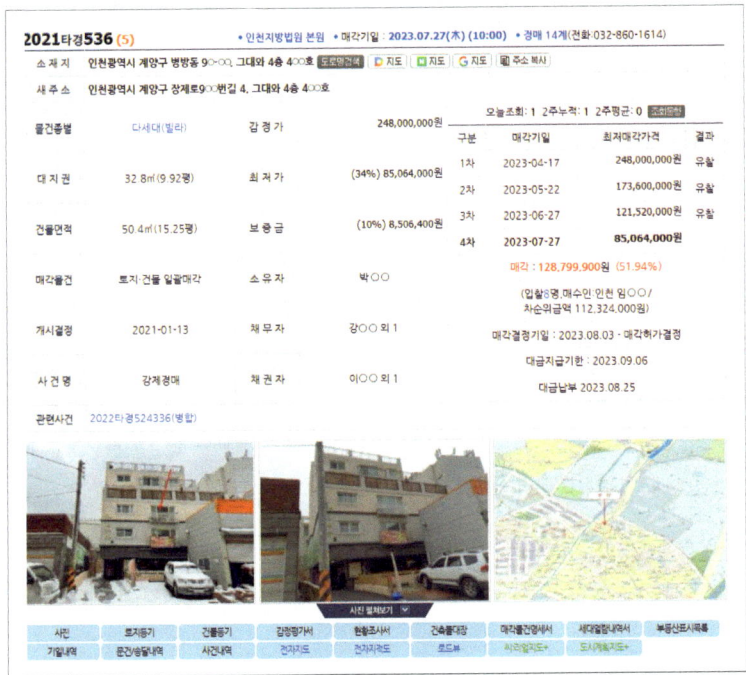

출처 : 옥션원

출처 : 네이버 지도

2020년 완공된 신축 빌라 전체가 경매로 진행된 물건이었고, 수강생분은 작은 평수이지만 해당 건물에서 가장 저렴한 가격으로 낙찰을 받으셨다. 15평으로 방2개, 거실, 주방, 화장실이 크게 빠진 넓직한 투룸 빌라이다. 감정가 2억 5,000만 원의 전용면적 15평의 빌라를 4번이나 유찰된 가격에서 3회차를 조금 넘은 가격으로 입찰하여 1억 2,800만 원에 낙찰 받으신 것이다.

　일단 가격이 많이 유찰 되었고, 신축이라 매매나 임대에 수월할 것이라는 판단에 추천을 드렸는데 입찰 하셨고, 낙찰까지 받아 오셨다. 추진력이 대단한 수강생 분이셨다. 위치는 인천지하철 1호선인 박촌역과 임학역 사이에 있고 도보 10분 내외로 이용이 가능한 거리다. 또한 집 바로 앞에 초,중,고등학교가 모두 있어 자녀를 둔 가정의 수요도 많을 것으로 예상 되었다. 또한 인근에 계양산 전통시장이 있고, 역 주변으로 상권이 잘 형성되어 있어 실거주하기에도 아주 좋아 보였다. 신축 빌라답게 외관도 깔끔했고, 엘리베이터에 주차장, 무인택배함까지 갖추어져 있어 거주하기에 불편함이 없어 보였다.

　입찰하기 전에 도면상 저 테라스라고 표시된 부분이 너무 궁금했다. 보통의 경우에는 테라스라고 도면에 표시되어 있긴 하지만 실제로는 집 내부 면적을 넓게 쓰기 위해서 테라스 부분을 확장하여 내부 전용면적으로 쓰는 경우가 대부분이다. 유료 경매 사이트에서 확인한 사진으로는 실제 테라스로 사용하는 것처럼 보였다. 도면상으로 집 크기의 1/3가량 되는 면적인데 어떻게 사용하고 있는지 궁금해서 임장을 통해 확인해 보았는데 실제로 도면 그대로 테라스로 사용하고 있었다.

실제 나무데크를 짜서 테라스 용도로 사용하고 있었다. 이런 빌라들은 특별하다. 빌라 중에서도 테라스가 있는 집이 거의 없으므로 희소성의 가치가 있다. 저런 공간은 다른 빌라와는 확실히 차별화된 점으로 매매나 임대할 때 플러스 요인으로 시장에서 가치가 평가된다. 개인의 휴식 공간으로 활용해도 되고 창고로 활용해도 되고 나만의 특별한 공간이 되는 곳이다. 청소까지 깨끗이 완료한 뒤 집 내부를 확인해 보았다.

요즘 신축 빌라는 그 수준이 정말 상상이다. 아파트에 들어가는 시공 그대로 다 들어간다고 보면 된다. 현관 중문에 거실 천장 시스템 에어컨까지 들어가 있다. 거기다 테라스에 주방도 대기업의 브랜드(한샘) 주방이다. 욕실도 깨끗해서 청소만 하고 수강생분이 저렴한 가격으로 소품을 곳곳에 포인트를 주었더니 모델하우스처럼 집이 업그레이드 되었다.

낙찰가격	128,799,900원
대출(80%)	103,000,000원
등기비	3,500,000원
도배/입주청소	1,000,000원
투자금	30,000,000원

현재 2억 전후로 매도하려고 부동산에 물건을 내놓았고, 1억 후반대에 거래가 성사될 것으로 예상된다.

6장 입찰 그리고 드디어 낙찰! 이제부터가 시작 **301**

✔ 낙찰 후 집 앞 도로가 수용된다고?!

낙찰 후 해당 물건지인 인천시에서 도로 확장 공사로 일부 도로가 수용이 된다는 문서가 집으로 왔다. 인천시 지방토지수용위원회에서 낙찰 받은 집 진입로 앞 부분이 도로 확장으로 시의 도로로 수용되니 지분만큼 보상금을 준다는 내용이었다. 정말 전혀 생각지도 못한 보상금이었다. 내 집 앞으로 도로를 넓혀서 사용하기 좋게 해주고, 수용금으로 보상금까지 주다니 이 얼마나 좋은 일이란 말인가. 보상금은 자그마치 100만 원에 이르는 큰 돈이다.

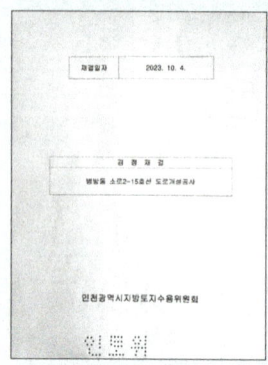 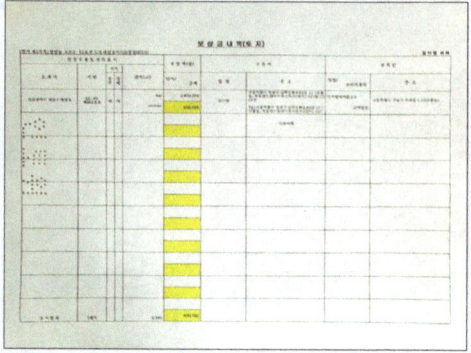

 에릭의 노하우 ⑲

소형 아파트 낙찰 사례(충남 천안 서북구 서정동)

천안은 행정구역상으로는 충청남도이지만 1호선과 경부고속

도로, KTX 역이 있는 서울 및 수도권의 관문으로 교통의 요충지이다. 이러한 이유로 천안은 충남이지만 수도권으로 봐야 하고 지금 시점에서 저렴하게 투자할 좋은 기회라고 생각하였다. 또한 각종 철도 계획과 도로 확충 등으로 국가적인 투자가 예정되어 있고 현재도 지속해서 인프라가 좋아지고 있는 지역이다.

일자리도 삼성의 협력 업체부터 반도체 계열의 외국기업 공장 등의 유치도 예정되는 등 양질의 좋은 일자리가 많이 있다. 이러한 호재에 비해 가격이 저렴하여 투자처로 수강생분들에게 천안 지역을 적극 추천해 드렸다. 아래 천안 소형 아파트는 소액으로 투자하기를 원하시는 수강생분에게 권하였고, 처음 입찰하여 낙찰까지 받은 사례이다. 본건을 낙찰받으신 수강생분은 그동안 경매에 대해 이론으로 배우고 공부하였지만 낙찰 경험은 없었고, 나와 함께 직접 대전지방법원 천안지원에 내려가서 입찰하였고, 첫 낙찰의 기쁨을 맛보았다. 거기다가 소액으로 투자한 자금마저 다 보증금으로 회수하고, 오히려 보증금으로 회수한 돈이 남아 플피 투자가 되었고, 거기다 월세까지 받아 월세로 이자를 감당하고도 남는 투자가 되어 기쁨은 배가 된 사례이다.

천안시 서북구에 있는 프라지움 3차 소형 아파트가 경매로 진행이 되었다. 전용 9평 남짓의 원룸형 아파트였고, 1인이 거주하기에는 적합해 보였다. 유료 경매 사이트상의 사진을 봐서도 깔끔한 건물에 내부 관리 상태도 양호할 것으로 판단하였다. 현재 신고된 임차인이 보증금 3,000만 원에 월세 30만 원에 거주하고 있는데 2017년 전입을 하였으니 무려 6년이나 거주를 하고 있었던 것으로 확인되었다. 보통 이런 작은 원룸형 건물은 임차인들이 오래 거주하는 주택은 아니어서 빠르면 6개월 길어야 2년에 한 번씩 바뀌게 마련인데 이 물건은 6년이나 거주하고 있는 상태였다.

이렇게 임차인이 장기간 거주하는 경우는 주변 시세 대비 가격이 저렴하거나 살기에 정말 좋은 곳이라고 추측해 볼 수가 있다. 주변은 중심 상업시설 밀집지역으로 매매나 임대수요는 충분할 것으로 판단하였다. 감정가 9,100만 원에 1회 유찰이 되었고, 수강생에게 입찰을 권유하였고 9명 중 7,200만 원으로 최고가 매수인이 되었다. 차순위와는 100만 원 차이로 첫 낙찰의 기쁨을 맛보았다.

출처 : 옥션원

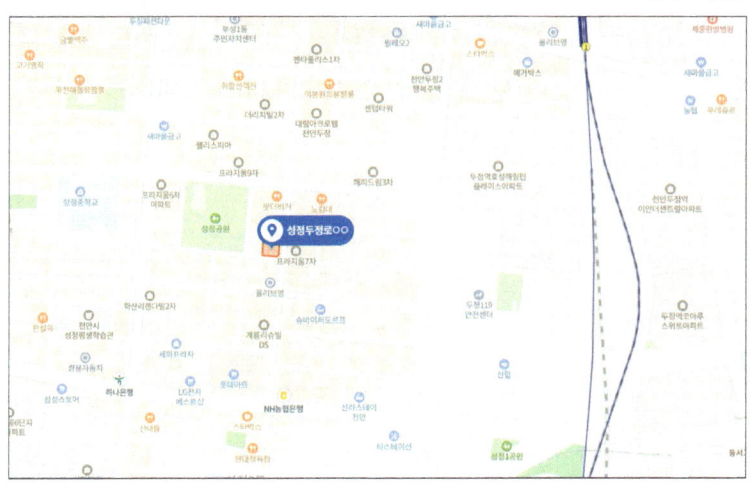

출처 : 네이버 지도

해당 건물의 위치는 1호선 두정역을 이용할 수 있는 거리이고 주변에 상가들이 밀집되어 1인 가구가 거주하기에 적합한 곳이었고, 집 바로 앞에는 공원도 있어 주거하기에 쾌적한 환경이었다.

낙찰을 받고 물건지로 이동을 해보았는데 생각했던 대로 깔끔한 외관과 내부도 관리가 잘 되어있는 건물이었다. 해당 층도 정남향에 10층으로 앞에 막힌 곳이 없는 로열층이었다. 현재 점유자가 보증금 3,000만 원에 월세 30만 원에 살고 있었고, 명도 과정에서 계약을 연장하여 지속해서 거주하고 싶다는 의사를 밝혀 보증금은 3,000만 원으로 하되 월세는 35만 원으로 5만 원 인상한 금액에 새로 계약을 체결하였다. 투자 금액은 2,000만 원정도 들어갔으나, 보증금으로 3,000만 원을 회수하여 1,000만 원 정도 돈이 남았고, 대출이자는 5,400만 원에 6% 이자로 월 27만 원 정도 이자를 내고 35만 원 월세를 받으니 약 8만 원 정도 매달 남는 구조를 만들었다. 돈 한 푼 안들이고 1,000만 원과 월 8만 원의 현금흐름을 만든 것이다.

낙찰가격	72,799,900원
대출(75%)	54,000,000원
등기비	2,000,000원
투자금	20,000,000원

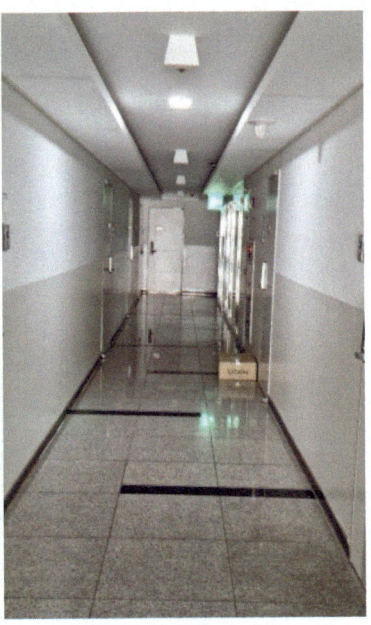

7

직장인에게 가장 적합한 공매로 부동산 투자하기

7장
직장인에게 가장 적합한 공매로 부동산 투자하기

　공매는 경매와는 좀 다른 점이 몇 가지가 있다. 그중 가장 중요한 포인트로는 입찰하기 위하여 평일의 황금 같은 시간을 사용할 필요가 없다는 것이 가장 큰 장점이다. 특수한 경우가 아니고는 평일에 자유롭게 시간을 활용하여 경매를 입찰하러 가는 것은 쉬운 일은 아닐 것이다. 하지만 공매의 경우 인터넷 온비드 사이트를 통해 3분이면 입찰할 수가 있다. 이렇게 편할 수가 없다. 이처럼 공매의 경우 많은 장점도 있지만 단점 또한 있다. 아래를 통해 공매의 개요와 장단점. 그리고 낙찰 사례까지 한번 살펴보자.

공매란 무엇인가?

공매는 각종 세금(국세, 지방세)과 공과금(의료 보험료 등)을 징수하려는 목적으로 징 수자의 재산(부동산, 동산)을 압류하여 그 압류한 재산을 온비드라는 사이트를 통해 강제로 매각하여 세금과 공과금을 회수하는 절차를 말한다. 이 공매의 절차는 국세청과 국가 공공기관 등의 의뢰를 받아서 한국자산관리공사인 캠코에서 온라인 사이트 온비드를 통해서 진행되는 것이 공매이다. 이것이 공매에 대해 조금이라도 관심이 있는 사람들이라면 대략적으로도 알고 있는 내용이다.

하지만 위에 설명한 공매는 공매의 전부가 아니다. 공매의 지극히 일부분이다. 위의 세금 징수 목적으로 압류하여 진행하는 공매는 압류 공매로서 공매의 한 부분이지 공매의 전체가 아니다. 공매는 매수와 매도 즉, 매매의 형식을 취하면서 공개적으로 매매하는 것을 뜻하는 말이다. 물건지의 주소, 종류, 가격, 기타 정보 등을 온비드 사이트를 통해 불특정 다수에게 고지 후 매수를 희망하는 자들이 각자 입찰하는 것이다. 공매도 경매와 마찬가지로 최고가를 써낸 사람이 낙찰받는 구조이다.

공매를 통해 매각하는 방식으로는 위의 사례인 압류재산뿐만 아니라, 국유재산, 공공기관 또는 지방자치단체의 소유 부동산도 매각할 수 있다. 또한 신탁 공매라는 신탁사에서 매각하는 부동산도 있다. 즉 일반적인 매수와 매도의 형태로 기관과 개인 간의 거래가 공매라고 이름을 붙일 수 있는 것이다. 공매의 종류를 크게 구분하면 아래와 같이 구분할 수 있다.

압류재산 공매 : 체납 세금 및 공과금 징수를 목적으로 하는 공매

공매 중에서 가장 많은 부분을 차지하며 대략 50% 정도의 비중을 차지한다. 부동산 경매와 가장 유사한 형태이다. 말소 기준 권리가 국세청이나 공공기관의 압류가 되는 것으로 권리분석은 경매와 거의 같다고 보면 된다. 점유자에 대한 명도의 이슈가 있고, 공매 중에서도 난이도가 있는 편이다.

■ 권리분석 기초정보 (권리분석 기초자료는 입찰시작 7일전부터 제공됩니다)   권리분석 기초정보 인쇄

• 배분요구 및 채권신고현황 (배분요구서를 기준으로 작성하였으며, 신고된 채권액은 변동될 수 있습니다.)

번호	권리종류	권리자명	설정일	설정금액(원)	배분요구일	배분요구채권액(원)	말소가능여부	기타
1	압류	국민건강보험공단 울산남부지사	2022-02-25	0	2023-08-28	25,874,330	-	-
2	압류	울산남구청	2023-05-17	0	배분요구없음	0	-	-
3	물건지지방자치단체	강동구청	-	0	-	346,460	-	-
4	위임기관	울산세무서	2021-11-09	0	2023-05-22	595,951,180	-	-

[총 4건]

• 배분요구채권액 중 체납액(위임기관, 압류, 교부청구)은 담보채권자와 우선순위를 비교하는 법정기일을 표시하지 않으므로 입찰 전 별도로 확인하셔야 합니다.

• 점유관계 (감정평가서 및 현황조사서 기준)

점유관계	성명	계약일자	전입일자 (사업자등록신청일자)	확정일자	보증금(원)	차임(원)	임차부분
전입세대주	정**	미상	2021-09-08	미상	0	0	미상

[총 1건]

온비드를 통해 위와 같이 권리분석에 대한 기초 정보가 제공이 된다. 경매와 마찬가지로 말소기준권리는 압류 등기(국민건강보험공단 울산 남부지사)가 되고, 이 후 권리는 말소가 된다. 내가 인수해야 되는 권리 및 보증금을 인수해야 되는 선순위 세입자등 권리분석 하는 방법은 부동산 경매와 동일하다. 권리분석 부분은 공매 핵심 권리분석 파트에 따로 기술하도록 하겠다.

국유재산 공매 : 국가 및 지자체의 재산을 매각하려는 목적의 공매

공무원들이 사택으로 사용하던 물건들이 대부분으로 약 10% 내외의 비중이다. 국유재산의 부동산을 한국자산관리공사에서 대행하여 매각을 하는 방식이다. 대부분 공실이고 권리의 하자가 없는 물건이다. 입찰전에 현장 공개를 1회에서 2회 정도 진행을 하므로 내부 상태를 확인해 볼 수 있다. 대부분 초기 인테리어 상태 그대로 수리를 거의 하지 않았기 때문에, 인테리어 비용을 반영하여 입찰가를 산정해야 한다. 입지가 좋은 곳에 주로 위치하고 있으며 시세와 비슷하게 감정하여 진행하고 있다. 유찰되면 떨어진 가격으로 진행하지 않고, 최초 감정가로 다시 진행하거나 진행을 연기하기도 한다. 시간이 어느 정도 지난 후 조금 떨어진 가격으로 진행하기도 하니 수시로 물건들을 확인하다 보면 좋은 가격의 물건이 어느 날 갑자기 나타나는 경우도 있다.

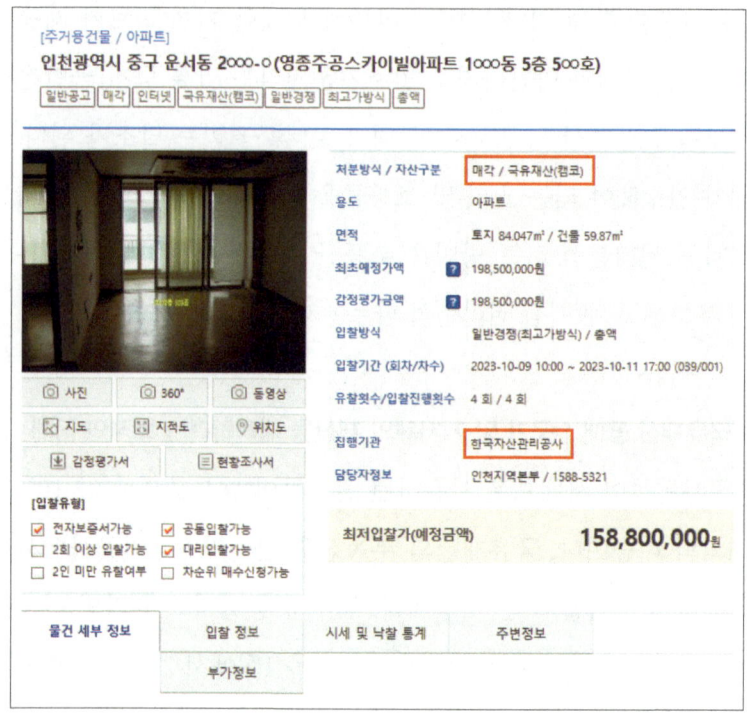

출처 : 옥션원

　상단의 자산 구분을 보면 국유재산(캠코)임을 확인할 수 있다. 집행기관은 한국자산관리 공사로 국가 재산을 매각하는 방식으로 진행된다. 사전에 미리 현장 공개일에 참석하여 집 내부도 확인이 가능하다. 보통 평일에 1~2회 정도 진행하고, 참석하면 경쟁율도 어느정도 예상은 해 볼 수가 있다.

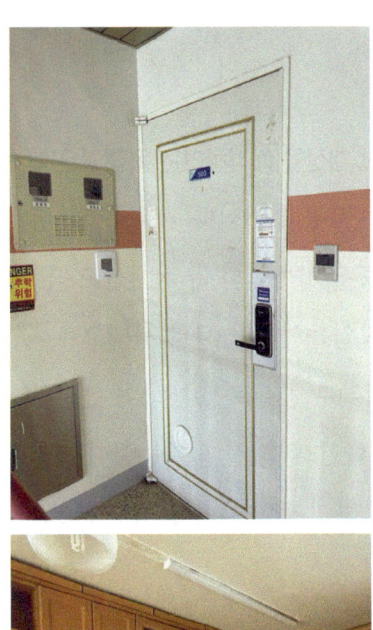

위 사진은 현장 공개일에 참석하여 촬영한 사진이다. 국유재산은 대부분 초기 인테리어 그대로인 경우가 대부분이다. 그렇기에 입찰하기 전에 반드시 전체 인테리어 비용을 생각하고, 입찰

가격을 정해야 한다.

수탁재산 공매 : 공공기관이 보유한 재산을 매각하려는 목적의 공매

공공기관과 공기업의 자산 혹은 직원 사택이나 기숙사로 사용하는 물건들로 약 10% 내외의 비중을 차지한다. 수탁재산도 국유재산과 마찬가지로 공공기관 임직원들의 기숙사나 사택으로 사용하고 있어 명도가 필요 없다. 대부분 공실로 진행하며 현장 설명회도 비슷하게 진행 해서 미리 확인 후 입찰이 가능하다. 공고문에 기타 부대조건들이 있어 꼼꼼하게 확인 후 입찰해야 한다.

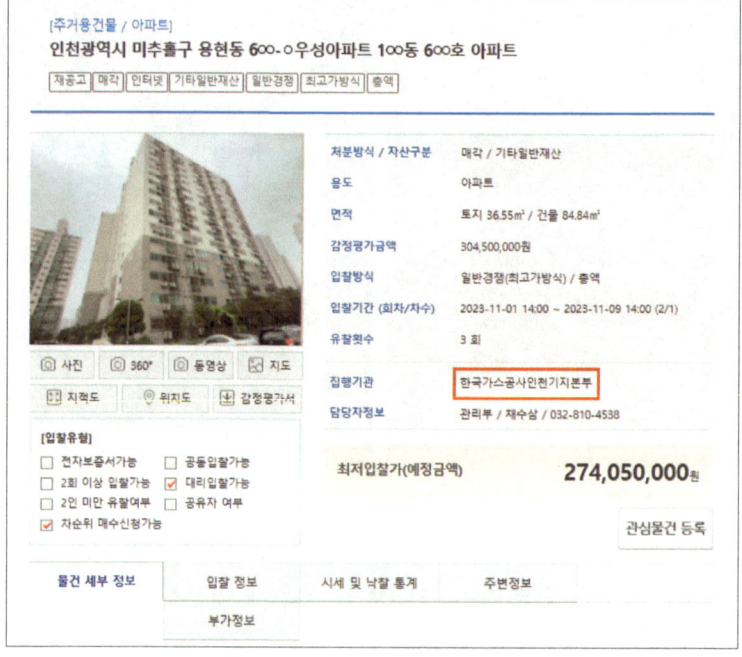

출처 : 옥션원

수탁재산의 공매는 위 사례와 같이 공공기관(한국가스공사 인천기지본부)의 재산을 캠코에서 의뢰를 받아 진행을 하는 방식이다. 그렇기 때문에 권리분석을 할 필요가 없고, 공실상태로 낙찰을 받기만 하면 명도에 대한 걱정은 없다. 또한 수탁재산 공매도 현장 공개일에 참석하면 해당 물건을 직접 확인 할 수 있다. 현장 공개는 보통 1~2회, 평일에 진행을 한다. 현장 공개일은 입찰 희망자가 희망일을 정해서 보는 방식이 아니고 공공기관에서 특정일을 지정하여 담당자 입회하에 지정한 날에만 가능하다. 지정 날짜는 공매 공고문을 통해 확인할 수 있다.

위치 및 부근현황	삼부아파트 내에 위치함
이용현황	현황 공실 상태의 주거용 아파트(가동 100호)
기타사항	1. 현 상태(공실)로 입찰 진행하는 물건으로 입찰 희망자는 현장 및 제공부, 입찰공고문, 입찰참가자 준수규직을 반드시 확인하여 참여하기 바라며 이로 인해 발생할 수 있는 불이익은 낙찰자 부담임 2. 본 물건은 상당기간 공실로 인해 노후화된 상태임을 감안하여 잠가자 본인 책임 하에 응찰하시기 바라며 내부 집기 및 도배, 전기, 장판, 수도, 가스, 보일러 시설 등 제반시설의 폐기 및 수리 등에 발생하는 비용은 낙찰자 부담으로 매도인에게 청구할 수 없음 3. 입찰물건 현장실사 일정 - 2024-01-09 / 14:00 ~ 14:30 4. 낙찰일로부터 5영업일 이내 계약보증금 납입하여 매매계약 체결, 매각 잔대금은 공통 공고문 내용(9. 계약체결 및 대금납부방법)에도 불구하고 매매계약 체결일로부터 60일 이내 일시납 조건임 5. 소유권 이전과 관련된 사항은 낙찰자 책임이며, 이로 인한 계약 취소 시 입찰보증금은 국고에 귀속되므로 신중한 입찰 참여 요함 □ 대지권비율 : 5682 분의 60.18
조사일자	2023-11-07

신탁 공매 : 신탁회사에서 금융기관의 의뢰를 받아 진행하는 공매

채무자(위탁자)가 금융기관(우선수익자)으로부터 신탁 대출을 받고, 차후 이자가 연체되거나 하는 경우 금융기관에서 수탁사(신탁사)에 의뢰하여 진행하는 공매로 현재는 30% 내외의 비중이지만 앞으로는 신탁 공매 물건의 종류와 물량이 점점 늘어날 것으로 예상된다. 신탁이라는 단어 자체의 뜻은 '재산의 관리와 처분을 남에게 맡긴다'라는 의미이다.

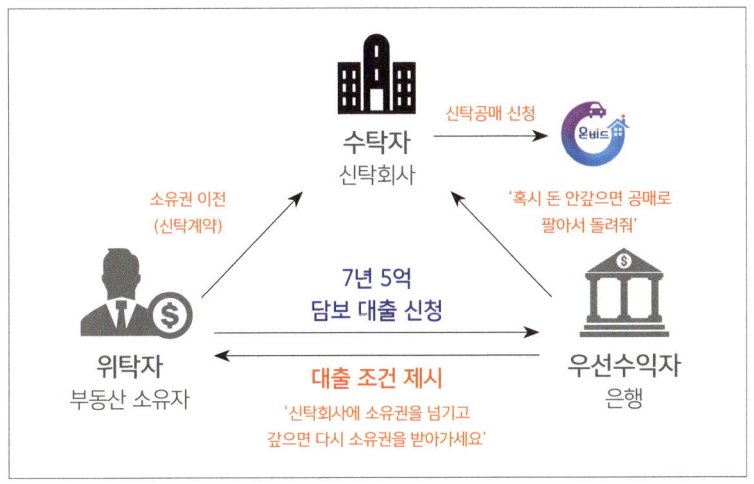

부동산 소유자인 나는 위탁자가 되고, 우선 수익자인 은행으로부터 신탁 대출을 받는다. 그리고 나는 신탁회사에 소유권을 이전하게 되고, 내가 은행에 이자를 안내거나 문제가 생길시 은행은 신착회사에 공매를 요청하게 되고, 신탁회사에서는 온비드를 통해 신탁공매를 진행하게 되는 구조이다. 은행입장에서는 우리가 흔히 알고 있는 일반 근저당 대출과 담보 신탁대출 방식이 있는 것이다. 두가지의 차이점은 아래와 같다.

구분	근저당	담보신탁
담보권설정	근저당권설정 등기부상 을구에 표시	신탁등기(소유권이전) 등기부상 갑구에 표시
채권회수방법	법원 경매	신탁기관 공매
채권실행절차	절차복잡/장시간소요 법원 경매 고가 매각 가능	절차간편/단시간소요 온비드 공매 경매보다 낮은 매각가
신규임대차와 후순위 권리 설정	후순위 설정 가능 신규임대차로 소액임차인의 최우선 변제금 배재불가	신규임대차등의 후순위 권리가 배제됨 담보가치가 유지됨 후순위 소액임차인 최우선 변제금 인정안됨

    대출을 실행하는 은행은 신탁기관 공매를 통하면 절차가 간편하고, 빠른 진행으로 시간이 절약이 된다. 다만 경매로 진행시 보다 매각가는 신탁공매가 낮아 채권 회수는 조금 떨어질 우려가 있다. 신탁공매 물건에 투자를 하는 투자자 입장에서는 공매중에서는 난이도가 가장 높다. 온비드를 통해 낙찰받아 최고가 매수인이 되는 방식은 동일하지만, 낙찰 후에는 신탁회사와 낙찰자 개인간의 거래이다. 경매가 소멸주의라면 신탁 공매는 인수주의로 권리분석부터 꼼꼼히 살펴봐야 할 부분들이 많이 있다. 이러한 정보가 없어 본인이 하나부터 열까지 직접 알아봐야 한다. 신탁 공매는 정보도 많이 오픈되어 있지 않고 아직 경매처럼 대중화되지 않아 경쟁은 덜하고 좋은 매물을 저렴한 가격에 살 수 있는 아주 매력적인 공매 분야이다. 대부분 공동주택 공시가

격과 비슷한 가격 혹은 공동주택 공시가격보다 더 저렴하게도 살 수 있는 것이 바로 신탁 공매이다. 도전해 볼 만한 충분한 가치가 있다. 신탁공매에서 꼭 확인해야 될 사항들에 대해서는 신탁공매 필수 확인사항에 기술하도록 하겠다.

공매의 장점과 단점

공매의 장점을 먼저 알아보자.

공매는 직장인들에게 가장 적합한 투자 방법으로 인터넷으로 입찰이 이루어진다

법원 경매는 반나절 혹은 하루 연차를 사용하고 직접 법원에 가서 입찰해야 하는 수고로움이 공매에는 전혀 없는 것이다. 그저 인터넷에 접속하여 클릭 몇 번으로 불과 3~4분 만에 입찰이 끝나 버린다. 심지어 스마트폰으로도 입찰이 가능할 정도이니 그 편의성은 너무나 큰 장점이다. 경매와 비교하면 공매 입찰 과정은 정말 허무할 정도로 간편하다. 관심 물건이 있으면 주말이나 퇴근 후 임장활동을 충분히 한 후 입찰은 간편하게 인터넷으로 하면 된다. 공매의 가장 큰 장점이다.

수익률이 좋다

아직 공매는 경매처럼 대중화가 되어 있지 않아 경매보다 경쟁률이 덜하다. 그만큼 공매를 투자하는 사람들은 예상 수익률을 높게 잡고 입찰을 시도하고 있기 때문에 그만큼 수익률이 높다. 즉 경매와 비교해서 경쟁은 적고 수익률은 높은 것이다.

명도가 필요 없는 안전한 물건이 많다

국유재산, 수탁재산의 경우 국가 소유의 부동산으로 명도가 완료된 상태에서 공매를 진행하기 때문에 명도가 따로 필요 없는 경우가 많다. 경우에 따라서는 내부까지 직접 확인한 후에 입찰하므로 입찰가 산정에도 많은 도움이 된다. 권리관계도 다 정리가 된 상태라 안전한 물건이다. 이처럼 명도도 걱정 없고 권리관계도 문제없는 경우의 물건을 시세보다 싸게 살 수 있는 것이 바로 공매이다.

소자본으로 사업의 기회가 되는 물건이 있다

대부(임대)공매라고 하는 분야인데 소유권을 매도와 매수를 하는 것이 아니라 일정 기간(1년/2년/3년)을 임대하는 방식이다. 국가 소유의 재산으로 상가(제과점, 편의점, 식당) 및 학교 매점, 주차장 등을 임대 받아 그 기간 동안에 직접 낙찰자가 운영하여 수익을 내는 방법으로 권리금이 없고, 낙찰 금액 또한 1년 사용료로 선지급이 되기 때문에 큰 자본 없이 사업을 운영해 볼 수 있는 이점이 있다. 사업에 관심이 있거나 소자본으로 창업을 해보고 싶은 분이라면 적극 추천해 드리고 싶은 분야이다.

공매에 장점만 있는 것은 아니다. 단점 또한 있다. 다음은 단점에 대해 알아보자.

정보가 많이 없다

부동산 경매의 경우 대중화가 된 만큼 수많은 경매 유료 및 무료 사이트들이 많아서 정보를 얻기가 쉽다. 유료 경매 사이트의 경우 일정한 비용을 내고 얻을 수 있는 정보들이 많아서 심지어 임장을 가보지도 않고 입찰을 결정할 정도로, 입찰 결정까지 많은 노력과 시간을 절약할 수 있지만 공매의 경우 공매 전용 유료 사이트는 찾을 수가 없을 정도로 정보가 제한적이다. 온비드에 올라온 공개된 정보마저도 오픈 된 정보가 많지 않아 본인이 직접 확인해야 할 사항이 대부분이다. 이처럼 본인의 수고와 노력이 있어야 하므로 대중화가 덜 된 것이 아닌가 싶다. 그만큼 본인의 노력이 공매에서는 가장 중요한 부분이다.

권리분석이 중요하다

경매와 마찬가지로 권리분석이 중요하다. 권리분석을 실수하면 낙찰은 받을 수 있지만, 잔금을 납부하게 되면 더 큰 손실이 우려되어 보증금을 포기해야 하는 경우도 생기고, 인수되지 않는 금액 또는 권리라고 생각했는데 인수되는 금액이 생겨 손실이 발생할 수가 있다. 특히 압류 공매와 신탁 공매의 두 가지 공매는 특히나 권리분석에 유의해야 한다.

공매의 가장 치명적인 단점이다

바로 인도명령제도가 없다. 경매는 낙찰받고 잔금 납부와 동시에 법원에서 점유자에게 부동산 인도를 명령하는 인도명령제도가 있다. 명도가 안 될 시 인도명령을 가지고 강제집행 신청까지 빠른 시일 내 진행이 가능하지만, 공매의 경우 인도명령 제도가 없어 명도 소송을 통해 강제집행을 진행 해야 하는 것이다. 명도 소송의 경우 최소 6개월에서 1년까지 시간이 걸릴 수도 있기에 명도 협의가 안 될 시 이런 부분까지 고려해야 한다. 명도협상이 안될시 가장 어려운 상황까지 생각을 해야한다. 그렇지만 실전에서는 대부분 협의를 통해 해결되는 경우가 대부분이고 명도 소송까지 가는 경우는 거의 없다. 하지만 최악의 상황은 항상 고려하면서 대응해야 한다.

온비드 소개 및 화면구성

공매는 온비드를 통해 입찰 및 결과 확인, 매각 허가 통지서까지 발급받을 수가 있다. 공매의 기본이자 필수 온비드 사이트에 대해 알아보자.

처음 온비드를 검색해서 들어오면 나오는 화면이다. 회원가입 후 이용이 가능하다.

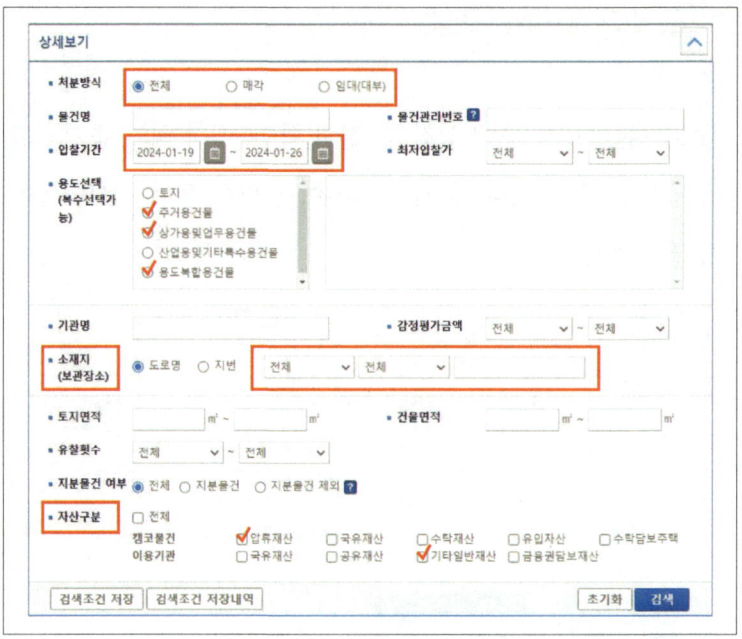

　회원가입 후 로그인을 하고 접속한 뒤, 부동산을 선택하고 들어가면 처분 방식(매각, 임대)과 입찰 기간, 용도(토지, 주거용, 상가 등) 선택이 가능하고, 소재지(서울, 인천, 대구 등 지역) 선택 후 압류재산, 국유재산, 수탁재산, 공유재산, 기타 일반재산(신탁공매)을 선택 후 물건을 검색하면 된다. 입찰 기간을 정해서도 물건을 검색할 수 있다.

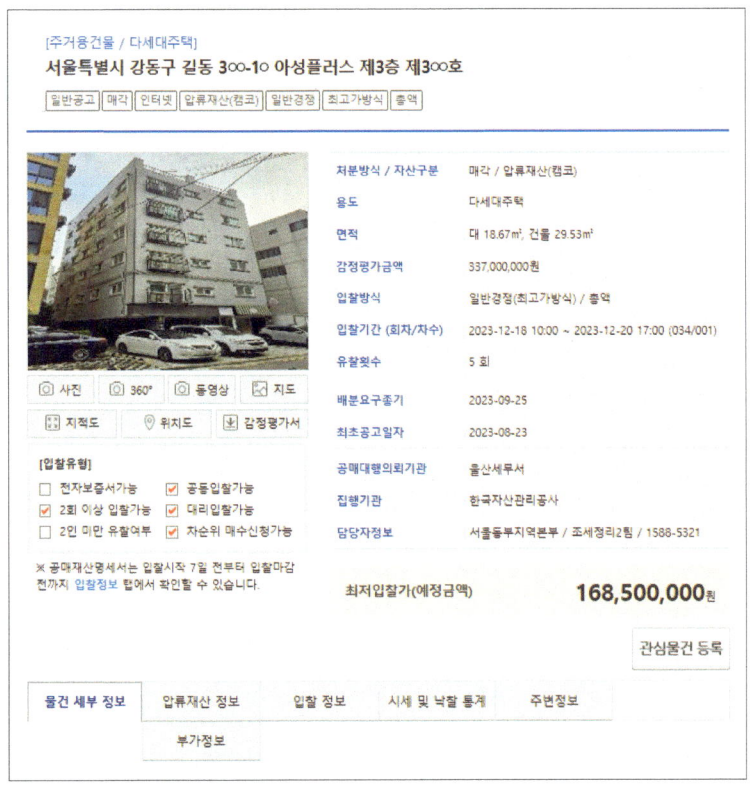

　물건검색 후 선택으로 하면 상세페이지로 이동이 된다. 여기에서는 주거용일 경우 용도(아파트, 다세대, 다가구등)와 면적, 감정평가 금액, 입찰기간과 유찰횟수와 최저입찰가격 등의 정보를 확인 할 수 있다.

물건 세부 정보	압류재산 정보	입찰 정보	시세 및 낙찰 통계	주변정보

부가정보

임대차 정보 (감정평가서 및 신고된 임대차 기준)

임대차내용	성명	보증금(원)	차임(월세)(원)	환산보증금(원)	확정(설정)일	전입일
전입세대주	정***	-	-	-	-	2021-09-08

[총 1건]

> 임대차정보는 감정서상 표시내용 또는 신고된 임대차 내용으로서 누락, 추가, 변동 될 수 있으니 참고 자료로만 활용하여야 하며, 이에 따른 모든 책임은 입찰자에게 있습니다. 임차인의 배분요구 여부는 입찰시작 7일전부터 제공하는 공매재산명세서를 통하여 확인하시기 바랍니다.

■ 등기사항증명서 주요정보

번호	권리종류	권리자명	설정일자	설정금액(원)
1	위임기관	울****	2021-11-09	미표시
2	압류	국************	2022-02-25	미표시
3	압류	울****	2023-05-17	미표시

[총 3건]

⚠ 입찰 전 알아야 할 주요사항

- 공매재산에 대하여 등기된 권리 또는 가처분으로서 매각으로 효력을 잃지 아니하는 것
- 공매재산의 매수인으로서 일정한 자격을 필요로 하는 경우 그 사실
- **유의사항**
  본건은 점유자의 주민등록 등재사실에 의하여 대항력 있는 임차인이 있을 수 있사오니 사전조사 후 입찰바람

■ 권리분석 기초정보 (권리분석 기초자료는 입찰시작 7일전부터 제공됩니다)   🖨 권리분석 기초정보 인쇄

- 배분요구 및 채권신고현황 (배분요구서를 기준으로 작성하였으며, 신고된 채권액은 변동될 수 있습니다.)

번호	권리종류	권리자명	설정일	설정금액(원)	배분요구일	배분요구채권액	말소가능여부	기타
1	압류	국민건강보험공단 울산남부지사	2022-02-25	0	2023-08-28	25,874,330	-	-
2	압류	울산남구청	2023-05-17	0	배분요구없음	0	-	-
3	물건지지방자치단체	강동구청	-	0	-	346,460	-	-
4	위임기관	울산세무서	2021-11-09	0	2023-05-22	595,951,180	-	-

[총 4건]

- 배분요구채권액 중 체납액(위임기관, 압류, 교부청구)은 담보채권자와 우선순위를 비교하는 법정기일을 표시하지 않으므로 입찰 전 별도로 확인하셔야 합니다.

- 점유관계 (감정평가서 및 현황조사서 기준)

점유관계	성명	계약일자	전입일자 (사업자등록신청일자)	확정일자	보증금(원)	차임(원)	임차부분
전입세대주	정**	미상	2021-09-08	미상	0	0	미상

[총 1건]

오른쪽 압류재산 정보를 선택하면 권리분석의 기초가 되는 정보가 나온다. 등기부등본을 요약한 기초 정보와 임차인 정보와 점유관계를 확인할 수 있다. 이 페이지를 통해 선순위 임차인이 있는지 여부와 인수되는 권리가 있는지 확인이 가능하여 입찰이 가능한 물건인지 아닌지 파악이 가능하다.

입찰정보에서는 입찰일 7일전부터 공매재산명세를 열람할 수 있다. 공매재산명세를 선택하면 팝업창이 뜨고 세부 내용을 볼 수 있다.

압류재산 공매재산 명세

처분청	울산세무서	관리번호	2023-05795-001
공매공고일	2023-08-23	배분요구의 종기일자	2023-09-25
공매재산의 표시	서울특별시 강동구 길동 3○○-10 아성플러스 제3층 제3○○호 대 18.67㎡ 지분 (총면적 332.2㎡ 332.2분의18.67 지분) 건물 29.53㎡		
공매(매각)예정가격/입찰서제출(입찰)기간/개찰일자/매각결정기일		온비드 입찰정보 참조	
공매보증금		공매(매각)예정가격의 100분의 10	

■ 공매재산 이용 및 점유현황 [조사일자 : 2023-08-21 / 정보출처 : 현황조사서]

공매재산의 현황	다세대
공매재산 기타	1. 본건 개요 및 현황 - 본건은 서울특별시 강동구 길동 소재 "천동초등학교" 북측 인근에 위치하며, 본건은 다세대주택으로 이용중인 것으로 관찰되므로, 정확한 용도 및 이용상태는 별도 재확인을 요함. 2. 관공서 열람내역 - 주민센터 : 전입세대주 "정**" 등록됨. 3. 점유관계 현황 - 본건은 이해관계인의 부재로, 관계인(점유자)를 대면하지 못하였으므로, 정확한 점유관계 및 임차내역 유무, 관리비 미납 여부 등은 공매 입찰전 반드시 재확인을 요함. 4. 기타 특이사항 - 기타 감정평가서 참고 요망하며, 본건 응찰전 물건지 현장 확인 등 사전 확인 요망됨.

점유관계	성명	계약일자	전입신고일자 (사업자등록 신청일자)	확정일자	보증금	차임	임차부분	비고
전입세대주	정**	미상	2021-09-08	미상	미상	미상	미상	

■ 임차인 배분 요구 및 채권신고 현황

임대차구분	성명	계약일자	전입신고일자 (사업자등록 신청일자)	확정일자	보증금	차임	임차부분	배분요구일자	채권신고일자	비고
신고된 내역이 없습니다.										

■ 배분요구 및 채권신고 현황

번호	권리관계	성명	압류/설정 (등기)일자	법정기일 (납부기한)	설정금액(원)	배분요구 채권액(원)	배분요구일

또한 상세페이지 중간에 관심물건 등록을 선택하면 원하는 물건만 따로 볼 수 있게 관리를 할 수 있다. 마지막으로 실제 입찰하려면 인증서를 등록해야 한다. 네이버 인증서로도 가능하니 손쉽게 입찰에 참여할 수 있다. 온비드에 접속하여 다양한 공매 물건도 검색해 보고, 공매에 도전하여 좋은 물건에 입찰하여 낙

찰받고 수익도 내보자.

공매 핵심 권리분석

압류공매는 조세채권에 의해 진행되는 공매 절차이다. 권리분석은 위에서 설명드린대로 부동산 경매의 권리분석과 거의 모든 부분이 비슷하다. 다만 용어가 조금 다른 부분이 있는데 공매에서 꼭 확인해야 될 권리분석에 대해 설명해 보겠다.

말소기준권리 찾기

경매와 마찬가지로 말소기준권리가 가장 중요하다. 말소기준이 되는 권리는 경매와 동일하게 근저당, 압류, 가압류, 경매기입등기, 담보가등기, 총 5개가 있고, 말소기준권리 이후의 권리들은 소멸이 되는 것이다. 등기부등본을 열람하여 말소기준권리와 그 설정일을 먼저 확인하는 것이 중요하다.

인수되는 권리 확인

말소기준권리를 찾았으면 등기부상의 권리들 가운데 말소기준권리보다 등기 날짜가 앞선 선순위인 인수할 권리가 있는지 확인을 해야한다. 등기부상 권리중 인수되는 권리는 배분요구하지 않은 선순위 전세권, 선순위 지역권, 선순위 가처분, 선순위 가등기등 말소기준권리보다 먼저 설정된 위의 권리들을 확인해야 하고, 등기부상 표시되지 않았지만 인수해야 될 권리도 반드시 확인해야 한다. 배분을 요구하지 않은 대항력이 있는 선순위 임차인, 유치권, 법정지상권등 등기부에는 표시되지는 않았지만 내가 인수해야 되는 권리들은 꼭 확인을 해야 실수가 없다. 특히 공매의 경우에는 배분을 요구하지 않은 대항력이 있는 선순위 임차인이 있는 경우가 많으니 주의하기 바란다.

점유자 확인

인수되는 권리가 없다면 다음으로는 점유자를 확인해야 한다. 이는 공매공고문의 임대차정보를 통해 알 수 있다. 임대차 정보를 통해 임차인이 있다면 보증금은 얼마인지 전입일자와 확정일자는 신고가 되었는지 마지막으로 배분요구종기일 전에 배분요구를 했는지 확인을 해야 한다.

임대차내용	성명	보증금(원)	차임(월세)(원)	환산보증금(원)	확정(설정)일	전입일
임차인	김**	5,000,000	500,000	-	-	2021-10-12
[총 1건]						

부가정보 — 임대차 정보 (감정평가서 및 신고된 임대차 기준)

임대차구분	성명	계약일자	전입신고일자 (사업자등록 신청일자)	확정일자	보증금	차임	임차부분	배분요구일자	채권신고일자	비고
임차인	김○○	미상	2021-10-12	미상	5,000,000	500,000	100동 200호	2023-10-27	2023-10-27	

임차인 정보는 온비드 사이트상에서 임대차 정보에서도 확인이 가능하고 입찰 1주일전부터 열람이 가능한 압류 재산 명세서를 통해서도 임차인의 정보를 확인할 수 있다. 여기서 중요한점은 말소기준권리보다 앞선 임차인이 있다면 주의깊게 권리분석을 해야한다. 말소기준권리보다 선순위 임차인이 있는데 보증금액도 모르고 확정일자도 미정이라면 입찰을 하지 말아야 할 물건이다. 말소기준권리 이후 후순위 임차인은 권리상 문제 없는 명도대상자로 소액임차인이거나 배당을 받는 임차인이라면 협상을 통해 명도를 진행하면 된다.

기타사항 및 유의사항 확인

마지막으로는 기타 및 유의사항을 꼭 확인해야 한다. 공매 절차에서 유의사항이나 기타사항에 낙찰 후 추가로 인수해야 하는 권리나 입찰자에게 반드시 알려야 하는 사항에 대해 기재하기때문에 반드시 이 부분도 확인을 해야 한다.

기타사항	본건의 내부상황은 거주자 부재로 인하여 탐문조사, 관련자료 등에 의거하여 일반적인 상태를 전제하였으며, 또한 이를 조사·기준하여 평가하였음.

공매재산 기타	1. 본건 개요 및 현황 - 본건은 경상북도 구미시 상모동 소재 상모초등학교 서측 인근에 위치하는 거창빌제4층 제500호로서, "다세대주택"으로 이용중임. 2. 관공서 열람내역 - 성내2동행정복지센터 : 해당주소의 세대주가 존재하지 않음. 3. 점유관계 현황 - 본건 2회 이상 방문하였으나, 폐문부재로 인하여 출입문에 배분요구안내 통지서 부착함. - 본건 폐문부재로 인하여 정확한 임차내역은 별도 재확인을 요함. 4. 기타 특이사항 - 본건 입찰자 책임하 공부 및 현황 등 사전조사 후 입찰바랍니다.

온비트 사이트의 기타사항 혹은 공매 재산 명세서의 기타사항에서 위의 내용을 확인할 수 있다.

신탁공매 필수 확인 사항

등기부등본 확인

신탁공매 진행 물건의 경우 등기부등본을 직접 열람해봐야 한다. 등기부등본을 통해 신탁등기일과 위탁자(소유자)를 확인해봐야 한다. 등기부등본의 갑구 소유권에 관한 사항에서 신탁등기일이 언제인지 신탁등기전 소유자는 누구인지 확인 할 수 있다.

아래의 예를 보면 2023년 5월 17일에 경매로 매각이 되어 소유자가 변경이 되어 소유자를 확인할 수 있고, 그 5월 17일 같은날 신영부동산신탁으로 신탁등기가 이루어진 사실을 확인할 수 있다.

[집합건물] 인천광역시 미추홀구 주안동

【 갑 구 】 (소유권에 관한 사항)

순위번호	등기목적	접수	등기원인	권리자 및 기타사항
1	소유권보존	2015년7월30일 제87107호		소유자 인천 (도화동)
1-1	민간임대주택등기	2022년12월1일 제405583호	2017년2월20일 민간임대주택 등록	이 주택은 민간임대주택에 관한 특별법 제43조제1항에 따라 임대사업자가 임대의무기간 동안 계속 임대해야 하고 같은 법 제44조의 임대료 증액기준을 준수해야 하는 민간임대주택임
2	임의경매개시결정	2022년7월19일 제246813호	2022년7월19일 인천지방법원의 임의경매개시결정(2022타경517888)	채권자 다온신용협동조합(변경전:오류신용협동 조합) 115141-0000509 서울 구로구 경인로95길 12 (오류동)
3	소유권이전	2023년5월17일 제172007호	2023년5월17일 임의경매로 인한 매각	소유자 인 802
4	1-1번민간임대주택, 2번임의경매개시결 정등기말소	2023년5월17일 제172007호	2023년5월17일 임의경매로 인한 매각	
5	소유권이전	2023년5월17일 제172008호	2023년5월17일 신탁	수탁자 신영부동산신탁주식회사 110111-7126825 서울특별시 영등포구 국제금융로8길 16, 8층 (여의도동,신영증권빌딩)
	신탁			신탁원부 제2023-22365호

【 을 구 】 (소유권 이외의 권리에 관한 사항)

순위번호	등기목적	접수	등기원인	권리자 및 기타사항
1	근저당권설정	2015년7월31일 제88688호	2015년7월31일 설정계약	채권최고액 금118,300,000원 채무자 원 근저당 09

　등기부등본만으로는 신탁대출로 어떤 금융기관에서 얼마를 대출 받았는지 확인할 수가 없다. 등기부등본의 신탁원부라고 표시가 되어 있다. 제 2023-22365 이 번호를 가지고 신탁 원부를 떼봐야 알 수 있다. 신탁원부는 온라인 발급이 불가능하고 직접 신분증과 신탁원부 번호(제2023-12345호)를 가지고 가까운 등기소에 방문하여야 확인이 가능하다.

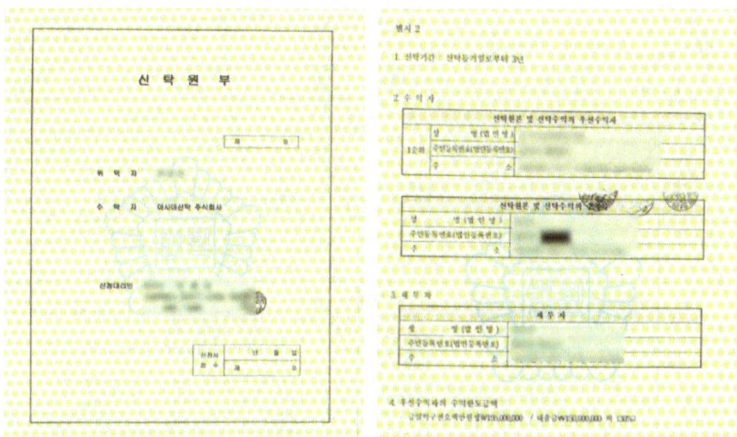

등기부등본상으로 신탁등기전 소유자가 누구인지, 신탁등기일은 언제인지는 반드시 확인을 해야 한다. 신탁원부를 통해서는 대출을 실행한 은행과 대출 금액을 확인할 수 있는데 이 정보는 권리 분석하는데 반드시 필요한 정보는 아니므로 궁금하면 한번쯤 등기소가서 열람해 보도록 하자.

전입세대 확인

공매공고문과 신분증을 가지고 가까운 주민센터에 가서 전입세대 열람을 해봐야 한다. 이는 신탁등기전에 전입이 된 선순위 전입자가 있는지 확인을 해봐야 되는 사항으로 이 부분도 반드시 확인을 해봐야한다.

1) 세대주가 위탁자 본인이거나 가족구성원으로 되어있다면

위탁자는 대항력이 없으므로 명도 대상자로 권리상 문제가 없는 물건이다.

2) 신탁등기일 이후에 전입자의 경우에도 후순위로 대항력이 없어 명도 대상자이다.

3) 신탁등기일 이전 전입자의 경우 선순위이기 때문에 반드시 신탁사에 확인을 해봐야 한다. 신탁사에 보증금의 유무와 보증금 반환의 책임은 누구에게 있는지 확인해서 입찰을 고려해야 한다.

건축물 대장 확인

민원 24에 접속하여 신탁공매 진행 중인 물건의 건축물 대장을 열람해 봐야한다. 이를통해 위반 건축물 유무를 확인할 수가 있다. 위반건축물일 경우 이행강제금의 부과 여부와 앞으로 부과 주체와 금액에 대해서 신탁사에 확인을 해봐야 한다.

신탁회사 공고문 확인

위의 사항들을 확인한 이후 마지막으로 신탁회사의 공고문을 확인해 봐야 한다. 공고문에는 인수해야 되는 권리와 세금 및 기타사항들에 대하여 각 신탁사별로 자세하게 기재되어 있다. 입찰하기전에 내용 하나하나 반드시 확인을 해봐야 한다.

❖ 본건 공매공고 관련 주의사항
- 매도자(당사)는 공매 절차에 따른 소유권이전 업무만을 수행할 뿐, 본건 공매부동산과 관련한 운영, 수익, 사용, 시설물, 집기 등에 대해서는 일체 관여하지 않습니다.
- 토지, 도로 및 건물의 이용상황이나 기타 공부와의 차이 등은 첨부된 감정평가서를 참고하시기 바랍니다.
- 물건에 대한 문의가 있으시면 우선수익자 **신반월새마을** ○○○○○○○○○○으로 연락하시기 바랍니다.

1. 공매대상 부동산의 표시

입찰번호	물건번호	소재지/지번/건물번호	구분/용도	면적(㎡)	비고(전입세대·등록사항 열람내역 등)
1	(1)	경기도○○○○○○ 양노리○○○○○○○○○○○ 병성로○○○○○○○	다세대주택	46.31	- 전입세대(2019-06-19 김**)

위의 공고문을 통해서 2019년 6월 19일에 전입세대가 있는 것을 확인할 수 있고, 등기부등본을 통해 소유주가 아니라면 우선수익자 신반월새마을금고에 연락해서 임차인 정보를 문의해 봐야 한다.

[별지2] 소송 및 채권 보전 현황

□ 소송현황

사건번호	관할법원	사건명	원고	피고	소가(원)	비고
2021가합595167	서울중앙지방법원	환가처분절차 이행	김OO	코OOOO주식회사 외 3	-	-

□ 채권보전처분현황

사건번호	관할법원	사건명	채권자	채무자	제3채무자	청구금액(원)	비고
2021카단204291	서울남부지방법원	소유권이전등기청구권가압류	㈜디에OO	㈜법상주택	코OOOO(주)	74,305,250	
2022카단100448	의정부지방법원 고양지원	소유권이전등기청구권가압류	윤OO	㈜법상주택	코OOOO(주)	17,600,000	
2022카단10118	대구지방법원 김천지원	소유권이전등기청구권가압류	합자회사 세움OOO	㈜법상주택	코OOOO(주)	40,000,000	
2022카단10360	대전지방법원 논산지원	소유권이전등기청구권가압류	김OO	㈜법상주택	코OOOO(주)	17,000,000	
2023카단51599	청주지방법원	소유권이전등기청구권가압류	김OO	㈜법상주택	코OOOO(주)	1,874,610,958	
2023카단521	청주지방법원	소유권이전등기청구권가압류	최OO	㈜법상주택	코OOOO(주)	241,435,880	
2023타채62324	청주지방법원	채권압류 및 추심명령	㈜주OOO	㈜법상주택	코OOOO(주)	155,692,710	

※ 매수인은 상기 소송 및 채권보전현황을 충분히 인지한 후, 공매 참여하시길 바랍니다.(상기 소송 및 채권 보전 현황은 누락 및 오기가 있을 수 있으니 참고용으로 활용하시기 바라며, 사실 확인에 대한 책임과 부정확한 확인으로 인하여 발생하는 문제의 책임은 매수인에게 있습니다. / 해당 토지 및 건물의 등기사항전부증명서 열람 포함). 상기 소송 및 채권보전현황으로 인하여 추후 발생할 수 있는 모든 문제에 대하여 어떠한 경우에도 당사로 이의제기를 할 수 없고, 매수인의 책임으로 처리하여야 합니다. (단 잔금납부일 이전에 고지된 해당 사업장의 신탁사가 납부의무자인 체납 제세공과금(당사로 고지된 물적납세의무 금원 포함)은 매매대금에서 신탁사가 납부할 예정이오나, 2021년도부터 위탁자 명의로 부과된 제세공과금 미납 및 해당 제세공과금 미납으로 인하여 신탁물건이 압류되는 경우에는 매수인의 책임으로 해결해야 합니다.)또한 상기 소송 및 채권보전현황으로 인하여 매수인에게 불이익이 발생하여도 기납부한 매매대금(입찰보증금 포함)은 어떠한 경우에도 반환하지 않습니다.

위의 공고문을 통해서는 2021년부터 위탁자 명의로 부과된 세금 및 미납금에 대하여서는 매수인의 책임 즉 부담이라는 사실을 확인할 수 있다. 해당 금액이 얼마인지는 본인이 직접 확인해서 입찰을 고려해 봐야 하는 것이다.

신탁공매 낙찰후에는 최고가 매수인으로서 신탁사에 직접 가서 매매계약서를 작성을 해야 한다. 신탁사와의 매매계약을 진행하는 방식으로 일반 개인이 부동산에서 매매계약을 체결하는 것과 동일하다. 부동산 경매, 압류공매가 말소기준 권리 이후 권리가 소멸되는 소멸주의라면 신탁공매는 인수주의라는 가장 큰 차이점이 있다. 혹시나 확인이 안된 권리나 인수사항은 본인의 책임으로 돌아온다. 그렇게 때문에 위의 신탁공매 필수 확인 사항 4가지는 꼭 확인을 하고 입찰을 해야한다.

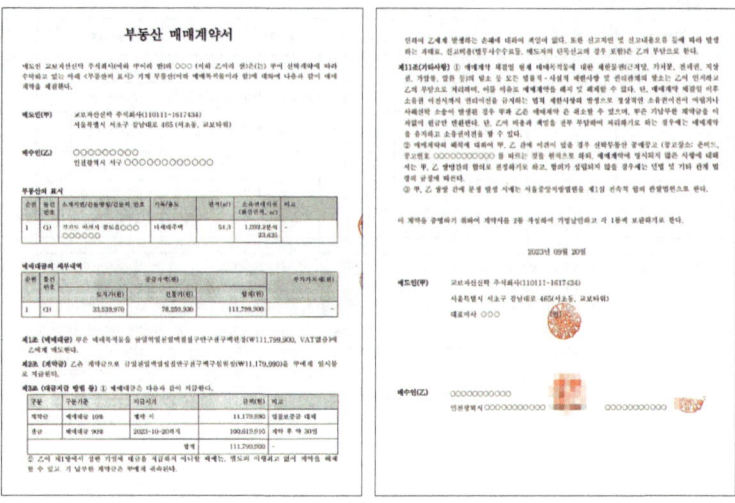

신탁회사와 낙찰자가 체결한 부동산 매매계약서 – 신탁공매는 인수주의임을 반드시 명심하자

　신탁공매는 본인이 직접 알아봐야 되는 수고스러움이 있지만, 그만큼 경쟁은 적고 수익은 크다. 최근에 진행되는 신탁공매 물건의 경우 대부분 점유자 명도가 완료되어 공실 상태로 만들어 놓은 뒤 진행되는 물건들이 많아 명도에 대한 부담도 적은 물건들이 많다. 위에서 설명한대로 꼭 확인해야 하는 사항들을 순서대로 확인한다면 실수 없이 신탁공매에 도전해볼 수 있다. 신탁공매를 통해 경쟁은 낮지만 기대 수익은 큰 물건에 도전해 보자.

공매로 신축 아파트 내 집 마련의 꿈을 이루다(경북 경산 신축 아파트 낙찰 사례)

수강생 중 경북 경산에서 매주 서울까지 올라와서 열심히 경매/공매 공부를 하신 분이 있다. 상담을 통해 서울이나 수도권에 투자하고 싶은 마음이 우선이었지만 지금 살고 계신 곳이 경북 경산이고 주거지와 직장이 그쪽에 있어 굳이 서울 및 수도권 투자보다는 지금 거주하고 있는 곳의 투자를 권해 드렸다. 현재 4인 가족이 구축 24평 아파트에 살고 계셔서 1차 목표를 평수도 늘리고 신축의 아파트를 낙찰받아 실거주하기에 좋은 집을 마련하는 것으로 잡고 물건을 찾아보았다.

처음엔 경매로 대구 아파트 물건들에 입찰하였지만 거의 시세와 비슷하거나 오히려 급매보다 비싸게 낙찰이 되는 것을 보고 경매에서 눈을 돌려 공매로 물건을 찾아보았고, 마침 좋은 물건이 공매로 진행이 되고 있었다. 지금 살고 있는 아파트에서 5분 거리로 기존의 생활 반경에서 크게 벗어나지 않아도 되어 주거지 이동의 부담도 없었으며, 신축 아파트이고 평수도 34평으로 모든 면에서 만족스러운 아파트였다.

　최초 감정가가 4억 3,900만 원으로 두 번 유찰이 되어 최저 입찰가가 3억 5,100만 원까지 내려왔다. 대구 지하철 2호선 정평역을 이용할 수 있는 거리였고, 주변은 아파트 단지로 구성이 되어 있었다. 집 앞으로는 하천도 흐르고 있고, 자전거길도 잘 조성이 되어 있어 쾌적한 환경으로 실거주하기에 정말 좋은 아파트였다. 시세 조사 결과 공매로 진행 중인층 보다 낮은 저층이 4억 2,000만 원에 호가로 나와 있었고 중층 이상은 4억 4,000만 원

이상에 호가가 형성되어 있었다. 이번에는 실수요자이건 투자자이건 무조건 낙찰이 될 것으로 보였다. 권리관계는 후순위 소액 임차인으로 최우선 변제를 받을 수 있는 임차인이었다. 권리관계 문제는 전혀 없는 물건이었다. 배당을 받을 수 있어 명도가 그리 어렵지 않으리라 예상할 수 있었다. 이번 회차에 입찰을 권유하였고, 입찰가를 수강생분과 고민해 보았다. 이렇게 권리에도 문제가 없고, 신축의 역세권인 아파트에 아무래도 입찰자가 있을 거라고 예상은 되었다. 많아야 4~5명 정도 입찰자가 있을 거라고 예상했는데 무려 17명이나 입찰을 하였고 결과는 최고가 매수인으로 낙찰을 받았다.

출처 : 네이버 지도

개찰시작일시	2023-09-21 11:00
입찰자 수	유효17명/무효1명(인터넷)
입찰금액	392,799,900원/ 388,733,900원/ 381,000,000원/ 376,600,000원/ 376,530,000원/ 373,150,100원/ 372,110,000원/ 370,999,000원/ 368,880,000원/ 368,000,000원/ 367,777,777원/ 366,369,000원/ 363,880,000원/ 357,250,000원/ 356,000,000원/ 354,900,000원/ 352,100,000원
개찰결과	낙찰
낙찰금액	392,799,900원

실거주 목적이기 때문에 최저가 3억 5,100만 원 보다 약 3,000만 원 높여 3억 9,200만 원에 입찰하였다. 그 가격에 낙찰받는다 쳐도 현재 호가보다는 약 5,000만 원가량 싼 가격이라 편하게 실거주하면서 시세차익까지 누릴 수 있는 그런 금액이었다. 2등과는 불과 400만 원 차이로 최고가 매수인이 된 것이다. 수강생분과 같이 공부했던 동기분들이 모두 자기 일처럼 너무나 기뻐해주었고 또 축하해 주었다. 몇 개월 동안 주말마다 서울을 오가며 열심히 공부했던 시간이 빛을 발하는 그런 낙찰 결과였다.

낙찰가	392,799,900원
대출(80%)	313,000,000원
네이버 호가	440,000,000원

현재는 점유자와 명도 협의 중으로 낙찰자의 인감증명서와 명도 확인서가 있어야 배당을 받을 수가 있기 때문에 큰 문제는 없을 것으로 보인다. 낙찰받은 수강생분은 새집으로 이사할 준비에 벌써부터 기분 좋은 설렘에 하루하루를 즐겁게 보내고 있다. 내 집 마련과 투자 두 마리 토끼를 한 번에 잡은 셈이다.

 에릭의 노하우 ㉑

신탁 공매로 안성 공도읍 빌라 5개 입찰! 5개 모두 낙찰! 낙찰율 100%

임장가기 좋은 어느 날 물건 검색을 하는 와중에 눈길을 확 사로잡은 물건이 나왔다. 언제나 그렇듯 항상 인연이 되는 물건은 불현듯이 이렇게 갑자기 찾아오는 경우가 많다. 신탁 공매로 진행되는 물건이었는데 어제까지 가격이 많이 유찰되어 있었고,

내일 또 떨어진 가격으로 입찰이 진행되는데 내일 입찰을 해야 낙찰을 받을 수 있어 보였다. 손품 조사상 너무나 좋은 물건이라는 확신이 들어 수강생분들에게 추천했고, 내일 입찰이라 시간이 없어 오늘 바로 임장을 급하게 해야만 했다. 일하는 중이었는데 우연인지 필연인지 평택으로 출장 갈 일정이 급히 잡혔고, 자연스레 평택에서 업무를 보고 안성으로 넘어가면 임장하기에 안성맞춤이었다. 시간이 되는 수강생분이 한 분 계셔서 그곳에서 보기로 하고 물건지로 출발하였다.

최초 신탁사에서 2020년 3년 전에 건물 전체를 30억에 매각하려고 했으나 금액이 커서 유찰이 거듭되었고, 매수희망자를 찾지 못하고 절차가 종료 되었는데, 올해 9월에 전체가 아닌 개별 호실로 다시 진행한 물건이었다. 감정가 1억 5,800만 원이었으나 4번 유찰이 되어 최저 입찰가 1억 600만 원으로 시작이 되었다. 1억 600만 원이상 입찰할 수 있는 날은 단 하루, 내일이다. 임장을 하고 판단을 할 수 있는 건 오늘밖에 시간이 없었다.

출처 : 네이버 지도

　해당 물건지의 경기도 안성시 공도는 안성의 또 다른 신도시 느낌으로 실거주자의 만족도가 높고 주변에 초등학교와 중학교 공원 등이 있어 어린 자녀들을 키우기에도 좋아 보였다. 또한 바로 옆으로 평택이 붙어있고, 산업단지와 스타필드까지 있어 일자리나 쇼핑 환경까지 두루 갖춘 곳으로 실거주하기에도 적합해 보였다.

임장 결과 예상했던 대로 너무나 쾌적한 신도시 느낌으로 주변에 학교와 공원이 있고 젊은 부부와 아이들로 북적북적 활기가 넘치는 모습이었다. 부동산 문의 결과도 전월세 수요도 많고 매매도 가격만 맞으면 잘 된다고 하였다. 다세대 빌라로 총 6개 물건이 동시에 진행 중이었고 수강생분 중 총 4명이 입찰 참여 의사를 보여 나를 포함하여 총 5명이 각기 다른 호수로 같은 가격으로 입찰하고 결과를 기다리고 있었다. 공매의 경우 입찰 완료 후 입찰 결과가 카톡으로 알람까지 와서 정말 편하다.

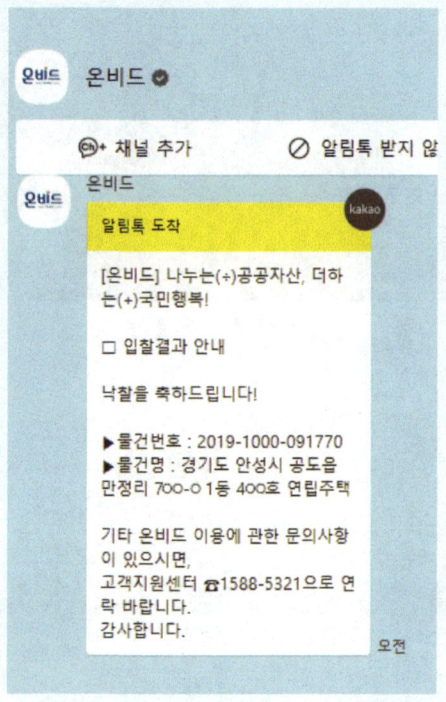

입찰 결과 5명 모두 같은 금액으로 낙찰을 받았다. 최저가에 조금 더 가격을 써서 낙찰받았다. 낙찰받은 물건 모두 명도가 완료된 물건이라 잔금 납부를 하고 바로 가서 집 내부를 확인해 보았다. 집 내부는 공실의 흔적이 조금 남아있긴 하였지만 청소 정도만 하고 집을 내놓아도 괜찮을 정도로 내부 컨디션이 괜찮았다.

낙찰가격	111,799,000원
대출(80%)	89,000,000원
등기비	3,000,000원
투자금	25,000,000원
동일 건물 네이버 호가	145,000,000원

맺음말

　이 책은 처음 부동산을 경매로 조금이라도 더 싸게 사보려고 노력했던 나의 15년 전 이야기이다. 그때 나는 신입사원이었고, 지금도 직장인으로 열심히 직장과 부동산 투자를 병행하고 있다. 그 결과 지금은 아파트, 빌라 등 주거용 부동산으로만 총 12개를 취득하여 다주택자가 되었다. 충청도에서 빈손으로 올라와 지금은 서울과 인천, 그리고 경기도에 이렇게 내 이름으로 된 집들을 많이 가지게 된 것이다. 이런 결과는 부동산 경매나 공매가 아니었으면 실현 불가능한 일이었다. 직장인이라면 누구나 나처럼 할 수 있다. 이제 막 처음 월급을 받아 모아 놓은 돈도 하나도 없는 신입사원 김 주임도, 내년에 결혼을 앞두고 내 집 마련 걱정을 하는 박 대리도, 월급은 그대로인데 애들은 크고, 매번 생활비 걱정을 하는 최 과장도, 정년퇴직을 걱정하는 우리 차장님, 부장님들까지 직장인이라면 누구나 가능하다. 15년 전 상황은 지금과 놀라울 정도로 비슷하다. 물론 부동산의 절대가격이 올라간 부분은 있지만 직장 생활을 하면서 본인이 조금만 노력하고, 실행하는 직장인이라면 누구나 내 집 마련부터 재테크로써 투자까지 안정적이고 수익율 높은 투자를 할 수 있다. 그게 바로 부동산 경매와 공매이다. 부디 대한민국에서 오늘 하루도 열심히 최선을 다해 살아가는 모든 직장인에게 이 책이 작은 도움이 되었으면 하는 바람이다. 이 책을 덮은 후 생계유지를 위하여 마지못해 직장을 다니는 생계형 직장인에서 벗어나기 위한 가장 중요한 것은 바로 실행이다. 수년 동안 경매 교육을 듣고, 책을 수십 수백 권을 보았지만 아직 경매 입찰을 단 한 번도 하지 못한 수강생도 보았고, 교육을 처음 듣고, 일주일 만에 입찰해서 낙찰을 받는 수강생분도 보았다. 결국에는 실행이다. 실행이 답이고, 그게 전부이다. 이 책을 읽으신 여러분들은 꼭 실행해서 하루빨리 생계형 직장인에서 탈피하여 다주택자로서 언제든지 직장을 그만둘 수 있는 소신있는 행복한 직장인이 되었으면 하는 바람으로 마무리할까 한다.

  이 책에서 미처 다루지 못한 부분은 네이버 카페 에릭의 직장인 실전 부동산 경매·공매(https://cafe.naver.com/ericsstudy)에서 지속적으로 카페 회원들과 정보를 공유하고 있고, 경매 정규 강의 및 특강도 카페를 통해 공지할 예정이므로 인연이 되시는 분들은 다시 만나 뵐 수 있기를 기대해본다.

부동산 경매·공매로 시작하는 직장인 N잡 첫걸음

1판 1쇄 발행 2024년 3월 4일

지 은 이 | 에릭(윤보운)
펴 낸 이 | 김진수
펴 낸 곳 | 한국문화사
등   록 | 제1994-9호
주   소 | 서울시 성동구 아차산로49, 404호(성수동1가, 서울숲코오롱디지털타워3차)
전   화 | 02-464-7708
팩   스 | 02-499-0846
이 메 일 | hkm7708@daum.net
홈페이지 | http://hph.co.kr

ISBN 979-11-6919-199-9 03320

· 이 책의 내용은 저작권법에 따라 보호받고 있습니다.
· 잘못된 책은 구매처에서 바꾸어 드립니다.
· 책값은 뒤표지에 있습니다.

오류를 발견하셨다면 이메일이나 홈페이지를 통해 제보해주세요.
소중한 의견을 모아 더 좋은 책을 만들겠습니다.